중국의 정책 결정과
중앙-지방 관계

아연 중국연구총서 07
중국의 정책 결정과 중앙-지방 관계

2007년 8월 14일 제1판 1쇄 발행

지은이   김흥규
펴낸이   정민용
펴낸곳   폴리테이아
출판등록   2002년 2월 19일 제 300-2004-63호
주   소   서울시 종로구 홍파동 42-1 신한빌딩 2층
        전화 02-722-9960(영업), 02-739-9929(편집), 팩스 02-733-9910
표지디자인   송재희
표지사진   이상엽

ISBN 978-89-92792-04-2 94300
        978-89-955215-7-1 (세트)

• 책값은 뒤표지에 표시되어 있습니다.
• 잘못된 책은 바꿔드립니다.

이 도서의 국립중앙도서관 출판시도서목록(CIP)은 e-CIP 홈페이지(http://www.nl.go.kr/cip.php)에서 이용하실 수 있습니다(CIP제어번호: CIP2007002392).

중국의 정책 결정과 중앙-지방 관계

김흥규 지음

폴리테이아

차 례

서문 | 7

제1장 서론 | 9

제2장 중국 '민주집중제'와 정책 결정 과정
    1. 도입글 | 15
    2. '민주집중제'의 복원 및 해석 | 22
    3. 정책 결정의 구조와 과정 | 29
    4. '민주집중제'의 실천과 한계 | 37
    5. 맺음말 | 45

제3장 중국 덩샤오핑 시대 중앙-지방 관계: 재정 부문에서의 정책 의도, 감찰, 보상 및 인사의 동학
    1. 도입말 | 49
    2. 중앙-지방 재정 관계의 실증적 분석 | 53
    3. 중앙 권력과 지방 감찰, 보상, 인사 및 재정 공헌 | 65
    4. 맺음말 | 77

제4장 재정 부문에서의 중앙-지방 관계 연구
    1. 도입말 | 82
    2. 기존의 중앙-지방 관계 연구 방법 | 84
    3. 중앙-지방의 재정 관계 연구 | 89
    4. 중앙-지방 재정 관계의 실제 | 93
    5. 맺음말 | 103

제5장 중국 중앙정부의 정치 역량 연구: 세수 동원력과 의도성의 관계
    1. 정치 역량과 세수 동원 | 105
    2. 세수 동원력 분석 방법과 적용 | 108
    3. 중국의 세수 동원력 | 111
    4. 맺음말 | 122

제6장 중국 재정 표준화 정책과 중앙-지방의 정치·경제: 세수계약제 대 분세제
    1. 도입말 | 125
    2. 세수계약제 대 분세제 | 127
    3. 재정 표준화를 위한 초기 노력 | 131
    4. 1994년 분세제 개혁 | 137
    5. 맺음말 | 152

제7장 중국 개혁 시기 정부 간 관계 변화: 통제에서 타협과 계약으로
    1. 도입말 | 156
    2. 개혁 시기 정부 간 관계의 조정 | 159
    3. 정부 간 관계의 특성: 분권화와 다각화 추세 | 173
    4. 분권화와 지방정부 간 협력과 한계: 상하이 양산항 건설 | 182
    5. 맺음말 | 189

태훈과 태경에게 아빠의 사랑을 담으며

서문

이 글은 필자가 미국 미시간대학에서 2002년 박사 학위를 받으면서 제출한 '중국 중앙정부의 정치적 역량에 관한 논문'의 연장선상에 있다. 한국에 돌아온 이후, 그간 미국에서 배운 중국 분야에 대한 분석 방법 및 지식과, 중국에서 1년 넘게 수행한 자료 조사와 인터뷰를 통하여 이해한, 중국의 정책 결정 과정과 중앙-지방 관계에 대한 글을 차례로 발표하였고 이 책은 이러한 글들을 한데 엮어 출간하는 것이다.

현재 필자는 외교통상부의 외교안보연구원에서 중국 연구를 전담하고 있다. 연구원의 성격상 상대적으로 중국의 국내정치보다는 외교와 안보 분야의 연구에 더 많은 시간을 할애하고 있어, 이 책은 필자의 연구 경력에 있어 새로운 단계로 넘어가는 하나의 획을 긋는 작업이다. 중국 정책 결정과 중앙-지방 관계에 대한 필자의 연구는 현재 필자가 수행하고 있는 외교·안보 분야의 연구에도 많은 도움을 주고 있다.

필자가 이 분야의 글을 쓴 이후 어느덧 몇 년의 세월이 흘렀고, 중국의 중앙-지방 관계나 정책 결정 과정에 대한 새로운 연구들도 나오고 있어, 이 분야에서 새로이 변화한 측면도 존재한다. 본인의 글도 이에 따라 새로운 연구 결과를 담아야 하지만 본인의 게으름으로 아직 그러한 후속 작업을 수행하지 못했다. 그럼에도 불구하고 본인의 연구 성과가 여전히 유의미한 분석과 설명력을 지니고 있다고 감히 자부하는 것은 이 글이 피상적인 현상들을 결합하여 서술한 것이 아니라 중앙-지방 관계나 정책 결정 구조의 연구에 있어서 보다 근본적인 제도적 특성을 다루고 있고, 그 제도적 특성을 가능하게 했던 제반 여건들이 아직 크게 변화하지 않았기 때문이다.

    이 글은 본인 개인의 글이 아니다. 이 글에 자양분을 제공했던 수많은 스승들의 지혜와 가르침이 녹아 있다. 우선, 본인이 중국 연구에 관심을 갖도록 이끄시고 배려를 아끼지 않으셨던 서울대 정종욱 교수님과 최명 교수님께 특별한 감사의 말씀을 드리지 않을 수 없다. 아울러 부족한 본인이 미시간대학에서 공부할 수 있도록 지원해 주시고 과학적이고 실증적인 연구 방법의 중요성에 대해 끊임없이 일깨워 주셨던 데이비드 싱어(David Singer) 교수님, 학위 논문의 지도 교수이자 본인의 중국 연구에 절대적인 영향력을 주셨던 케네스 리버설(Kenneth Lieberthal) 교수님, 중국 군사 분야의 지식뿐만 아니라 학자로서의 자세와 겸손함이 무엇인지를 잘 일깨워 주셨던 히브리 대학의 엘리스 조프(Ellis Joffe) 교수님 및 그 밖의 수많은 분들의 가르침이 없었다면 부족한 자질을 지닌 필자가 이나마 성과를 내는 것도 불가능했을 것이다.

    아울러 본인의 연구를 "아연중국연구총서"의 한 권으로 발간할 수 있게 해 주신 고려대학교 아세아문제연구소의 최장집 교수님, 책의 출간을 담당하신 폴리테이아 박후란 선생님, 어려운 편집 작업을 해 주신 현선정, 정민용 씨, 이 일의 간사 역할을 하면서 저자 선정에서부터 독려까지 정성을 아끼지 않은 성균관대학의 이희옥 교수님께 감사드린다. 마지막으로 연구에 몰두할 수 있도록 도와주고, 가정의 안정감과 편안함을 안겨 준 아내와 태훈, 태경에게도 사랑을 전한다.

2007년 8월
김흥규

제1장

서론

이 글은 본래 한 권의 책이 아니라 '중앙-지방 관계론' 및 '중국 정책 결정론'이라는 두 권의 책으로 엮어졌어야 할 내용이다. 중국의 중앙-지방 관계를 연구하면서 얻은 성과 중 하나는 중앙과 지방의 상호 작용을 이해하지 않으면 그 관계의 실체를 이해하기 힘들고, 그 실체를 파악하기 위해서는 중국의 정책 결정 구조를 이해하는 것이 필수적이라는 것이었다.

이 책은 이러한 필자의 이해에 따라 크게 두 부분으로 나뉜다. 우선 첫 번째 부분은 중국의 정책 결정 과정 및 특성에 대해 다루고 있으며, 두 번째 부분은 다양한 각도에서 중앙-지방 관계에 대한 분석을 소개하고 있다. 중앙-지방 관계와 관련된 연구 속에는 중국 정책 결정 과정의 특성이 어떻게 제도적으로 정부 간 관계에 영향을 미치고 있는지에 대한 설명이 녹아들어 있다. 특히 제6장의 "중국 재정 표준화 정책과 중앙-지방의 정치경제" 편에서는 '세수계약제'와 '분세제'(分稅制)를 지지하는 그룹들 간의 갈등과 타협의 과정이 어떻게 중국 정책 결정의 특성 속에서 작동했는지를 잘 설명해 주고 있다.

이 책의 두 구성 부분 각각의 첫 장에 이 글의 분석 방법, 연구 성과 및 자료에 대한 설명이 되어 있어 이 장에서는 따로 설명하지 않겠다. 우선 이 책의 구성에 대해 간단히 요약하여 소개하자면 다음과 같다. 제2장의 "중국 '민주집중제'와 정책 결정 과정"은 비록 한 장에 중국의 정책 결정 과정을 세세히 다 담아낼 수는 없었지만 개혁개방 이후 중국의 정책 결정에 있어서 이론,

과정, 구조 및 사례연구를 망라하여 종합적인 그림을 보여 주려고 하였다. 이 글은 기존에 일반적으로 중국의 정책 결정을 전체주의 모델이나 상명하달식의 구조로 이해했던 것과는 달리 이미 개혁과 개방의 초기 시기에서부터 한 개인의 독단적인 전횡이나 카리스마가 아닌 '민주집중제'라는 제도적 규범의 적용 속에서 좀 더 타협적인 특성이 드러나고 있다고 주장하였다.

제3장 "중국 덩샤오핑(鄧小平) 시대 중앙-지방 관계"는 개혁개방 이후 분권화라 불리는 추세 속에서 중앙정부와 성급 정부의 관계가 어떻게 형성되었는가를 검토하였다. 특히 분권화를 논증하는 데 흔히 이용되는 재정 분야를 대상으로 하면서 실증적 분석을 바탕으로 기존 연구가 다루지 못했던 비공식적 재정 분야를 함께 분석함으로써 재정 분야에서 중앙-지방 관계에 대한 더욱 포괄적인 이해에 도달하고자 하였다. 더 나아가 중앙정부가 지방정부를 통제하는 수단으로 활용할 수 있는 주요 제도적 장치들, 즉 재정 감찰과 보상이 지방정부의 세수 동원 능력에 미친 영향을 통계적 방법을 이용하여 검토하였다. 이처럼 세수 부문에서의 세수 능력과 감찰, 보상 및 인사 부문의 동학에 대한 연구가 전무한 상태에서 본 연구는 새로운 중앙-지방 관계 분석의 지평을 열었다. 본 연구는 재정 성취, 감찰 및 보상이라는 변수들 간에 유의미한 통계적 인과관계가 성립되지 않는다는 것을 발견했고, 중앙정부의 성급 정부 지도자들에 대한 인사 부문 통제가 주요한 정치적 수단임을 확인할 수 있었다. 중앙정부는 재정 감찰이나 보상 등의 의한 동기 부여보다는 지방 지도자들의 인사에서 본지 지역인의 등용 비율을 증가시킴으로써 지역 경제 발전 및 국가 경제 발전을 촉진시키려 하였으며 1인당 세수 공헌율이나 세수 증액의 차원에서 볼 때, 긍정적인 결과를 가져왔다.

제4장 "재정 부문에서의 중앙-지방 관계"는 본격적으로 재정 부문에 초점을 맞추어 살펴 본 중앙-지방 관계 연구이다. 재정 분야에서 중앙-지방 관계를 이해하기 위해서는 예산/예산 외 자금 규모 등 공식적인 통계수치뿐 아

니라 제도 외 자금 및 유사 재정 능력을 포함한 중앙의 재정 통제 능력에 대한 포괄적 검토가 있어야 한다. 중앙정부는 중앙 재정의 확대만을 추구하는 것이 아니기 때문에 시기에 따라 변화하는 중앙의 정책 우선순위가 지방의 재정 능력에 어떻게 영향을 미쳤는지를 이해하는 것이 중요하다. 1988~92년 시기 중앙정부의 재정 능력 약화 현상은 중앙정부가 지방의 경제를 활성화시킴으로써 경제 발전을 이룩하고자 했던 정책 우선순위와 연관이 있다. 더구나 예산 외 자금의 흐름까지도 고려한다면 중앙정부의 재정 통제력이 예산 내 자금의 분석에서 나타나는 것처럼 급격히 약화되었다고 할 수 없다. 지방정부는 정도의 차이는 있지만 대체로 중앙정부의 정책이 허용하는 한계 내에서 각자의 이익을 추구하였으며, 중앙정부는 필요시 제도 개혁이나 행정력들을 발휘하여, 자신의 정책 목표를 달성할 능력이 있음을 보여 주었다. 개혁 시기 재정의 흐름은 일률적인 집권과 분권의 흐름으로 나타나지 않고 좀 더 복합적인 양상을 띤다. 심지어 재정 집권화의 대표적인 예라 할 수 있는 1994년 분세제 개혁은 지방정부의 세원(稅源)을 법률적으로 보장했다는 의미에서 진정한 지방재정 분권화의 새로운 시작이라고 볼 수 있다. 분세제 개혁 이후 지방 차원에서 나타난 제도 외 자금의 급격한 증가 추세는 분세제 하에서 지방의 자구책이며 실제 가용할 재원의 규모로 볼 때 균형 잡기(balancing)의 역할을 한다. 중앙정부는 지방정부와 재정 분야에서 교섭과 타협을 통하여 상호 이익(win-win)이 되는 상황을 만들어 내려 노력했으며 그 결과 중앙-지방 관계는 단순한 영합적(zero-sum)인 게임의 형태가 아닌 중앙 주도의 비영합적(non-zero-sum) 성격을 나타낸다. 그리고 중국 중앙-지방 관계의 제도화 추세와 타협의 전통은 중앙-지방 관계가 단기간에 급격한 분권화나 재집권화로 변동하지 않을 것이라는 전망을 가능케 한다.

제5장 "중국 중앙정부의 정치 역량 연구"는 기존의 중국 중앙-지방 관계 연구에서는 드문 실증적 분석법을 사용하며, 정치적 역량을 측정하는 지표

로는 정책 우선순위에 입각한 세수 동원 능력을 제시한다. 중앙-지방정부 간 재원 분배를 분석하기 위한 평가 도구는 세계적으로 널리 사용되는 국내총생산(State GDP) 분석법, 회귀분석법(Regression Analysis) 및 대표세금체제 분석법(Representative Tax System Analysis)으로 이를 중국의 경우에 맞게 적용하였다. 그 결과 중국의 지역 세수 공헌도 정도는 중앙정부의 정책 우선순위 변화에 따라 긍정적으로 반응하고 있다는 것을 알 수 있다.

회귀분석은 비록 명확한 형태는 아닐지라도 중앙정부가 정책 우선순위에 따라 경제적 요인들 못지않게 스스로 동원할 수 있는 정치적 요인들을 통해 세수 동원력에 영향력을 행사했던 것을 보여 준다. 1994년 분세지의 도입은 1인당 징수액에 약 236위안(元)의 상승효과를 가져왔고, 지방 지도자 중 외부 인사 1인의 증가는 1인당 GDP에서 차지하는 1인당 징수율에서 약 0.2%의 감소 효과를 가져오는 것으로 나타난다. 따라서 중앙정부는 1994년 재정 집권화의 추세 속에서도 빠르게 발전하는 연해 지역의 성장(省長) 인사에서 주로 지역 내부의 인사를 승진 임명시켜 지속적인 경제 발전과 세수 증가를 동시에 달성하고자 했던 것이다. 가장 빠르게 발전하고 재정 규모가 큰 광둥성이 1998년 높은 재정 동원력을 이룩했다는 것은 중앙정부의 정책이 성공하고 있음을 나타낸다. 결론적으로 중앙정부의 정치적 역량에 대한 이 연구는 우선, 단순 수치 비교로는 중앙정부의 역량을 측정할 수 없다는 것, 둘째, 정치적 의도와 재원 동원 실적을 비교 분석해야 할 필요가 있다는 것, 셋째, 중앙정부는 정치적 수단들을 사용하여 재원 동원에 영향력을 행사하여 왔고 대체로 의도한 목표를 달성해 왔다는 점을 지적한다.

제6장 "중국 재정 표준화 정책과 중앙-지방의 정치·경제"는 중국의 개혁 시기 재정 개혁 논쟁의 핵심이었던 세수계약제와 분세제를 연구 대상으로 하고 있다. 두 세수 제도는 개혁 초기에서부터 정책 대안으로 제시되어 각기 상이한 내용적 특성과 지지 세력 분포를 지니고 경쟁하였다. 따라서 각 세수

제도에 대한 선호는 단지 경제적 효율성의 문제 차원을 넘어서 중국의 주요 정치 지도자와 관료 조직, 지방정부 사이의 다양하고도 뿌리 깊은 이해관계의 갈등을 반영하는 정치적 성격을 강하게 가지고 있었다.

우선, 중앙 지도자와 관료 사회 내부에서 정책 우선순위에 대한 합의가 존재할 때 중앙정부는 정책을 집행할 능력이 존재하였다. 중앙정부는 1990년대 초반 지방정부에 허용한 특혜를 거두어들이는 데 어려움을 겪었으나, 당시 변화하는 국제정치에 대한 인식과 군비 확충의 필요성, 계승 위기에 따른 국내정치적 변수가 결합하여, 중앙 지도자들 사이에 합의가 도출되었을 때, 기존 중앙-지방 관계에 있어서 적용된 게임의 규칙들을 바꿀 수 있는 능력을 가지고 있었다. 중앙정부는 지방의 격렬한 저항과 덩샤오핑의 개혁 후퇴 가능성에 대한 우려성 경고에도 불구하고, 1994년 분세제 개혁 및 중앙 세수 비중의 급격한 증대에 성공함으로써 중앙정부의 능력을 보여 주었다.

이 과정에서 중앙정부 부처의 전문성이 유지되었다는 것은 주목할 만하다. 중앙의 모든 총리들과 재정 부처는 지속적으로 세제의 표준화를 위하여 분세제 개혁을 추진하여 왔으며, 이들과 당서기 장쩌민(江澤民) 사이에 분세제 개혁에 대한 합의에 도달하였을 때, 지방주의가 최고조에 이르고 세수계약제가 채택되었던 시기에 지방의 저항에도 불구하고 분세제 개혁을 성공적으로 추진하였다.

마지막으로 주목할 것은 세수계약책임제와 분세제 개혁을 통해 드러난 중국의 정치는 갈등의 요소를 합의로 이끌 수 있는 제도적 장치와 관행들이 존재하였다는 점이다. 중국의 정책 결정 과정은 다양한 이해관계가 충돌할 때, 조직 원칙으로는 표결이 최종 결정 수단이기는 하지만 실제로는 합의의 과정을 중시하기 때문에 종종 타협적인 정책 결과가 나왔다. 1994년 세제의 중앙집권화로 불리는 분세제 개혁의 경우에도 어느 한 일방의 이익이 일방적으로 관철된 것은 아니었으며 지방에 지출 부분의 확보를 보장하는 타협적인 요소가 존재하였다.

제7장 "중국 개혁 시기 정부 간 관계 변화"는 1978년 이후 재원 이동과 행정적 위계질서의 변화에 분석의 초점을 맞추면서 정부 간 관계의 변화 추세 및 이러한 질적인 변화를 가능하게 한 요인들을 분석하고 이해하고자 하였다. 기존의 수직적 통제 방식의 규범 변화 및 다차원적인 정부 간 관계의 전개 양상을 살펴보고, 최근 다각화와 분권화의 추세 속에서 지방정부 간 협력과 합작 성공의 대표적인 사례로 알려진 양산(洋山)항 건설 사례를 분석하였다. 이 양산항 건설과 관련한 정책 결정은 알려진 것과는 달리 정부 간 이해관계의 충돌이 보다 복합적으로 전개되었음을 보여 주며 새로운 정부 간 관계의 특징과 한계를 잘 예시한다. 이러한 중국의 정부 간 관계는 더 이상 수직적 명령과 일방적 지시 관계로 적절히 설명할 수 없으며, 점차 경제적 동기와 이해관계에 입각한 절충적 성격의 타협과 계약적 관계로 이행하는 경향을 보여 주었다.

이 글에 나오는 각 장의 출처는 다음과 같다. 원문에 약간의 첨삭과 수정이 있었지만 근본적인 구조나 내용의 차이는 없다. 제2장은 "중국의 정책 결정과 '민주집중제': 1980년대 합의의 정치 형성과 제도화," 『국제정치논총』 제44집 1호(2004), 제3장은 "鄧小平 시대 중앙-지방 관계 : 재정 부문에서의 정책 의도, 감찰, 보상 및 인사의 동학," 『한국정치학회보』 제38집 2호(2004), 제4장은 "개혁시대 중국의 중앙-지방 관계," 김원배·장경섭·김형국 편, 『중국의 오늘과 내일』(나남출판, 2003), 제5장은 "중국 중앙정부의 정치적 역량에 대한 실증적 연구: 세수 동원력(Tax Effort)과 정치적 의도성의 관계," 『현대중국연구』 제5집 1호(2003), 제6장은 "The Politics of Fiscal Standardization in China: Fiscal Contract vs. Tax Assignment," *Asian Perspective* Vol. 28, No. 2(2004)의 번역본이며, 제7장은 "개혁 시기 중국 내 정부 간 관계 변화," 『중소연구』 29권 1호(2005)가 원 출처이다.

제2장

중국 '민주집중제'와 정책 결정 과정

1. 도입글

1) 변화하는 정치 환경과 정책 결정

중국의 정치·경제를 대상으로 연구하면서 제기되는 주요한 의문 중 하나는, 중국이 개혁개방 정책을 채택한 이후 기존 사회주의 계획경제체제에서 시장경제로 전환하는 과정에서 어떻게 정치적 안정을 유지하고 유의미한 정책들을 입안·집행할 수 있었는가 하는 점이다. 문화대혁명이라는 극심한 정치적 혼란기와 분열의 상처가 채 가시지도 않은 상황에서, 또한 개혁의 미래에 대한 청사진을 제시할 수도 없는 상황에서 기존 경제체제의 전환은 권력 갈등으로 이어져 극심한 정치적 혼란을 야기할 개연성이 높은 사안이었다. 개혁개방 이후 중국의 새로운 지도부가 당의 주요 조직 원리이자 정책 결정의 핵심 원칙으로서 적용하였던 '민주집중제'(民主集中制)[1]를 적극 재도입

---

[1] 중국의 정책 결정 원칙의 독특성을 표현하기 위해 서구적인 개념이 아닌 중국 자체의 개념을 차용하였다. 따라서 이는 서구적인 '민주' 개념과 구분하여 이해해야 할 것이다. '민주집중제'의 '민주'는 일반 대중을 대상으로 하는 민주의 개념과는 다르며 오히려 정책 결정 과정에서 이해 당사자들인 정책 결정 엘리트와 조직 내부에서의 '민주'를 지칭한다.

한 것은 경제 개혁의 과정에서 정치적 갈등이 혼란과 내분으로 전화하는 것을 억제한 주요한 기제가 되었다. 개혁개방 시기에 정책 결정 과정은 흔히 전체주의적 사회주의 체제에 적용되었던 것으로 인식되는 상명하달식보다는 합의를 중시하였다. 이러한 합의에 대한 강조는 흔히 제시되는 개인이나 정치적 집단들 간의 비공식적 연대나 세력 갈등의 결과물이 아니라 '민주집중제'라는 기존 기제의 새로운 해석과 실천 속에서 안정적인 형태의 규범으로 나타난 결과물이었다. 이 원칙은 개혁개방 초기인 1980년대에 이미 널리 실천되었으며 당시 정책 갈등이 정치적 갈등으로 전환되는 것을 막을 수 있는 주요한 기제였다.[2]

중국의 정책 결정을 연구하는 많은 학자들은 공산당 조직의 기본 원리이자 정책 결정의 원리인 '민주집중제'를 간과하거나 단순히 이데올로기적인 수사로 경시하여왔다. 이론적으로 '민주집중제'란 내려진 결정의 일사불란한 집행을 요구하는 '집중'의 원칙을 유지하기 위해, 다수결에 입각한 '민주'의 원칙이 전제되어야 한다는 것이다. 마오쩌둥(毛澤東) 시기의 정책 결정 관행은 '민주'의 원칙이 상대적으로 무시되고 '집중'을 강조했던 데 반해, 개혁개방 이후에는 덩샤오핑의 지도력 아래에서 점차 '민주'의 측면이 '집중'의 적용을 위한 정당성의 기제로서 자리 잡았으며, 이후 당 지도부의 계승 문제와 관련해서도 정치 지도자들의 자질을 평가하는 주요 기준으로 인사관리 부문에도 깊이 내재되었다.[3]

---

[2] '민주집중제'의 강조는 문화대혁명의 폐해를 극복하고 '민주집중제'의 원칙에 입각해 사회주의 민주를 실천해 나가자고 강조한 후야오방(胡耀邦)의 중국공산당 12차 당 대회의 보고와 당장에서도 잘 드러난다. 그 전문은 吳傑 主編(1998, 1956-1993).
[3] 장쩌민의 지도자 부상이나 후진타오(胡金濤), 원자바오(溫家寶), 우방궈(吳邦國), 쩡칭훙(曾慶紅), 뤄간(羅干) 등 주요 4세대 지도자들의 성장에 인화와 타협 능력이 중요했다는 내부 평가는 Nathan and Gilley(2002) 참조. 5세대 지도자의 선정에서도 이러한 원칙은 유지될 것으로 보인다.

레닌주의적 정당의 정책 결정 이론이자 조직 구성 이론인 '민주집중제'는 소련에서 상명하달식의 정책 결정 원칙으로 정착되었던 반면에, 중국은 상대적으로 혁명전쟁과 대장정의 경험을 공유한 지도자들의 결합력을 바탕으로, 합의를 원칙으로서 중시하는 전통이 존재하였다. 이러한 전통은 1959년 마오쩌둥의 대약진운동을 비판한 펑더화이(彭德懷)를 우파주의로 몰아 숙청한 루산(廬山)회의가 계기가 되어 상명하달식으로 전환되었고,[4] 지도자들 간의 협의, 절충 및 합의에 의해 주요 정책을 결정하던 전통이 깨져 나갔다. 문화대혁명에서부터 1970년대 중반까지 이념이 정책 판단의 주 근거가 되어 이념적 정확성에 대한 척도를 지닌 당 지도자나 지도부의 의사가 정책 결정에 가장 주요한 요소가 되었고 자연히 상명하달식의 정책 결정이 지배적이 되었다.[5]

그러나 탈마오쩌둥 시기에 오면서 정책 결정의 방식은 점차 정책 결정자들 간의 타협과 합의를 중시하는 형태로 재전환되었다. 중국이 이러한 정책 결정 방식을 도입한 이유는 우선, 마오쩌둥의 독단적인 정책 결정의 폐해를 경험했던 덩샤오핑을 위시한 당시의 정치 지도자들이 한 개인에 의한 독단적 정책 결정을 회피하려고 했기 때문이다.[6] 둘째, 중국 혁명과 내전 및 국가건설 초기에, 토의와 상호 이해를 중시하는 '민주집중제'가 정책 결정의 원칙으로서 받아들여진 전통이 이미 존재했다는 것도 무시할 수 없는 요인이다. 셋째, 당시 어느 정치 지도자도 마오쩌둥과 같은 절대적 권위를 지니지 못하였으며, 지도자들 간의 정책 갈등이 권력투쟁으로 전환하지 못하게 견제 장

---

[4] 이에 대한 논의는 Frederick Teiwes(1990).
[5] 1976년 이전 개인 중심, 특히 마오쩌둥을 핵심으로 한 상명하달의 정책 결정 과정에 대한 저술로는 章百家(2002, 144-158), 宮力(2002, 670-718).
[6] 개인의 독단적 결정의 폐해에 대한 덩샤오핑의 통렬한 비판은 鄧小平(1983, 288-289).

치가 필요했다는 점을 들 수 있다. 이러한 상황적 요인과 권력관계 및 역사 인식은 장쩌민 및 후진타오(胡金濤) 시기에도 그 정도의 차이는 존재하지만 본질적으로 달라진 것이 없어 규범의 연속성이 존재하는 요인이 되었다.

당시 중국처럼 통치 영역이 광대하고, 정치적 분열로 크게 고통을 받았던 사회에서 이와 같은 정책 결정의 규범이 존재하지 않았다면, 정치적 분열과 혼란이라는 상당한 정치적 대가를 필요로 했을지도 모른다. 그러나 체제 전환기적 상황에서 정책 결과가 불확실할 때, 많은 행위자들의 불안과 불만을 반영하여 타협하는 정책 결정 방식으로 '민주집중제'를 해석 및 집행함으로써 그 효율성의 문제에도 불구하고 좀 더 정치적으로 안정적인 결과를 가져 올 수 있었다.

2) 기존 연구와 한계

오랜 기간 동안 중국을 연구하는 학자들은 중국 지도부의 정책 결정 과정을 마치 암상자(black box)처럼 취급해 왔다. 그 이유는 마오쩌둥 시기에 내부의 정보를 구하기 어려웠기 때문이다. 그 뒤 개혁개방이 시작된 1978년 이후부터 과거에 비해 훨씬 정보가 풍부해졌다.[7] 일부의 분석적인 연구들을 통

---

[7] 그 중 주목할 만한 자료는 개혁개방 초기에 정치국 국원이었던 후챠오무(胡喬木)가 상층부의 정책 결정 과정에 대해 밝힌 자료인 胡喬木(2000), 재정 개혁과 관련한 당/정 내부의 갈등과 정책 결정 과정을 비교적 상세히 밝히고 있는 劉佐(2000), 제1차 당 대회에서부터 제15차 당 대회까지의 자료와 정황을 상세히 정리한 吳傑 主編(1998), 제도 개혁과 관련한 정책 결정 과정의 정보를 담고 있는 吳傑(1998)은 중요한 자료들이다. 그 밖에 정치·경제·외교 등의 분야의 정책 결정 과정에 관련한 자료들이 나와 있다. 예를 들면, 沈寶祥(1997), 謝春濤 主編(1998), 朱佳木(1998), 龍平平·劉金田 主編(1998), 陳雪薇 主編(1998), 沈立仁 編(1999), 陳雪薇·陳述 主編(2003), 尤元文(2003), 章曉明(2006) 등이 있다. 그리고 중국에서 출판된 본격적인 중국의 정책 결정 과정 연구서로는 楊洁勉(2000) 및 張歷歷(2007)이 있다. 중소 외교 관계 수립의 내막을 소개한 錢其琛(2003,

해 기존의 전체주의 모델이 보여 준 상명하달식의 정책 결정을 넘어서,[8] 엘리트 간 혹은 관료집단 간의 갈등과 타협의 산물로서 정책 결정을 묘사하는 다원주의적 접근을 보여 준다. 다원주의적 접근은 다시 공식적인 부문이나 비공식적인 부문에 대한 강조로 대별될 수 있는데, 디트머(Lowell Dittmer)의 비공식적 관계(informal politics)의 강조나 네이선(Andrew Nathan)의 파당(faction)연구에서 지도자와 추종자의 관계, 쩌우(Tang Tsou)의 최고위 지도자들의 개인적 친분 관계, 파이(Lucian Pye)의 개인적 인간관계 연계망(關係) 및 퓨스미스(Joseph Fewsmith)의 개인적 리더십의 강조는 중국의 정책 결정 구조가 제도화와 투명성이 결여되어 있다는 데 초점을 맞추고 있다.[9] 스웨인(Michael D. Swaine) 역시 안보 부문의 정책 결정에 있어서 지도부 내 행위자들의 관계와 역할을 강조하여 상대적으로 공식적인 부문들보다는 비공식적인 부문들의 중요성을 강조하고 있다(Swaine 1998).

다른 한편으로 공식 부문에 대한 연구를 보자면 리버설과 옥센버그의 산샤(三峽)댐과 관련한 중국 정책 결정 구조에 관한 기념비적인 연구는 중간 수준의 관료 기구들을 연구 대상으로 하면서 정책 결정은 분절된(fragmented) 관료 조직들 간의 타협과 교섭 및 합의를 반영한다고 보았다(Lieberthal & Oksenberg 1988, Ch. 6). 테비스(Frederick Teiwes)는 덩샤오핑 시대의 정책 결정은 개인 중심에서 제도 중심으로 옮겨가고 있다고 지적하고 있으며(Teiwes

---

1-40), 그리고 천안문사태라는 위기 상황에서의 중국의 정책 결정 과정을 폭로한 Nathan and Link(2002)를 빼 놓을 수 없다. 그 밖에 2차 자료이기는 하지만 중요한 연구 성과물로는 Barnett(1985), Lieberthal and Oksenberg(1988), Lieberthal and Lampton(1992), Hamrin and Zhao(1995), Lu(1997), Robinson and Shambaugh(1997), Bachman(1998, 34-54), Swaine(1998), Lampton(2001), Unger(2002), Hao and Su(2005), Liao(2006)을 들 수 있다.
[8] 스웨인은 주요 전략의 결정은 여전히 소수자에 의한 상명하달의 방식에 의해 결정된다고 지적한다(Swaine 1998, 7-18).
[9] 이들의 글을 모은 것은 Unger(2002).

2002), 바넷(Barnett 1985), 루(Lu 1997) 및 바흐만(Bachman 1998)의 외교정책 결정에 대한 제도적 접근이나, 햄린(Hamrin 1997)의 이슈 영역에 따라 외교정책 행위자들이 다양화되고 있다는 연구는 상대적으로 공식적인 정책 결정의 구조에 더 강조점을 둔다. 램톤(David Lampton) 역시 군사·외교의 영역에서조차 정책 결정에 참여하는 참여자의 수가 증대하고 있으며 이들 간에 갈등, 조정, 교섭 및 타협이 정책 결정의 주요한 부분을 이룬다고 설명한다(Lampton 2001). 이는 개혁개방 이후 점차 국내정치 구조가 전문화, 다원화, 분권화 및 세계화의 영향을 받기 때문이라는 것이다.

이들 두 관점은 논의의 초점이 다름에도 불구하고 공통적으로 인정하고 있는 점들이 있다. 우선, 중국의 정책 결정 과정이 엘리트 중심적이라는 것이다. 둘째, 이슈적인 측면에서, 정치적 이슈는 상대적으로 최고위 정치 지도자들에 의해 상명하달식의 정책 결정이 이루어진다는 것이다. 셋째, 시기적으로 개혁개방의 초기 10여 년간 정책 결정은 정도의 차이는 있지만 제도화의 수준이 대단히 미약했다는 점이다. 마지막으로, 보다 제도화되어 있는 중·하위층의 정책 결정과는 달리 최고층 수준에서의 정책 결정 과정은 여전히 암상자로 남아있다는 점이다.

본고는 중국의 탈마오쩌둥 초기 시기의 정책 결정이 엘리트 중심이라는 점에 동의하면서 그 연구 대상도 중앙 관료 기구 이상과 그 정치 지도자들에 초점을 맞춘다. 하지만 제도화의 정도와 상명하달식의 정책 결정 관행에 대해서는 견해를 달리한다. 제도를 행위자의 행위와 선택에 일정한 정향을 가지도록 영향을 미치는 원칙과 규범들의 집합체라고 정의한다면,[10] 개혁개방 초기에 중국의 정책 결정 과정은 구체적으로 그 규칙들이 적시되어 있지 않다는

---

10 제도와 조직(Organization)의 차이점은 North(1990, 4-5).

측면에서 공식적이고 투명한 제도화 수준에는 못 미치지만, 그렇다고 암상자도 아닌 정책 결정 행위자들의 행위를 규율하는 정책 결정 규범이 존재했다고 할 수 있다. 즉, '민주집중제'라는 정책 결정 규범이 반(半)제도화된 형태로 존재했던 것이다. 합의를 중시하는 규범의 수립은 다원적 행위자의 갈등과 타협 과정에서 나타나는 자연스런 접점이었다기보다는 '민주집중제'가 합의를 중시하는 좀 더 안정적인 제도적 틀로서 갖추어져 있었다는 것을 강조한다.

여기서 한 가지 더 지적할 점은 1980년대 '민주집중제'의 해석에 있어서 선언적 측면과 이의 실천 사이의 괴리가 좁아지고 있다는 것이다. '민주집중제'가 사회주의 민주와 정책 결정의 근본 조직 원리라는 것은 이미 화궈펑(華國鋒)의 제11차 당 대회 보고에서도 나타난다(吳傑 主編 1998, 1795). 하지만 이는 기존의 계급투쟁의 강조와 마오쩌둥 사상의 물신화(物神化)를 통해 '집중' 원칙을 위한 도구적 성격이 강했다. 1982년 후야오방(胡耀邦)의 제12차 당 대회에서의 보고는 당 건설을 위해 우선적인 일로 '민주집중제'를 건전하게 하는 것을 지적하고 있으며 '집중'의 기초로서 '민주'가 전제되어야 한다는 것과 그 방법들을 구체적으로 지적하고 있다(吳傑 1998, 1956-1980). 즉 12차 당 대회에서 통과한 당장(黨章)에서 나타나는 것처럼 '당 행동의 일치와 신속하고 효과적인 당의 결정의 집행'을 위해 '민주'의 측면이 기초가 되어야 한다는 것이다(吳傑 1998, 1982). 본고는 중앙의 정책 결정 행위자들 간에 정책 결정 과정에서 이러한 선언적인 규범과 그 실천 사이의 괴리가 크지 않았고, 이를 지키고자 하는 노력이 지속되었다는 것을 주목한다.

따라서 이 '민주집중제'가 중국 정책 결정 과정에서 어떠한 형태로 해석되고 적용되었는지를 이해하는 것은, 개혁 초기 권력관계가 불안정하고 개혁을 위한 청사진을 제시할 수 없는 상황에서 어떻게 중국 정치체제가 내부 권력 갈등으로 통제 불능의 상태에 빠지지 않고 유의미한 정책들을 입안·집행할 수 있었는지를 설명하는 주요한 단서가 된다. 이러한 정책 결정 규범에 대한 근본적인 이해가 없다면 중국의 정책 결정은 파이나 쩌우처럼 개인 지도자나 친분 관계의 역할과 영향력을 통한 정책 결정 방식을 역사·문화적인 특징으로 설명할 것이다(Unger 2002). 또는 리버설과 램톤처럼 앨리슨(Graham Allison)이 제기한 서구의 다원적 관료정치 모델을 중국에 적용시키거나(Liberthal and Lampton 1992), 아니면 과거 전체주의적 정치체제의 이미지에서 유추한 권위주의적 정책 결정으로 설명할 수밖에 없는 한계를 지니게 되었을 것이다.[11]

본고는 시기적으로 개혁개방이 시작되고 장쩌민이 집권하기 전인 1980년대를 주 대상으로 한다. 그 이유는 위에서 언급했듯이 기존에는 1980년대에 개인 지도자 중심의 비공식적인 채널을 통해 정책 결정이 이루어졌다는 인식이 일반적이었으나, 본고는 중국 정책 결정의 특징이 이미 이 시기에 정착되었고, 그 이후 여러 변화에도 불구하고 '민주집중제'의 본질적인 제약 요건과 특성은 변화하지 않았고 중국의 정책 결정 과정에서 점차 강화되고 있다고 보기 때문이다.

2. '민주집중제'의 복원 및 해석

중국의 '민주집중제'는 내부 원리적인 측면과 외부 제도적인 측면 두 가지 각도에서 바라볼 수 있다. 우선 '민주집중제'의 내적이면서 본질적인 특징

---

[11] 한 예로 중국을 레닌주의 국가(Leninist State)로 정의한 글들에서 엿볼 수 있다(Kristof and WuDunn 1994). 외교 부문에서 이러한 현상을 지적한 글로는 Wang and Lin(1992).

은 중국공산당과 정치체제를 구성하는 근본적인 조직 구성의 원칙이자 정책 결정의 원칙이라는 점이다. 이 원칙은 이미 1921년 당헌장과 1954년의 중화인민민주주의공화국 헌법에서 받아들이고 있다. 이론적으로 보자면 이미 지적한 대로 '집중'의 원칙이 의미를 지니기 위해서는 '민주'의 원칙이 선행되어야 하고, 다수결 원리에 입각한 정책 결정에서 소수는 다수에 복종해야 한다는 것이다(張衛平 編 1995, 300-301). 하지만 마오쩌둥 시기 상당 기간 동안, 실제에 있어서는 '집중'의 실현에 더 초점이 맞추어져 왔음을 지적할 수 있다.

오늘날 많은 학자들은 중국의 정책 결정 방식이 개인의 전횡이나 다수결의 원칙보다는 점차 합의와 타협을 중시하게 됐다는 점에 동의한다.[12] 그러나 이러한 합의와 타협의 강조는 이데올로기적 정당성과 역사적인 경험 및 현실적인 권력정치의 요구로 인하여 일반적으로 이들 학자들이 제시하는 것보다 이른 시기에 개혁개방 정책과 더불어 이미 정착되었다고 볼 수 있다.

소련의 경우나 문화대혁명 시기 중국의 정책 결정 구조는 '집중'의 측면에 강조점을 두었다. 그러나 이의 엄청난 폐해를 경험한 중국의 지도부는 개혁개방 정책과 더불어 이들 두 가지 요소의 미묘한 균형을 회복하려 하였고 점차 의도적으로 '민주'의 부분을 강조하기 시작했다. 이미 1970년대 말에 '민주'의 원칙과 '집단지도체제'의 원칙이 '민주집중제'의 주요 내용이며, '집중'의 원칙이 '민주집중제'의 기반이 된다는 주장들이 주요 매체에서 제기되었다.[13] 1979년 2월 25일 『인민일보』는 집단지도체제를 촉구하는 유명한 사설 "지도부는 집단이다"(領導是一個集團)를 발표하여 정책 결정이 집단적으로

---

12 예를 들면, Lieberthal & Oksenberg(1988), Barnett(1985), You(2002), Lampton(1992) 및 Teiwes(1990).
13 예를 들면 "沒有民主就沒有社會,"『人民日報』78/07/01; "我們堅持什樣的黨的領導,"『人民日報』79/10/05; "勸力不能過分集中,"『人民日報』80/11/14; "民主是手段, 又是目的,"『哲學硏究』1980年 第12期.

도출되어야 한다는 것을 강조하였다. 1979년 공산당 제1기 5중 전회는 당의 지도 원칙으로 '집단지도체제'를 공식적으로 받아들였다. 이 원칙에 의하면 어떠한 개인 지도자도 주요 안건에 대해 단독으로 정책 결정을 내릴 수가 없으며 오직 집단만이 그러한 결정을 내릴 수 있다는 것이다. 이러한 조치들은 정책 결정이 한 개인에게 집중되는 것을 막고 전문적인 분야에서는 정책의 현실성과 효율성을 추구하기 위한 조치이기도 하였다.

1981년 당시 당의 정법 부문 책임자였던 펑전(彭眞)은 '민주집중제'의 적용 원리를 좀 더 구체화하고 있다(沈學明·鄭建英 主編 2001, 720; 全國人大常委會辦公廳研究室 編 1992, 129-142). 그는 주장하기를 지도자들 사이에 정책 결정을 내리기 위해서는 위급한 상황이 아니라면 토론, 협의, 조정 및 숙고의 과정을 거쳐 합의에 이르러야 한다고 했다. 심지어 일정 의견이 다수를 형성한다 할지라도 그 반대 견해들은 여전히 고려되어야 하며, 다수의 견해에 따라 일정한 실험을 거친 후 그 결과에 따라 재고되어야 한다는 것이다. 만일, 다수의 견해가 실험에서 그 적실성이 입증되지 않는다면, 소수의 견해들을 다시 토론하고 실험하여 다시 새로운 합의가 점차 형성될 때까지 이 과정을 반복하는 것이다. 이 견해에 따르면 개혁개방 이후 새로이 받아들여진 '민주집중제'의 원리는 단순히 다수결의 원칙이 적용되는 투표 방식이 아니라 조정, 협의, 실험 및 재협의를 통해 합의를 성취하기 위한 긴 과정이었던 것이다. 제도적인 측면에서는 경제정책 결정의 분권화 노력, 집단지도체제의 수립, 영도소조의 활성화 및 전국인민대표대회(全國人民代表大會, 전국인대)의 법률 제정 능력 강화로 나타났다.[14]

---

[14] 1981년 펑전의 연설은 장차 '민주집중제'의 구현체로서 일반인들에 의해 선출된 전국인대의 강화를 암시하고 있는데, 펑전의 연설은 全國人大常委會辦公廳研究室 編(1992, 129-142) 참조. 전국인대의 기능 강화에 대한 글들은 O'Brien(1994, 359-379), MacFarquer(1998, 656-667),

실제에 있어서도 '민주집중제'에 따른 정책 결정 방식은 단순히 수학적인 의미에서 다수결 원칙이 아니라 정책 참여자들 간에 보다 높은 수준의 지지를 요구했다. 즉 1975년 3월 5일 덩샤오핑은 이미 이 기준을 표명한 적이 있는데, 정책 결정을 위해서는 오랜 기간 동안의 연구, 협의, 토론 과정을 거친 연후에 80% 정도의 지지율 수준을 획득하여야 한다고 제시하였다(國防大學 課題組 1993, 989). 비록 이러한 제시가 정책 결정자들이 반드시 지켜야 할 법적인 기준은 아니고 어느 정도 과장된 측면이 있다 할지라도, 덩샤오핑이 차지하는 정치적 비중을 고려할 때, 중국의 정책 결정자들이 정책 결정을 하는 데 있어 염두에 두어야 할 일종의 제약이자 기준으로 작용했다고 볼 수 있다.

덩샤오핑이 제시한 정책 결정 방식은 일반적으로 거의 알려져 있지 않은 정치국 수준에서의 정책 결정과 관련하여 주요한 암시를 제시한다고 할 수 있다. 즉 합의와 타협에 대한 강조는 만장일치를 선호할 것이라는 것이고, 합의가 불가능할 때는 덩샤오핑이 제시한 것처럼 높은 수준의 동의가 정책 결정의 정당성 기제로서 작동할 수 있다는 것, 그리고 위급 상황이나 최악의 상황에서는 '민주집중제'에서 공식적으로 요구되는 단순한 과반수 지지의 원칙이 적용될 수 있다는 것이다.[15] 하지만 일상의 정책 결정에서는 이 위기 상황에서의 과반수 지지 원칙보다 높은 수준의 원칙이 요구되리라는 것이다.

천(Yizi Chen)에 의하면 덩샤오핑은 문제가 복잡하고 준비가 부족할 때는 준비가 잘 될 때까지 기다려서 위험을 최대한 줄이는 방법을 선호했으며, 오

Tanner(1999, 231-252), Lai(2001, 73-101), Cho(2001, 724-740)을 참조. 우리글로는 김재철(2002, ch. 4), 조영남(2000) 참조.
[15] 여기서 위급 상황이란 체제 자체의 위기나 최고 정책 결정자들의 집단적 안전과 관련된 사항을 이야기한다. 천안문사태 당시의 정책 결정을 보면 위급 상황에서도 중국의 정책 결정자들은 '민주집중제'가 정한 최소한의 규칙 즉 다수결 원칙을 유지하였고 또 공식적인 논의의 절차를 거치려 노력했음을 알 수 있다(Nathan and Link 2002, ch. 5).

랜 과정의 조정과 협의 과정을 거쳐 다수파를 형성하는 작업을 선행한 후에야 최종 결정을 내리는 스타일이라고 한다(Chen 1995, 140). 덩샤오핑은 어떤 정책을 추진할 때 반대자들에 대해 무리하게 권력을 통해 강요하거나 무력을 사용하기보다는 의도적으로 자신을 지지하는 그룹이 다수라는 것을 인지시켜 세(勢)를 드러냄으로써 반대자들이 '집중'의 원칙대로 따르게 하는 방법을 통하여 정책을 관철시켰다는 것이다. 덩샤오핑과 그의 동료들은 '민주집중제'의 '민주'적 정책 결정 원리를 적극적으로 포용해서 깊은 분열의 상처를 안고 있는 중국에 정책 결정 과정에서의 속도와 효율성을 희생하는 대가로 상대적인 정치의 안정성을 가져오고, 또 개혁 정책을 더 추진하기 위한 지지를 획득할 수 있었다.

개혁개방 시기에 '민주집중제'의 집행은 중국의 다양한 제도 내에서 드러난다. 리버설과 옥센버그(Michel Oksenberg)가 주장한 것에 따르면 중국의 정부 부처별 관료 조직은 이데올로기적 성취가 업무 평가 기준이 되는 제약에서 벗어나 노동의 분업 원칙에 입각해 각자의 조직 내 이해를 우선적으로 추구하는 분절된 체제를 구성했다(Lieberthal and Oksenberg 1988, 29). 이러한 조직 구성 원리는 보다 전문화되고 표준 행동 절차에 따른 정책 결정을 추구할 수 있는 반면에 조직 간 조정의 문제를 야기할 수 있는 단점이 있다. 따라서 중국 정책 결정 구조는 교섭, 타협 및 합의를 통해 조직 간 이해를 조정하기 위한 조직들이 활성화되었다. 영도소조(領導小組), 계통(系統 혹은 口) 및 각종 공작 회의 등은 권력 기구 내에서 다양한 이해관계를 조정하고 합의를 이끌 수 있는 제도적 장치였다[16]. 특히 영도소조는 사안에 따라 설립되고, 각 영역별 지도자와 전문가들이 함께 모여 이견을 조율하고 조정하는 과정을 통해

---

[16] 계통의 기원과 조직 변천에 관해서는 吳傑(1998, 408-412).

합의를 도출하는 기구로 공식적인 권력 구조에는 속하지 않지만 종종 실제 정책 결정에서 정치국이나 지도부에 구체적인 정책의 대안들을 제공하는 대단히 중요한 역할을 수행했다.

정책의 조정 여부는 사안의 성격에 따라 다른 형태로 나타날 것이다. 재분배적인 성격을 강하게 보이거나 좀 더 이해관계가 복합적인 사안일수록 합의에 도달하기 위해 조정, 교섭 및 타협의 과정이 길어질 것이기 때문에 정책 결정에 보다 많은 시간이 소요될 것이다. 이 과정은 종종 합의가 이루어지지 않기도 하는데, 산샤댐 공정과 관련한 정책 결정이나 5개년 경제개발계획 같은 것이 그 대표적인 예이다.17 복잡한 이해관계를 가진 행위자들이 많은 경제 사안들은 상대적으로 보다 많은 시간들을 요하지만, 군사나 외교와 관련된 사안들은 상대적으로 이해관계를 가진 외부 집단들로부터 격리되어 있고 더욱 전문화된 정책 결정이 내려질 것이기 때문에 상대적으로 적은 시간이 소요될 것이다.

하지만 정책 결정 원칙으로서 '합의'에 대한 강조는 군사·안보 분야에서도 예외가 아니다(Unger 2002, 277, 279, 287; Shambaugh 1996, 274). 양(Dali Yang)은 외교부 조직 내에서도 정책 제안은 조직 성원들의 토의를 바탕으로 완전한 합의를 요구하며, 합의 사항은 한 개인의 서명이 아닌 공식적인 문건 형태로 모든 성원의 사인이 담긴 조직이나 집단의 이름으로 상위 정책 결정 권자에 제출된다고 지적하였다(Hamrin and Zhao 1995, 96). 이러한 합의에 의한 정책 결정 원칙들은 하위 조직에도 아울러 깊이 내재되었다.

---

17 5개년 경제개발계획은 정책 결정을 위해 보통 2년여의 준비 기간을 필요로 한다(상하이 및 베이징에서의 인터뷰, 2001). 또 다른 예는 파산법과 관련한 정책 결정일 것이다. 오랜 준비 과정에도 불구하고 제6기 전국인대 상임위원회에서 이 문제는 합의에 도달할 수 없었다. 그래서 이 문제는 결정에 이르지 못하고 합의가 형성될 때까지 무기한 연기되었다(『工民日報』 86/09/27).

중국의 관료 조직은 노동의 분업 원칙에 입각하여 각기 전문화된 영역의 정보를 바탕으로 정책을 제안·집행하고 또 재검토할 수 있는 권한이 주어져 있다. 셔크(Susan Shirk)가 권력의 위임(delegation of power)이라고 지칭한 이 제도는 지부의 입장에서는 정책을 집행할 때 이들 정책이 전문화된 관료 집단의 정치적 지지를 담보할 수 있기 때문에 불필요한 갈등을 줄일 수 있다. 또 하위 조직 내에서 정책 입안시 합의가 어려운 경우는 지도부에 일종의 경종과 같은 역할을 하여, 더 높은 권력 단위에서 합의 형성 작업을 할 필요성을 제기한다.

이처럼 합의를 중시하는 조직 문화와 구성은 실제에 있어서 문제점도 아울러 갖고 있다. 서구적 합리성과 제도화의 측면에서 보자면, 중국의 정책 결정은 결정 방식을 규정하는 구체적인 규칙들이 표기되거나, 공식적인 제도화가 되어 있지 않기 때문에 대단히 불안정하다고 볼 수도 있다.

이러한 '비제도화'의 결과로 개인 지도자의 역할이 더 강조되고 또한 중국 지도부 수준에서의 정책 결정은 이들 지도자들의 관계 속에서 이해되는 비정형화된 구조라고 설명할 수 있다. 중국의 정치 지도부는 위임된 권력을 언제든지 거두어들일 힘을 지니고 있기 때문에 하위 조직들은 위임된 권력의 정도와 한계를 이해하기 위해 항상 상층부의 동태를 파악하려고 노력했다. 1994년 분세제 개혁 전야처럼 지도부 내에서 정책 정향에 대한 합의가 분명할 때는 하위 조직들이 지도부의 생각을 판단하는 데 큰 문제가 없지만, 그 반대의 경우 하위 조직은 어느 정도의 권한이 그들에게 위임되었는지를 판단할 수 없을 때가 있다. 이 경우 하위 조직의 정책 제안은 문화대혁명의 기간에 경험했던 것처럼 종종 정치적 도박이 될 수 있기 때문에 정책 형성이나 집행 모두 지체·정지되거나 권력 지도부 내의 갈등이 재확산되는 형태로 전개될 수 있다.

또 다른 문제점은 일상적으로 발생하는 사안에 대해서는 여느 관료 기구처럼 자체의 표준 행동 절차에 따라 대처할 수 있겠지만, 비일상적인 사안이나 정치적으로 중요한 사안에 대한 정책 결정은 유사한 전례가 없기 때문에 합의에 도달하는 과정이 길고, 합의의 도출이 어려울 수도 있다는 점이다. 이러한 문제들이 어떻게 정책 결정 구조 안에서 다루어졌는지는 다음 절에서 다루도록 하겠다.

3. 정책 결정의 구조와 과정

올바른 정책 결정을 위해서는 신뢰할 만하고 충분한 양의 정보가 필요하다. 하지만 문화대혁명의 여파로 국가 관료 조직들이 충분히 재건되지 않은 상황에서 탈마오쩌둥 초기 정책 결정자들은 신뢰할만한 충분한 정보를 획득할 수 없었다. 정책 결정자들은 주로 하위 단위에서 올라오는 보고와 비공식적이고 개인적인 정보 채널을 이용했지만, 이를 바탕으로 개혁의 청사진을 제시하기에는 정보의 양이 턱없이 부족했고, 신뢰하기도 어려웠던 것이다.

따라서 이 시기의 개혁 정책은 구체적이고 체계적이기보다는 모호하고 개략적인 형태로 제시되었다. 정보의 부족을 극복하려 다양한 실험을 시도하고 문제점을 발견하면 재조정하는 방법이 선호되었다. 또 비공식적 정보 채널의 필요성이 증대됨에 따라 비공식적 싱크탱크(智囊團) 집단의 정책 참여가 두드러졌다.[18] 이러한 상황에서 정책 결정 구조는 문화대혁명의 혼란

---

18 1980년대 초반 자오쯔양(趙子陽)의 두뇌 집단으로서 중국사회과학원의 역할은 잘 알려진 사실이다. 하지만 경제 영역에 비해 보다 전문화된 외교 영역이라든가(Yu 1994) 정치 영역(정재호 편 2000)은 상대적으로 두뇌 집단의 역할이 적었다고 지적한다. 외교부의 전문성에 대해서는

을 겪은 후 또 다른 실패에 대한 정치적 비용을 두려워하던 지도부와 카리스마적인 지도자의 부재 및 합의를 중시하는 정책 결정의 원칙이 더해져 독특한 특성을 보여 준다. 즉, 정책 결정 과정은 급격한 변화보다는 절충적이고, 실험적이며, 점진적인 결과를 가져올 수 있도록 조직되었고, '민주집중제'의 '민주'적 원리에 의해 정당성을 부여했다.

우(Guoguang Wu)에 의하면 입안에서 정책으로 문서화되기까지 7단계 즉, 착수, 입안자 선정, 방침의 상명하달, 연구와 초안 작성, 개정, 통과 및 문서화 단계를 거친다고 한다(Hamrin and Zhao 1995, 27-30). 물론 이러한 과정이 중국의 정치 지도자들에 의해 선전적이고 수사적으로 이용된 측면도 존재하며 또한 공식적으로 정형화된 것은 아니다. 하지만 여전히 정책 결정 과정의 몇 가지 중요한 측면을 말해주고 있다. 이 시기에 덩샤오핑과 같은 정치 지도자라도 정책 형성을 전횡하기보다는 자신의 정치적 견해를 적극적으로 피력하여 집단적으로 합의된 문서 안에서 반영시켰다. 이러한 점에서 중국의 정책 결정 체제의 특징은 독재적이라기보다는 일부 엘리트 집단의 과두정이라고 설명한다(Hamrin and Zhao 1995, 26).

〈표 2-1〉은 중국의 정책 결정이 크게 공식적인 부분과 비공식적인 부분으로 나뉘어져 있음을 보여 주며 일반적인 관찰자에게는 비공식적인 부분은 암상자로 남아 있다. 즉, 일반적으로 외부 인사들은 공식 심의 기구에 정책 초안이 제출될 때에서야 비로소 정책의 존재를 인식하게 되었다. 이 과정을 통해 알 수 있는 것은 첫째, 중국에서 하나의 정책이 제도적 장치를 통해 공식적으로 상정되어, 토론되고 심의되기 이전에 이미 그 정책은 표면 아래에서 복잡한 과정을 거쳐 상당한 기간 동안 검토되고 있다는 것을 보여 준다.

Hamrin and Zhao(1995).

〈표 2-1〉 중국의 정책 결정 구조

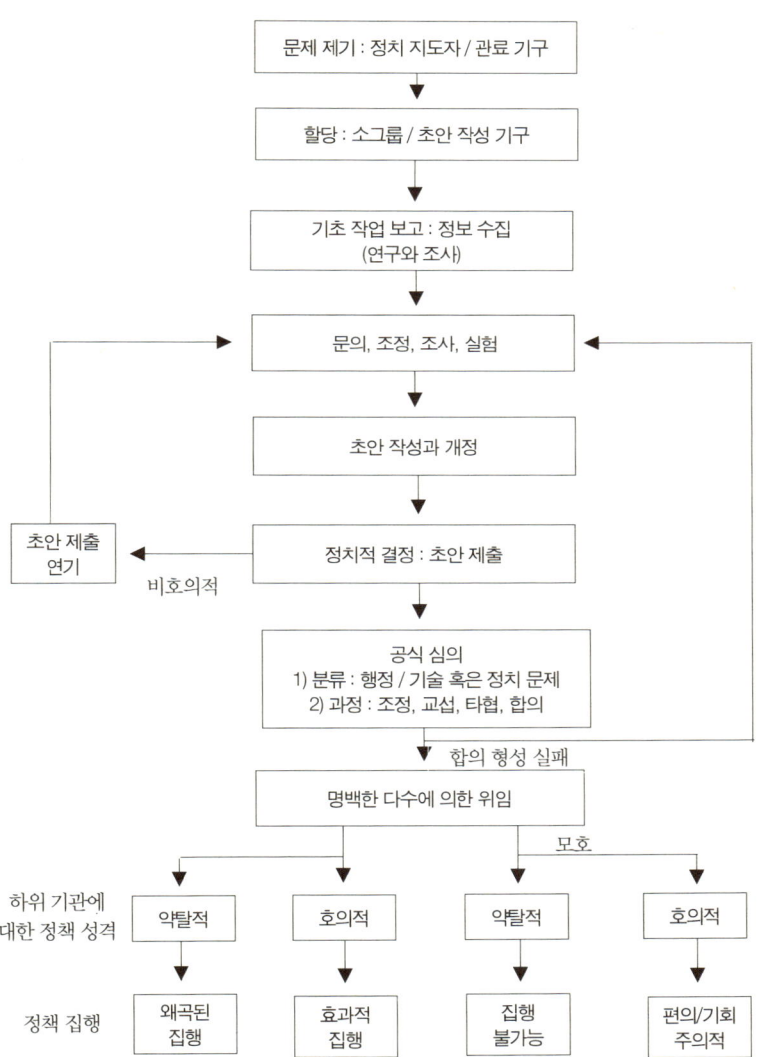

출처: Hamrin and Zhao(1995)에서 우궈광(吳國光)의 글과, 후챠오무(胡喬木 2000)의 정보 및 필자의 연구를 바탕으로 작성.

둘째, 정책 결정 과정이 단순히 상명하달식으로 이루어지는 것은 아니며, 다양한 형태의 정책 제안이나 투입 과정이 존재한다는 것이다. 셋째, 정책 결정 과정은 정책 집행에 영향을 미친다는 것이다.

1980년대 중국의 정책 결정 과정은 서구 민주주의 국가와는 달리 밑으로부터의 정책 투입 요소가 미약하다. 따라서 일반적으로 안건은 대의기관인 전국인민대표대회나 사회 이익단체들에 의해 제기되지 않았다. 정책은 사안에 따라 국무원 산하의 행정 관료 부처나 당기구 등에서 주요 정책들을 제기하였으며 이 과정에서 정치 지도자나 원로들이 개인적인 차원에서 적극적으로 개입할 수 있었다. 특히 정치적이거나 포괄적인 이해관계와 연관된 사안들은 주요 정치 지도자의 적극적인 지지 없이는 정책으로 가시화되기는 힘들다는 특징을 지녔다.

제기된 문제는 성격에 따라 책임 소재가 정해지는데, 여기서 정치적 사안에 대한 초안 작성자는 당과 정부 및 심지어 지방조직에서도 차출되며, 행정적 사안은 해당 관료 조직의 관련 부처에서 나왔다(Hamrin and Zhao 1995, 28). 정치국이나 국무원에는 보통 초안 작성 기관이 존재하는데 이들 조직이나 그 구성원들은 종종 특정 정치 지도자의 운명과 더불어 재조직되거나 부침을 거듭하였다.

초안 작성자들은 보통 문제를 제기한 정치 지도자의 의도에 맞추어 지명되는 경우가 많았다. 초안 작성 과정에서 조정과 타협의 긴 과정이 적용되지만 초안 작성자는 여전히 자신의 이해를 반영시킬 기회를 갖기 때문에 누가 초안 작성자가 되는가는 중요한 정치적 조치여서 지도부 내의 권력의 향배를 아울러 엿볼 수 있는 기회를 제공했다.

기초 작업은 종종 주요 정치 지도자들의 견해를 청취하고 지시나 제안을 받는 과정을 포함하고 있다. 그리고 이에 기초하여 초안 작성 작업에 들어가는데 이 과정에서도 계속하여 이들 지도자들과 의견 교환을 하게 된다. 특정 사안에 관심을 갖는 정치 지도자들은 이 과정에서 자신의 견해를 반영할 기회를 갖게 된다. 관련 조직들도 자신들의 이해를 반영할 입장 표명의 기회가 주어지며, 다른 한편으로는 정보의 수집을 위해 조사나 실험이 행해지게 된다. 이 모든 결과는 지도부에 보고되며 원안은 지속적으로 수정되었다.

다음 단계는 지도부와 초안 작성자들이 함께 초안을 확정짓는 단계이다. 이 과정에서 관련 당사자들 사이의 이해를 조정하고, 정보의 획득을 위하여 필요한 경우 관련 당사자들이 문제 제기를 하도록 초대되며 다른 지도자들로부터 제안이나 의견을 청취한다. 이러한 과정을 통하여 초안 작성자들과 정책 입안자들은 정책적 연대를 넓히고 과반을 훨씬 넘어서는 수준의 동의를 확보하려 시도하였다. 하지만 여기에는 시간의 제약이나 일정에 대한 어떤 구체적인 계획 같은 것이 존재하지 않기 때문에 일정은 유동적이며, 언제 지도부 내에서 합의가 도출되어 초안의 형태로 제출될지는 알 수가 없다.

이들 초안과 정책들을 쉽게 통과시키기 위해서는 덩샤오핑이나 천윈(陳雲)과 같은 주요 지도자의 지지를 획득하는 것이 중요하였다. 하지만 이들 지도자들은 자신의 지지가 다른 지도자들을 곤경에 처하게 하거나 대립적인 국면으로 가지 않게 하기 위하여 지지 표명은 대단히 신중하게 하였으며 종종 관망적 자세를 취하곤 하였다. 따라서 초안 작성자들과 그 지도자(들)는 자신(들)의 제안이 정책이 되게 하기 위해서 다른 지도자들 간의 합의 형성 과정과 정치적 흐름을 주의 깊게 주시하면서 모든 조건이 성숙해질 때까지 기다려야 할 때도 생긴다. 합의나 지지가 잘 이루어지지 않거나 초안 제출의 여건이 좋지 않으면 초안 제출은 연기되며 종종 문의, 조정, 연구 및 조사의 과정을 다시 거치게 된다.

보통 문제 제기에서 초안 작성 과정까지 특정한 시간적 규정은 존재하지 않기 때문에 이 비공식적 과정은 상당히 많은 시간을 요하기도 한다. 예를 들면, 이개세(利改稅) 개혁은 1978년 11월에 문제가 제기된 이후 거의 4년만인,

공식적으로 1982년 11월에 국무원과 전국인민대표대회에 초안이 제출되었다(劉佐 2000, 99, 124).

초안이 작성되고 그 초안을 주도한 지도자나 관료 조직이 호의적인 환경이 조성되었다고 판단하면 초안을 상정하게 되고, 이 때 초안의 내용이 외부에 드러난다. 우선, 이 초안은 사안에 따라 국무원이나 정치국의 승인을 얻어야 하고, 법안으로 상정되는 경우는 반드시 전국인민대표대회의 승인을 획득해야 한다. 이 과정은 공식적인 제도 안에서 주요 지도자들과 이해 집단들 사이에 최종적으로 타협을 하고 집단적인 합의를 이루는 과정이다.

비록 초안 작성 과정에서 광범위한 합의 형성을 위한 노력들이 전개되지만 이 단계에서 다시 공식적 직함을 가진 관료나 지도자 및 비공식선상의 원로들의 동의를 얻기 위한 노력이 전개되고 타협점에 대한 합의에 도달할 경우 최종적으로 수정을 거친 후 통과된다. 그 후 이 정책은 우선 내부적으로 회람되고 공식적으로 외부에 공개된다. 이 정책을 외부에 알리는 일반 규칙은 "우선 상급자에게 그 후 하급자에게, 우선 당 내부에 그 후 당 외부에, 우선 관료들에게 그 후 대중에게 알린다."는 것이다(Hamrin and Zhao 1995, 33).

합의에 도달할 수 없는 경우는 다시 비공식적인 합의 형성 과정으로 돌아가 이해 집단들 간의 합의를 도출할 방정식을 찾아야 하며 산샤댐의 건설 과정에서 드러난 것처럼 이 과정은 때로 수십 년의 시간을 요하기도 한다(Lieberthal and Oksenberg 1988, ch. 6). 따라서 중국의 최종 정책안이 종종 원안과 크게 다르고 정책을 도출하는 데 많은 시간이 소요될 가능성이 크다는 것은 이러한 정책 형성 과정의 구조적인 특성에 기인한다.

안건을 심의할 때, 그 안건의 특성에 따라 행정·기술적인 안건과 정치적인 안건으로 나누어지는데,[19] 여기서 행정·기술적인 안건은 당정 분리 원칙에 힘입어 정부의 행정 분류에 입각한 기술적이고 기능적인 사안들로서 정해진 관료적 절차에 의해 처리된다. 이들 안건은 국무원 판공실, 국무원 상임위원회, 국무원 전체회의 등에서 다루어진다. 주목할 점은 중국 정책 결정 과정에 분업화가 진행되어 내부의 행정·기술적이고 일상적인 사안들에 대해 국무원 총리가 아닌 후야오방 당 총서기가 개입하였을 때, 내부의 관료적인 저항에 직면했고 또 덩샤오핑 역시 비판적인 태도를 취하였다.[20]

하지만 정치적인 안건은 관료·행정적인 사안의 범위를 넘어서서 당의 노선, 방침, 안보 정책 및 공작에 관련된 것이거나, 그 파급효과가 일개 관료 기관의 범위를 넘어서는 사안들로 이들 사안은 그 중요성에 따라 중앙군사위원회, 정치국 상임위원회, 정치국, 중앙공작위원회, 중앙공작회의, 당 대회 및 전국인민대표대회 등에서 다루어진다. 당장에는 중앙위원회가 상위의 기관으로 규정되어 있지만 정치국이나 정치국 상임위원회가 주로 최고의 정책 결정 기관 역할을 수행하는 것으로 널리 알려져 있다. 하지만 개혁개방 시기 초기, 즉 당 제11차 5중 전회가 열린 1980년 2월부터 제13차 전당대회가 열린 1987년까지 후야오방이 총서기를 맡고 있는 중앙서기처가 실제적 정책 결정 기관의 중추 역할을 했다.

〈표 2-2〉는 정책 결정 과정에서 두 가지 변수, 즉 중앙 지도자와 부문들 간에 합의 형성이 존재하였는가와 정책의 성격이 지방의 이해에 부합하는 것이었는가 하는 측면에서 사안을 분류하여 본 것이다. 이미 〈표 2-1〉에서 추상화한 것처럼 이들 두 변수와 정책 집행 관계는 좀 더 엄밀한 통계적 분석이 필요하겠지만 현실적인 경우의 수를 고려할 때 이들 간에 일정한 영향력이 존재하는 것으로 볼 수 있다.

---

19 이에 대해서는 Wu(1995)와 胡喬木(2000).
20 예를 들면, 1980년대 초 이개세 재정 개혁과 관련하여 나타난 후야오방과 자오쯔양의 갈등은 이러한 업무 분담 문제와도 관련되어 있다. 본인이 면담한 재정 부처 관리와 학자들은 "당시 후야오방이 너무 깊이 재정 개혁 부분에 개입하는 것에 대하여 덩샤오핑은 부정적인 태도를 취했다."고 하였고 또 류줘(劉佐) 역시 『中國稅收五十年』에서 이러한 상황을 서술하고 있다.

〈표 2-2〉 정치적 합의와 하위 기관의 이해관계로 본 개혁 정책들의 위상

		지도부와 합의	
		존재	모호 / 미존재
하위 기관의 이해관계	긍정적	1988년 세수계약책임제	1977년 농가책임경영제
	부정적	1994년 분세제 개혁	1986년 정치 개혁

우선 세수계약책임제나 분세제 개혁들은 지도부가 합의를 형성할 수 있었을 때, 중앙의 의도대로 집행할 수 있었다. 좀 더 구체적으로 보자면, 지방의 이해와 일치하였던 세수계약책임제는 보다 빠르게 전국적으로 집행되었고, 지방의 이해와 마찰이 심했던 분세제 도입은 지방의 상당한 저항에 직면하여 지체되었다.[21] 반면에, 중앙의 합의가 모호하였던 농가책임경영제의 도입이나 정치 개혁은 전국적인 범위의 집행과는 거리가 멀었고 지방의 이해에 따라 일부 도입되었다. 농업 개혁은 초기 일부 안후이(安徽)와 쓰촨(四川)의 개혁 지향적인 지도자들의 후원 아래 일부에서 이루어졌으나 전국적으로 받아들여진 것은 덩샤오핑을 위시한 개혁 집단이 정치적 권력을 장악하는 과정에서 대세가 분명해졌을 때 함께 이루어졌다. 한편, 지방과 이해관계가 불분명하고 중앙 내에서도 합의의 존재가 모호했던 1986년의 급진적인 형태의 정치 개혁은 곧 좌초되었고 후야오방의 몰락을 가져왔다.

---

[21] 더 자세히는 김흥규의 미시간대 박사 학위 논문 *Beijing Still Matters*(2002, chs. 4-6) 참조.

4. '민주집중제'의 실천과 한계

덩샤오핑 시기에 안정된 정치 환경을 추구하는 가운데 이념적 요소보다는 합리적이고 객관적인 요인을 중시했고, 일상적이고 기술적인 문제는 다른 나라의 관행과 크게 다를 바 없이 표준 행동 절차에 따라 처리하였다. 하지만 비일상적인 사안에 직면하였을 때 '민주집중제'의 특성은 두드러진다. 즉 서구적인 의미의 공식적인 정책 결정 절차와 검증 장치를 가지지 못한 상황에서 '민주집중제'는 사안에 따라 특성이 다른 협의와 합의의 절차를 거치며, 상대적으로 다양한 대중매체와 이익을 대표하는 서구의 정책 결정 모델과는 달리 좀 더 엘리트 중심적인 특성을 보여 주었다.

〈표 2-3〉은 중국의 정책 결정 과정에서 '민주집중제'가 실제 사안별로 어떻게 다른 특성을 지니고 작동하고 있는지를 설명하고 있다. 선언적이고 원칙적인 측면에서 '민주집중제'는 협의, 타협 및 합의의 긴 절차를 요구하지만 실제로는 사안별로 다른 정책 결정 과정과 집행의 형태를 보여 주고 있다.[22]

1) 외교·안보 부문

외교·안보 부문은 부문 사이의 정책 형성을 위한 교류는 원활하지 못한 편이고 소수 엘리트들에 의해 독점되는 분야이지만,[23] 여전히 분업화되고

---

[22] 본고는 1980년대 각 분야의 주요한 정책이었던 자주 독립 외교정책, 역사결의, 및 재정 개혁과 관련한 정책 결정을 대표 사례로 정하였다. 그 밖에 1977~78년 진리표준 논쟁, 1988의 세수계약 책임제 개혁, 1989년 중소관계 정상화, 1989년 천안문사태 및 경제 5개년 개발계획들과 1982년 12차 당 대회 당장의 채택 과정 등도 검토하였고, 이들의 정책 결정 과정이 대표 사례에서 나타난 유형과 궤를 같이 하고 있다는 것이 필자의 판단이다.

〈표 2-3〉 덩샤오핑 시기의 정책 형성 과정과 집행

	일상·기술적	비일상적		
	외교·행정·경제	외교·안보	정치	경제
이해관계	관료적	전문화·분업화	집약된 권력 갈등	다양한 갈등
정책 조정	표준 행동 절차	갈등 표출 자제	사전 정지 작업	확산된 교섭

전문화된 엘리트 집단 내에서 합의의 과정을 중시하고 정책적 이견이나 갈등의 외부적 표출은 자제되었다(Swaine 1998; Bachman 1998; Yang 1995). 이는 과거 1970년대 소련을 주적으로 삼는 외교 방침에서 벗어나 점차 미소 양국에 대해 독립 자주 외교 노선을 채택하는 과정에서 잘 드러났다.

1980년대의 초기 외교정책을 실제 입안하는 주요 인물들은 대외 외교와 경제정책을 전문으로 하는 시펑페이(姬鵬飛), 우쉬에치엔(吳學謙) 및 천무화(陳慕華)였다(Barnett 1985, 67). 이들을 중심으로 외교 부문 내에서 다극화로 변화하는 국제정치 환경과 대외 전략에 대한 재평가가 이루어졌는데, 기존의 미국 일변도 외교 노선이 중국의 이익에 부합되지 않는다는 데 의견이 모아졌다.[24] 하지만 거대한 대외 정책의 변화를 야기할 수 있는 이러한 비일상적 사안은 실무 지도자들의 합의를 넘어서서 정치 지도자들의 합의를 필요로 하였다. 이 새로운 외교 노선은 당시 외교 분야에서 점차 영향력을 강화해가던 후야오방과 자오쯔양(趙紫陽)의 지지를 획득하였다.[25]

이 과정에서 덩샤오핑은 이러한 변화를 주저한 것으로 알려졌다.[26] 이러

---

[23] 점차 이 분야에서도 참여자의 수가 증가하고 있다는 견해는 Lu(2001, 39-60) 참조.
[24] 이러한 전략적 판단의 근거에 대해서는 謝春濤 主編(1998, 271-277).
[25] 후야오방이 가장 적극적이었던 것으로 알려진다(Barnett 1985, 14). 자오쯔양은 당시 대외 관계의 핵심적인 정책들을 조정하는 외사영도소조의 부조장이기도 하였으며 특히 대미 관계를 주도하였다.

한 정책의 변화는 개혁개방 정책에 필요한 안정적 국제정치 환경과 미국의 도움을 필요로 하는 시점에서 미국과의 갈등을 초래할 수 있었기 때문이었다. 소련의 브레즈네프 서기장이 1982년 초 중국과의 관계 개선을 시도 하였을 때 천원 역시 중국 외교의 새로운 변화가 외부 세계(즉, 미국)를 자극할지도 모른다는 우려를 표명하였다(錢其琛 2003, 6-7). 하지만, 리셴녠(李先念) 및 후챠오무(胡喬木) 등 외교 부문 및 외교정책 입안에 큰 영향력을 행사하던 지도자들의 다수가 이를 지지하자, 덩샤오핑과 천원은 결국 이 정책의 변화를 받아들였다.27 물론, 소련과 공식적인 관계 정상화는 덩샤오핑이 제시한 '3대 제약조건'이 해결된 1989년에서야 이루어졌지만 이 방침 역시 천원, 리셴녠 및 외교부문 지도자들의 동의를 구한 후에 이루어졌다.28

중국 지도부는 내부에 존재하는 친소나 친서방 및 마오쩌둥 시기의 고립주의 외교 노선이 서로 갈등할 수 있는 상황을 극복하였다. 그리고 경제 발전을 우선적으로 고려한다는 내부적인 정책 우선순위에 대한 합의에 입각해 대외 정책의 원칙을 수립할 수 있었다. 이 과정에서 '민주집중제' 중 '민주' 원칙이 내포하고 있는 집단적 정책 결정이나 절대적 다수에 의한 합의 형성 원리가 작동되었다고 평가할 수 있다.

그 결과 당 총서기 후야오방은 1982년 9월 개최된 제12차 당 대회에서 '독립 자주 외교 노선'을 중국의 향후 대외 정책의 원칙으로 천명할 수 있었

---

26 실제 정책은 여전히 친미 중심의 정책이었다고 주장한 경우는 Johnston(1998, 65), 이를 부정하는 견해는 Garver(1993, 98-103). 덩샤오핑이 추진한 정책 중 광범위한 지도부 내의 합의를 형성치 못해 좌절된 또 하나의 예는 1988년 가격 개혁을 들 수 있다. 이에 대해서는 Hamrin and Zhao(1995, 189-206).
27 리셴녠은 1987년 리펑(李鵬)이 책임을 맡기 전까지 외사영도소조의 조장이었다. 하지만 그는 당시 새로운 정책을 주도하기보다는 권위 있는 조언자로서의 역할을 수행한 것으로 여겨진다. 리셴녠 및 덩샤오핑의 입장에 대해서는 Lu(1997, 157-158), 후챠오무에 대해서는 Barnett(1985, 14).
28 삼대 장애란 네이멍구 내에서의 소련군 주둔, 캄보디아의 월남군 점령 및 아프간의 소련군 진주를 의미한다(錢其琛 2003, 6-7).

고, 이는 같은 해 12월에 개최된 제5기 전국인민대표대회 5차 회의에서 통과된 새로운 헌법에 삽입되었다.

2) 정치 부문

정치적 이슈는 다양한 이해관계를 지닌 이익집단들의 분산되고 다원화된 대립이라기보다는 좀 더 집약적인 권력 갈등의 형태로 나타난다. 사전 정지 작업에 의해 권력과 연관된 문제가 해소되기까지 정책의 입안은 지체되지만 일단 이 권력의 향배가 분명해지면 정책 결정과 집행은 빠르게 전개된다는 특징을 보여 준다. 그 대표적인 예로 1981년 역사결의를 들 수 있다.[29]

1981년 역사결의는 문화대혁명과 마오쩌둥의 통치 정당성에 대한 재평가를 담고 있다. 1979년 개최된 제11차 당 중앙위원회 4차 회의는 '실사구시'(實事求是)를 행동 원칙으로 받아들임으로써 이를 주장한 덩샤오핑을 위시한 개혁주의자들이 전통적인 마오쩌둥주의자들에 대해 권력투쟁에서 승리하였음을 상징적으로 알렸다. 이러한 정치적 승리를 바탕으로 동 회의에서 덩샤오핑과 후야오방은 마오쩌둥의 통치를 재평가할 초안을 만들기 시작할 것을 제기하였고 정치국과 중앙서기처가 이 작업을 지휘·감독할 기관으로 지정되었다. 이후 1979년 11월부터 약 20명으로 구성된 초안 작업 위원회가 구성되었고 후챠오무가 이를 총괄·지휘하도록 임명되어 1980년 3월에 덩샤오핑 및 후야오방에게 초안이 제출되었다.

1980년 6월 26일 초안이 완성되자 검토를 위해 다시 중앙서기처로 보내

---

[29] 역사결의 정책 결정 과정은 謝春濤 主編(1998, 425-452), 龍平平·劉金田 主編(1998, 196-217).

졌고, 중앙서기처는 정치 지도부의 검토를 거쳐 자체 내의 첨삭 과정을 거친 후 동년 10월 이 개정안을 토의하기 위해 약 4,000여 명의 고위 간부들을 초치하여 토의를 하였다. 이 과정에서 마오쩌둥의 공과와 문화대혁명에 대한 합의 못지않게 다양한 견해와 의견의 불일치가 나타났다. 이 결의가 지니는 정치적 함의가 컸기 때문에 덩샤오핑과 후야오방은 적극적으로 개입하여 다른 정치 지도자들과 이데올로기 전문가들 사이에 광범위한 합의를 이끌어 내려 하였다. 의견의 양극화를 방지하고 합의를 이끌어 내기 위하여 덩샤오핑은 1981년 3월에 천원을 직접 방문하여 의견을 조율하였고, 후야오방도 황커청(黃克誠)이나 리웨이한(李維漢)과 같은 당 원로들과 의견 조율을 시도하였다. 그 후 덩샤오핑, 후야오방, 후차오무, 덩리췬(鄧力群), 후성(胡繩) 등의 협의를 바탕으로 최종안을 확정지은 후, 1981년 5월 19일 70명 이상이 참여한 정치국 확대회의가 소집되어 재토의에 붙여졌다.

    이 모임에서 확정된 합의의 핵심은 건국 초의 마오쩌둥의 공적은 인정하되 문화대혁명의 오류를 지적하며 향후 노선 투쟁이나 계급투쟁과 같은 권력투쟁을 내포하는 이데올로기적 용어의 사용을 피한다는 것이었다. 이러한 합의는 당시 개혁 세력의 권력 주도권이 불안정한 형태로 유지되고 있는 상황과 마오쩌둥의 유산이 강하게 남아 있는 상황을 잘 반영한 것이라 할 수 있다. 또한 무리한 정치적 마찰을 피하고 정치적 합의를 확대하려는 당시 지도부의 입장과 이를 반영한 '민주'의 원리가 적용된 경우라 할 수 있다.

    이러한 합의를 바탕으로 정리된 결의안은 1981년 6월 22~25일간 130여 명이 참여한 각계 이해관계 집단들의 모임과 공산당 제11차 중앙위원회 6차 회의를 위한 준비 모임에서 재검토된 이후, 6월 27~29일간 개최된 6차 회의에 공식적으로 상정되었다. 그 결과는 만장일치에 의한 통과였다.

    이처럼 정치적으로 민감한 사안은 그 안건이 공식적으로 상정되어지기 이전에 상당한 시간을 거쳐 합의를 형성하기 위한 물밑 작업이 이루어지는

데, 이는 보통 권력 갈등의 향배와도 연관이 되었다. 하지만 표면적으로는 정치적 갈등이나 불협화음이 노출되지 않기 위해 많은 노력이 행해졌고 권력 이해 집단 간의 합의나 권력 조정이 이루어지면 공식적인 안건으로 제출되었다. 따라서 이미 물밑에서 합의가 이루어진 상황에서 공식적으로 안건이 제출되어졌을 때 비교적 빠른 시간 내에 처리되고, 어느 누구도 감히 반대 의견을 개진할 수 없었다.

3) 경제 부문

경제문제는 보다 다양하고 확산된 이해관계를 반영하고 있어 다차원의 갈등과 조정의 과정을 거치며 지속적인 이해관계의 조정을 위해 상대적으로 많은 시간과 개정 작업을 요구한다.[30] 1983년 제1차 이개세 세제 개혁은 그 대표적인 경우라 할 수 있다.

국영기업의 이윤을 세금으로 대체하려는 1983년 세제 개혁은 당시로서는 대단히 급진적인 시도였다. 전통적인 사회주의 계획경제 아래에서 경제의 근간인 국영기업은 국가와 기업 간에 개별적인 교섭에 의거하여 정해진 비율에 따라 이윤을 국가에 상납하였는데, 이는 보다 표준화된 세제와는 거리가 먼 비효율적인 체제였다. 따라서 경제개혁과 국가재정의 효율적인 운영을 위해서는 세제 도입이 절대적으로 필요한 것이었지만 이는 분배 구조의 근간을 흔들 수 있는 사안이었기에 다양한 이해관계를 지닌 집단들이 치열하게 대립하였다.

---

[30] 이 같은 주장은 Lu(1997)과 Bachman(1998). 1980년대 초 경제개혁에 관한 중국 내 다양한 시각을 정리한 내부 문건은 魏禮群·韓志國(1984).

이개세 도입에 대한 구상은 대부분 알려진 것보다 훨씬 이른 시기에 나타났다.[31] 즉 1978년 말에 재정부와 1979년 초 재경위원회는 이미 공상세 부문에서 이개세 개혁에 대한 구상을 제기하였고(沈立仁 編 1999, 534-536; 劉佐 2000, 110-111). 이러한 구상이 제기된 지 거의 3년이 가까워 오는 1981년 8월에야 공식적으로 초안이 제출되었다.

이 구상이 제기되자 곧바로 관료 사회와 정치 지도자들은 각각의 이해관계에 따라 찬반이 나뉘어 대립했다. 우선 찬성하는 쪽은 국가계획위원회(國家計劃委員會), 재정부, 세수총국 등이었다. 이들에게 세수 개혁은 이들 관료 조직에 안정된 재원 확보나 더 많은 재정 통제력을 부여할 수 있기 때문이었다. 쟈오쯔양 총리의 후견 아래[32] 경제체제 개혁위원회 역시 경제개혁을 촉진시키기 유리한 이개세 개혁을 찬성하였다.

다른 한편으로는 기업 부문을 주로 담당하고 있는 경제위원회, 산업 관련 중앙 부처들, 다양한 지역의 이해관계를 대변하는 사회과학원 및 지방정부들은 대체로 이개세 개혁에 대해 유보적인 입장을 취했고 대신 세수계약제를 상대적으로 더 선호하였다.[33] 이 세수계약제는 제도화가 미비한 경제개혁의 전환기적인 시점에서 각 부처나 지역의 상황을 고려하면서 계약을 하기 때문에 각자의 이해를 더 유연하게 추구할 수 있었고 또 지방에 더욱 많은 동기 유발 효과를 가져올 수 있었다.[34]

---

31 예를 들면 셔크는 1980년 경제위원회의 개혁 구상에서 그 근거를 찾고 있다(Shirk 1993, 226).
32 퓨스미스에 의하면 자오쯔양은 이 재정 개혁을 찬성하는 천윈이나 덩샤오핑으로부터 지원을 확보하고 재정부와 같은 점차 중요해지는 중앙 부처에 대한 지배력을 확보하기 위해 이개세 개혁을 찬성하게 되었다고 주장한다(Fewsmith 1994, 135-136).
33 여기에서 사회과학원이나 지방정부가 일관되게 세수계약책임제를 지지하였다는 의미는 아니다. 상대적으로 그러하다는 것이고 이들은 내부의 다양한 성원의 이해를 각기 다른 형태로 대표하고 있었다. 예를 들면, 부유한 지역에서는 보다 자율적인 세수 사용권 확보를 위해, 빈곤한 지역에서는 보다 많은 중앙정부의 보조를 확보하기 위해 세수계약책임제를 지지하였다.
34 이에 대해서 더 자세한 내용은 이 책의 제5장에서 다루어진다.

한편 당시 자오쯔양과 더불어 개혁 세력의 핵심이었던 후야오방은 세수계약제를 지지하였다. 이러한 입장은 농촌에 계약책임제를 도입하여 큰 성과를 올린 농촌개발연구소가 자신이 담당하고 있는 중앙서기처 아래에 있었다는 점에서 크게 놀라운 것은 아니다. 셔크의 지적에 따르면 후야오방에게 있어 세수계약제는 상대적으로 취약한 지방으로부터의 지지 기반을 넓히는 데 유리했다고 한다.35

재경영도소조는36 찬성과 반대의 의견을 조정하는 역할을 하였다. 당시 재경영도소조 및 경제 정책 형성에 영향력을 가진 원로인 천윈이나 리셴녠 등이 이개세 개혁을 지지함에 따라 자오쯔양의 입지는 강화되었다(中央政策研究室 1999, 922-923). 또한 덩샤오핑은 이개세 개혁에 관하여 구체적인 선호를 표명하지는 않았지만 후야오방이 경제문제에 개입하는 데에 점차 비판적이어서(Shirk 1993, 240), 실제 이개세 개혁 문제에 있어 자오쯔양에게 힘을 실어 주었다.

그러나 양분된 조직 및 정치 지도자 간 이해는 이개세 개혁을 도입하는 데 장애가 되었고 길고 지루한 합의 도출 과정을 요구하였다.37 이 과정에서 세수계약제를 주장하는 총서기인 후야오방을 위시한 그룹이 중앙에서 점차 소수 세력이 되었고 1983년에는 이개세 개혁이 대세를 이루게 되었다(田怡農 1984, 9-10). 하지만 이개세를 추진하기 위한 동력은 1982년 말 자오쯔양이 후야오방이 제시하는 요구에 타협하였을 때 가능해졌다. 즉 이개세에 세수계

---

35 이 주장에 대해서는 Shirk(1993, ch. 11).
36 이는 1979년 7월 덩샤오핑의 후원하에 국무원 산하에 재경위원회로 창설되어 천윈이 위원장, 리셴녠이 부위원장을 담당하였다. 그 후 1980년 3월 폐지되어 중앙당 직속의 재경영도소조로 재편되었고 자오가 소조장이 되었다(中共中央政策研究室 1999, 926-927).
37 이 과정에서 1979~82년간 후베이(湖北)성을 필두로 쓰촨, 상하이 등 18개 성 단위의 400여 개 이상의 국영기업에서 이개세 실험을 진행하였다(沈立仁 編 1997, 535).

약제의 요소를 가미하여 이윤과 세수가 병존하는 구조를 유지하였고, 또한 세수계약제의 지지자들이 주장하는 기업의 동기 유발 요인을 세제 정책에 적극적으로 고려한다는 원칙에 합의했다(劉佐 2000, 149). 이는 본래 세수로 이윤을 완전히 대체하고 국가의 재정 통제력을 대폭 제고하려는 계획과는 거리가 먼 타협안이었다.38

그 후 1982년 말부터 1983년 초까지 추가적인 실험과 조사 및 의견 조율이 행해진 뒤 3월 2일 『인민일보』 사설을 통해 이개세 개혁 방안이 일반에 공개되었다. 그리고 개혁안은 4월 12일 정식으로 국무원에 제출되고 24일 통과하여 29일 재정부에 의해 최종 공포되었다. 이처럼 구상이 나온 이후 4년이 훨씬 넘는 준비 끝에 합의를 바탕으로 불완전하나마 시행된 제1차 이개세 개혁은 1983년 말에 국영기업에 적용된 비율이 92.7%에 달하였고, 원래의 계획보다 약 7% 높은 징수율을 보여 성공으로 평가되었다(國家稅務總局 1997, 4).

5. 맺음말

'집중'의 전제 조건으로서 '민주'의 방식을 요구하고, 개인보다는 집단지도체제를 선호하며, '민주'의 구체적인 실천 방안으로 합의와 타협을 보다 중시하는 '민주집중제'에 대한 새로운 해석은 문화대혁명이 종결되는 과정에서 제기되었고, 덩샤오핑과 그의 동료들은 이러한 원칙의 적용을 통하여, 분열

---

38 좀 더 구체적인 제안에 대해서는 씽화(興華 1984, 13-15). 이는 재정부의 대표 저널인 『財政』에 1982년에서 1984년 동안 11차례에 걸쳐 연재된 재정 개혁에 관한 부분 중 마지막 글이다.

이 극심했던 시기를 넘어서 정치적 정당성과 정책 집행의 안정성을 확보하려 했었다.

덩샤오핑이나 혹은 일부 정치 지도자들 간의 개인의 능력이나 관계 속에서 1980년대 중국의 정치적 안정과 경제적 성공을 설명하는 것은 '민주집중제'라는 제도적 장치가 제공한 정치적 안정의 요소와 개인 행위에 대한 제약 요인을 간과한 것이다. 당시 중국의 성공은 개인과 제도의 역동적인 관계 속에서 오히려 더 잘 설명될 수 있다. 심지어 당시 최고의 권력자로 불리는 덩샤오핑조차도 자신의 절대적 권력을 행사하기보다는 이러한 제도적 원칙에 입각하여 정책 결정을 함으로써 자신의 권위를 유지했던 것이다.

'민주'를 이루는 구체적인 행동 강령으로 다수결의 원리보다는 합의에 의한 정책 결정을 선호하고, 공식적인 제도 내에서 합의가 불가능하고, 당 원로들에 의한 조정이 불가능할 때는 덩샤오핑이 제시한 80% 정도의 지지가 정책 결정의 정당성 기제로서 작동할 수 있다는 것을 지적하였다. 또한 위급 상황이나 최악의 상황에서만이 단순한 50% 지지 이상의 원칙이 적용될 거라는 점도 아울러 지적하였다. 타협이 이루어지지 않을 때에는 일반적으로 빠른 정책 결정보다도 정책 결정을 연기하고, 합의를 이루어내는 정치 문화를 정착 시켰다. 그 결과로 중국의 정책 결정은 효율성을 추구하기보다는 효과성과 정치적 안정성을 추구하는 특성을 지녔다. 이는 정치적으로 분열되어 겪었던 혹독한 파괴와, 다양한 행위자들의 이해를 쉽사리 조정하기 힘든 공간적 제약성을 지닌 곳에서 정책 집행을 담보하기 위해 현실적인 고려를 반영한 것이라고도 할 수 있다.

이러한 정책 결정 원칙들은 비록 명문화된 규정이 존재하지 않는다 할지라도 이미 개혁개방 초기에서부터 정책 결정을 위한 실천적 기준들로 존재하였으며, 합의 형성에 의한 정책 결정 관행은 중국 정치의 결정 과정에 깊이 내재되었다. 이러한 내부의 규범을 어긴 정치 지도자는 제재를 받았다. 그 대표적인 예로, 1986년 정치적 자유화 운동과 관련한 후야오방의 입장이나 1989년 천안문사건과 관련한 자오쯔양의 행위는 바로 이러한 합의에 기반한 정책 결정 원리를 넘어서 자신의 정치적 이해를 추구하였다는 점에서 비난을 받았고 결국 실각되었다.

실제적인 차원에서 정책 결정은 분야마다 각각 다른 특성을 지녔다. 일상적인 행정적 일들은 일반적인 서방 세계의 일처리와 크게 다를 바 없이 나름의 경험 속에서 규정된 내부의 행동 절차에 따른다. 하지만 중국과 같이 조정, 타협, 합의를 중시하면서 부문 간의 협의 절차가 명확하게 규정되어 있지 않은 곳에서 비일상적인 일의 처리는 조정과 합의의 어려움을 야기하는 특성을 지니고 있으며, 영도소조나 판공실 등의 제도적 장치를 통해 이러한 문제를 완화하려 했다.

외교적인 사안은 전문화되고 분업화된 소수와 정책 라인에 의해 정책이 결정되고, 정치적인 사안은 정치권력의 향배에 따른 정치 엘리트 집단 간의 사전 안배가 중시된다. 이 안배가 이루어지면 정책의 결정과 집행은 비교적 빠른 속도로 이루어진다. 그러나 경제적인 사안은 보다 많은 이해 당사자들이 개입되어 정책 결정을 위한 준비 작업에 시간이 많이 지체되며 완전한 합의의 도출이 어려워 정책 결정이나 집행 과정에서도 끊임없이 조정을 요구한다.

하지만 중국의 정책 결정은 사안에 따른 특수성이 이해 당사자 간에 타협과 합의의 중시라는 전반적인 특성을 넘어서는 것은 아니다. 한편, 사안별 편차가 존재하기는 하지만 여전히 명문화된 세부의 규칙이 미비하며 소수만의 엘리트 정치/관료 집단만의 영역으로 남아 있다는 한계도 가지고 있다. 개인의 직관과 정치력에 의존하는 영역이 크게 남아 있는 만큼, 위기시 정당성의 문제가 대두될 뿐만 아니라 위기를 해소할 장치가 상대적으로 취약해 궁극적으로 정책 결정의 제도화와 정치 행위자의 확대라는 문제가 과제로 남겨졌다.

　이처럼 1980년대를 통해 이루어진 중국 정책 결정의 특성은 그 정도의 차이는 있겠지만 장쩌민와 후진타오 시대에도 유지되면서 크게 두 가지 차원에서 그 영향력을 확대하고 있다. 우선, 장쩌민이나 후진타오는 과거 덩샤오핑에 비해 정치적 권위가 훨씬 미약하기 때문에 정책 결정에 있어서 '민주집중제' 중 '민주'의 원칙에 의해 더 큰 제약을 받았다는 것이다. 1980년대 이후 이러한 '민주집중제' 원리의 강화는 제도 자체가 지니는 연속성과 공고화라는 특성에 의해 덩샤오핑 이후 시기의 정책 결정 과정을 설명할 수 있는 측면이 존재하며, 또한 개혁개방 초기 '민주'의 원칙을 강화했던 역사와 제도적 조건이 본질적으로 달라진 것이 없다는 것도 향후 이 원칙의 영향력을 설명한다. 둘째, '민주집중제' 중 '민주'의 원칙에서 강조하는 조정, 타협, 합의를 이끌어 내는 능력이 주요 정치적 지도자의 임명에 더욱 중요한 요소가 되어 가고 있다는 점이다. 장쩌민이나 후진타오는 말할 것도 없고 특히 4세대 지도급에 속하는 인사들 중 원자바오(溫家寶), 우방궈(吳邦國), 쩡칭훙(曾慶紅), 뤄간(羅干) 등이 모두 이러한 능력을 인정받은 인물들이며 새로운 5세대의 지도자들 역시 이러한 측면에서 인정받지 않고서는 지도자의 위치에 오르기 힘들 것이다.

제3장

중국 덩샤오핑 시대 중앙-지방 관계 :
재정 부문에서의 정책 의도, 감찰, 보상 및 인사의 동학

1. 도입말

이 글은 덩샤오핑 시대(1978~97)에 변화하는 중앙정부와 성 정부 사이의 관계에 초점을 맞춘다. 탈마오쩌둥 시대의 중국의 중앙-지방 관계는 과거 계획경제 시기 중앙이 지방에 대해 상명하달식으로 명령하고 통제하는 전체주의적인 이미지와는 달리, 좀 더 복합적인 관계를 형성하고 있다. 즉, 중앙-지방 상호 간의 타협과 이해를 통해 상호 이익의 영역을 창출하면서도 중앙정부는 자신의 정책 우선순위에 따라 중앙-지방 관계를 효과적으로 이끌어 왔음을 보여 준다. 이러한 특징은 최근 두 세기에 걸친 중국의 경제적 성공을 이해하는 데 도움을 줄 것이다.

연구 영역으로는 개혁개방 시기에 지방분권화 경향의 한 예로 종종 사용되는 재정 부문을 다룰 것이나, 단순한 중앙-지방 간의 재정 수치의 비교에 끝나지 않는다. 더 나아가 중앙의 정책 우선순위가 성 정부와의 세수 협상에 미치는 영향, 지방의 재정적 성취와 재정적 수혜의 연관성, 재정 감찰 및 중앙의 인사 정책이 지방의 재정 동원력에 미치는 영향을 실증적으로 분석할 것이다. 중앙정부의 상대적 통제가 강한 영역으로 인식되어지는 인사 영역[1]

을 동시에 검토함으로써 한 연구 영역에 집중하였을 때 가져올 수 있는 편견을 완화하고 보다 균형 잡힌 중앙-지방 관계에 대한 이해를 도모하고자 한다. 지방 지도자의 인사 문제와 재정적 성취 사이의 관계를 중앙-지방 관계의 맥락에서 재검토하고자 하는 것이다.

1978년 개혁개방 정책이 본격화된 이래 중국의 지도부는 경제 부문에서 상당한 수준의 결정권을 지방정부와 기업에 이양하는 정책을 채택하였다. 이는 기존의 사회주의 체제가 행위자들에게 동기를 제대로 부여하지 못하고, 하위 단위에서 정확한 정보를 구하는 데 상당한 대가를 지불하면서도 실제는 정확한 정보를 획득하기 어려웠던 구조적인 문제를 극복하기 위한 시도였다. 탈중앙집권화 혹은 분권화라고 불리는 이러한 정책 전환은 일단 성공적인 것으로 보인다. 중국은 개혁개방 이후 20여 년 동안 평균 10% 정도의 GDP 성장률과 8%를 상회하는 1인당 GDP 성장률을 기록하여, 개발도상국이나 계획경제에서 시장주의 체제로 전환한 구사회주의권 국가들의 경제성장률을 훨씬 상회하였다.

하지만 이러한 정책 전환이 중국의 중앙과 지방 관계라는 측면에 가져온 변화를 어떻게 설명해야 할지는 여전히 논란이 분분하다.[2] 심지어 그 기준의 결여로 혼란스럽기조차 하다. 우선, 분권화라는 개념이 이 새로운 변화를 설명해 내는 적합한 개념인지가 분명하지 않다.[3] 또한 중앙과 지방의 관계를

---

[1] 군사, 외교, 인사, 정보 처리 부문 등에 있어서 중앙정부의 독점 현상은 개혁개방 시대에도 본질적으로 변화하지 않았다는 주장은 Huang(1995, 1996a)과 Forster(2002).
[2] 정재호(1999)의 글 제1장의 주 5)와 주 12)는 이에 대한 다양한 연구 목록을 소개하고 있다.
[3] 버드(Richard Bird)에 의하면 탈집권화(decentralization)는 지방의 정책 결정의 독자성 정도에 따라 크게 세 가지 형태로 구분된다. 탈집중(deconcentration)은 중앙정부의 책임을 지방 행정단위에 분산시키는 것, 위임(delegation)은 지방정부가 중앙의 대리인(agent)으로서 역할을 수행하면서 자체 이해를 위해 일부 기능을 수행하는 상황, 그리고 분권(devolution)은 정책 결정의 권위와 집행 능력이 지방정부에 있는 상황을 말한다(Bird and Chen 1998, 154).

영합 게임적으로 해석하여 중앙정부의 약화와 이 변화를 동일시하고 있지 않은지에 대한 검토가 필요하다.

중앙-지방 간 관계를 설명하는 데 크게 세 가지의 견해가 존재한다. 우선 중국은 중앙정부의 탈중앙집권화의 노력에도 불구하고 여전히 중앙정부는 통제의 효율성을 강화시켰다는 주장이다. 즉 개혁개방 정책은 시장화를 통해 지방에 대한 중앙정부의 통제력을 더 강화시키는 방향으로 전개되었다든가(Shue 1988; Nee 1989), 지방정부에 대한 실제적 부담을 가중시켰다는 주장(Wong 1992; Huang 1996a)이 존재한다. 하지만 둘째 견해는 지방분권화 조치에 따라 중앙의 통제력이 점차 약화되고 지방의 상대적 독립성이 강화되고 있다는 입장이다(Wong 1987; Naughton 1992; Oi 1992; 鄭永年 1994; 王紹光·胡鞍鋼 1994; Park, Rozelle, Wong and Ren 1996). 이러한 지방의 강화 현상을 시장경제로의 전환 과정에서 필연적인 현상으로 받아들인 뤄샤오펑(羅小朋), 청융녠(鄭永年), 저우쉐광(周雪光), 우궈광(吳國光), 장수광(張曙光) 등의 중국 학자들(吳國光 1994, 9)도 이 부류에 속할 것이다. 이러한 주장은 중국의 세수 통제 능력의 약화가 구유고슬라비아가 분열로 붕괴되기 이전의 상황과 흡사하다고 주장한 왕샤오광과 후안강(王紹光·胡鞍鋼 1994)의 1993년 내부 문건 보고에서 잘 드러나듯이 중국의 분열이나 해체라는 전망까지도 제기하게 한다(Segal 1994; Morse 1995; Chang 2001).[4]

마지막으로, 절충적 입장은 재정 방면에서 중앙과 지방의 관계가 집권화나 분권화라는 한 가지 정향으로 설명할 수 없다고 보거나(Oksenberg and Tong 1991; Yang 1994) 아니면 화이트(White 1993)나 궈(郭建中 1997)의 신권위

---

[4] 후안강은 주룽지(朱鎔基) 총리의 주요 두뇌 중 하나로 알려져 있다. 그래서 이 내부 문건에 나오는 제안들이 주룽지 총리와의 사전 조율에 의해 제기된 것이 아니냐는 주장이 제기되기도 하였지만 후안강은 필자와의 인터뷰에서 사전 공모설을 강력히 부인하였다.

주의론에서 보여 주듯이 인사와 행정 분야에서는 집권의 경향이, 재정에서는 분권의 흐름이 다 같이 공존한다고 보는 견해를 제시하여 영합적인 분석에서 벗어난다. 성(省)급 정부의 상대적 자율성 증가가 자동적으로 중앙정부의 약화로 비춰져서는 안 되며 중앙과 지방 관계는 상호 이익의 상황을 만들어 내기 위한 보다 복합적인 교섭과 타협, 상호 의존의 관계 및 비영합적인 관계가 존재한다는 주장들도 제기되었다(전성홍 1993; Chung 1995; Li 1998; 김영진 1998; 張軍 1999).

　이 글은 절충적 입장처럼 중국의 중앙-지방 관계가 단순한 영합 게임의 측면으로는 이해될 수 없다는 것에 동의하고 있다. 재정 분야가 중앙-지방 관계의 연구 영역으로서 가지는 한계를 인정하면서,[5] 추론적인 차원에 머물고 있는 기존의 논의에서 한 발 더 나아가 더욱 실증적인 분석을 시도한다. 또한 기존의 수치를 바탕으로 한 재정 관계의 외연을 확대하고 비재정 영역과 재정 영역 사이의 접점을 찾아 중앙-지방 관계를 보다 포괄적으로 이해하고자 한다.

　중앙-지방 관계가 주 분석 대상이지만 아울러 연해, 중앙 및 내륙지역에 따른 중앙-지방 관계의 다양한 측면도 부분적으로 다룰 것이다. 그리고 일반적인 중국 정치체제의 특성상 성 하부 단위의 지방정부, 즉 현(縣) 정부나 향/진(鄕/鎭) 정부는 상급 정부와의 관계에서 중앙-성 정부 간의 관계를 답습하고 있는 측면이 강하지만 여전히 나름의 특성을 지닌다는 점에서 새로운 연구 주제로 다루어 질 수 있다.[6] 하지만 이 글은 지면상 중앙-성급 정부 간의

---

[5] 중국의 중앙-지방 간 연구가 재정 체제에 편중되는 경향이 있다는 것은 정재호가 잘 지적한 바 있다. 재정 부문에 대한 연구의 집중 현상은 재정 수치의 증감에 따라 연구자로 하여금 잘못된 일반화를 유도하여 영합적인 사고로 흐르게 할 개연성이 커진다(정재호 1999, 34).
[6] 성급 정부 이하의 단위인 시(市), 현, 향급 정부의 조세 관리 문제를 다룬 개척적인 시도는 김영진(1998, 103-138). 시, 향급 정부의 경제 정책 결정 과정에 관한 연구는 정환우(2000, 152-159).

관계로 국한한다.

2절은 재정 부문 내에서의 중앙-지방 간 관계를 다루고 있다. 네 차례에 걸친 재정 개혁의 내용과 그 변화의 동력 및 각급 정부 간 관계를 간략히 검토하고 나서 실증적인 자료를 바탕으로 중앙-지방 간 재정 관계의 내용을 분석하였고, 1988년 세수계약책임제의 사례를 제시하였다. 3절은 중앙정부가 지방정부의 통제를 위해 사용할 수 있는 일반적인 수단인 감찰, 보상 및 인사라는 정책 수단의 사용과 지방재정 공헌도의 연관 관계를 연구하고 있다. 그 결과 중앙정부의 전반적인 정책 우선순위가 지방의 재정 공헌도에 영향을 미치는 주요 변수이며 가장 주요한 정책 집행 수단은 인사 부문에서의 영향력과 연관되어 있었다는 것을 제시한다.

2. 중앙-지방 재정 관계의 실증적 분석

1) 재정 개혁과 정부 간 관계의 변화

1978년 당시 재정 부문에서의 위기는 당시 중국이 처한 사회주의 체제 전반의 위기를 깊이 반영하고 있었다. 문화대혁명 기간(1966~76)동안, 이데올로기적 투쟁의 영향으로, 기존의 재정 조직은 해체되고 전문 인력들은 시골로 하방(下放)되어 세수 동원 능력에 있어서 상당한 손실을 입었다. 이는 GDP에서 차지하는 재정수입의 비중이 문화대혁명 초기 약 30%에서 거의 20%로 급격히 하락하고, 1970년대 초 일시적인 회복기 이후 전반적인 하강 국면을 벗어나지 못한 것을 봐도 알 수 있다. 따라서 1978년 개혁개방이 시작되었을 당시 중국의 재정 체제는 문화대혁명의 영향으로 다른 사회주의권 국가들에 비해 상당한 정도로 분권화가 되어 있었으나 이는 재정 체제의 효율성과는 거리가 멀었고, 실제로 재정 수취를 위한 국가재정 행정조직의 역량은 대단히 낮은 상태에 머물러 있었다.

1978년 이후 생산성의 근본적인 향상을 위해 추진된 경제 개혁개방 정책은 재정 분야에도 상당한 변화를 가져 왔다. 우선, 지방에 지나치게 하방 되었던 재정수입 부문에 대한 통제를 강화하여 중앙정부에 안정적인 재원을 조달하였고, 다른 한편으로는 재정 운용의 효율성을 증가시키기 위해 지방정부에 재정 운용에 관한 자율권을 보다 많이 부여하였다. 그 결과, 다른 경제 분야에서는 중앙이 지방에 지속적으로 권한을 이양하는 추세였던 데 반해,7 1980년대 초 재정수입 부문에서는 중앙의 통제를 강화하고 지출에 있어서는 지방의 재원 비중이 확대되어 집권과 분권의 흐름이 복합적인 형태로 결합되었다.

개혁초기 다양한 재정 개혁을 위한 실험들이 행해진 뒤 1980~90년대에 크게 세 번의 재정 개혁이 있었다. 이는 1983~84년에 동안에 두 차례에 걸쳐 도입된 이개세 개혁, 1988년의 세수계약책임제, 1994년의 분세제 개혁을 지칭한다. 이들 개혁은 중앙-지방 관계라는 측면에서는 그 지지 기반, 내용 및 집행에 있어서 각기 다른 함의를 지니고 있었다. 우선, 이개세 개혁은 자오쯔양, 천윈, 리셴녠 등 주요 지도자들과 국가계획위원회, 경제체제개혁위원회(經濟體制改革委員會), 재정부 등의 광범위한 지지를 받고 있었고 새로운 도시 부문 개혁을 위한 주요한 재정 제도화의 일환으로 간주되었다. 하지만 이 개혁은 지방에 유연한 자금의 배분을 보다 선호하는 후야오방이나 지방 지도자들, 농업 부문 및 경제위원회(經濟委員會)의 반대에 직면해 입안 과정에서

---

7 예를 들면, 공업 부문에 있어서 국가 계획위원회에 의해 관리되던 산품의 수가 1980년에는 120여 종이었는데 반하여 초기 장쩌민 시기인 1993년에는 12종으로 대폭 축소되었다.

집행까지 4년 이상의 시간이 걸렸다.

이개세 개혁은 기존에 행해진 국유기업의 이윤 상납 방식을 세금으로 대체하여 국가의 재정 수취 과정을 보다 제도화하고 중앙의 통제를 효율적으로 하려던 개혁이었다. 이 개혁 초기에 재정수입에서 세수가 차지하는 비중이 1984년 이전 약 60% 수준에서 1985년 이래 95% 이상으로 급격히 확대되어 제도화라는 측면에서 큰 성과를 거두었음에도 불구하고, 좀 더 유연한 재정 운용을 통해 재원을 확보하려는 지방의 반발로 집행에 어려움을 겪었다.

7차 5개년 개발계획(7·5 계획) 기간인 1986년 후반기에 도시 부문의 개혁과 더불어 정책 우선순위가 점차 안정에서 개혁으로 전환되었다(姚開建·陳勇勤 2002, 265). 그 결과 각급 지방정부는 더욱 적극적으로 지역개발을 위한 재원 확보에 나서기 시작하였다. 개혁 성향의 젊은 학자들은 표준화 되었지만 경직된 현행 재정 제도를 새로운 개혁의 장애로 간주하였고 덩샤오핑 역시 이들의 견해에 동조하였다(Chen 1995, 140-141). 높은 인플레이션으로 점차 경제 환경이 불안정해짐에 따라, 중앙정부에 당초 7·5 계획 기간의 경제 발전 목표였던 7% 선의 재원을 안정적으로 보장해주면서 지방정부에 보다 많은 재정 자율권을 허용하는 세수계약책임제가 대안으로 부상하였다. 세수계약책임제는 중앙과 성급 정부 사이에 상황에 따라 유연하게 일대일 계약 방식을 채택한 것으로 지방정부는 당시 중앙정부의 적극적인 지역 경제 발전 전략에 따라 보다 많은 재정 자율권을 확보할 수 있을 거라는 기대 때문에 이 제도를 적극적으로 지지하였다. 이 세수계약책임제는 궁극적으로 중앙정부의 재정 상황을 악화시킨다는 분석이 강하게 제기되었음에도 불구하고(吳敬璉 1988; Beijing University 1990; SCRE 1990), 중앙정부는 지방 경제의 활성화를 위하여 이 제도를 1988년에 도입하였고 지방 지출 부문에 대해서 분권의 경향을 계속 허용하였다.[8]

이 제도가 시행되어진 기간(1988~93)의 첫 2년 동안은 중앙정부의 재정이 상대적으로 안정되었다. 하지만 지방은 이미 예측한 대로 1990년대 이후 주어진 기회를 활용하여 자신의 재정 통제 능력을 급속도로 확대시켜 나가기 시작하여 일부에서는 중국 분열론을 제기할 정도로 지방에 대한 중앙정부의 재정 통제 능력이 급격히 약화되어 가는 시기였다. 특히 1993년 재정수입 분야에서 지방정부의 재정수입 비중은 개혁개방 이래 최고점인 78%에 다다르게 되었다.

이러한 지방재정에 대한 중앙정부의 통제력 약화 현상에 대한 중앙정부의 대안은 1994년에 집행된 분세제였다. 분세제는 법으로 정해진 세수 항목에 따라 중앙정부와 지방이 각자의 세원을 확보하는 것으로 이미 1980년대 초부터 재정 제도화의 일환으로 제기되어 1988년 세수계약책임제의 도입에도 불구하고 중앙정부의 재정/계획 부문은 지속적으로 분세제 도입을 추진하였다. 자오쯔양, 리펑(李鵬), 주룽지 등 국무원 총리 및 부총리들이 모두 세수계약책임제를 잠정적인 조치로 간주하고, 궁극적으로는 분세제를 도입하여 재정의 제도화를 시도한 것은 주목할 일이다(劉佐 1998; 項懷誠 2000).

세 차례에 걸친 재정 개혁의 과정에서 정책 입안과 관련한 갈등과 타협의 장은 점차 중앙 내부의 정치에서 중앙-지방 간의 정치로 옮겨져 갔다. 즉, 1980년대 초기 이개세 도입과정에서는 중앙정부 내부에서 재정 제도의 유연성을 강조하는 후야오방과 제도화를 주장하는 자오쯔양, 그리고 이들과 밀접한 이해관계를 지닌 중앙의 각 관료 부처들 사이의 갈등들이 재정 개혁을 주로 저해하였지만(Shirk 1993), 세수계약책임제의 도입부터 시작하여 분세제의 도입에 이르는 시기는 중앙 내부의 갈등보다는 상대적으로 재정 운용의 자율성을 누리던 연해 지역 및 여타 지방정부의 격렬한 저항에 의하여 재

---

8 이 7·5 계획 기간 중 지방의 재정수입 가운데 차지하는 중앙에 대한 재정 상납 비율(local remittance rate)은 1986년 29%에서 1990년 18%로 줄어들었다. 더 자세히는 郭建中(1996, 156).

정 개혁이 영향을 받았다.

　이들 연해 지역의 지도자들은 분세제 개혁을 중앙정부의 통제 강화로 인식하였으며 1990년대 초 리펑 총리가 분세제의 도입을 시도하였을 때, 격렬히 저항하여 결국 재정 개혁을 좌절시킨 바 있다. 이후 중앙정부 차원에서 재정 개혁의 시급성에 대한 광범위한 인식과 동의가 확고해진 1993년 중반 이후[9] 장쩌민, 리펑, 주룽지 등 중앙 지도자들이 적극적으로 지방 지도자들을 타협, 설득, 강제한 결과로 1994년 분세제를 도입하였다.

　이 과정의 특징은 우선, 중앙 지도부 내의 합의가 이루어졌을 때 중앙정부는 의도한 대로 제도 개혁 및 정책을 집행할 능력이 존재한다는 것을 보여 준다. 중앙정부는 분세제 개혁을 통해 그 게임의 규칙을 바꾸어 세수 점유율을 1993년 22%에서 1994년 56%로 급격히 증가시킬 수 있었다. 이는 재정 통제력 약화에 따른 중국의 해체 논의가 분분하던 시기에 중앙정부의 통제 능력을 극적으로 보여 준 개혁이었다.

　하지만 이 논의에서 간과해서는 안 될 또 하나의 특징은 중앙-지방 간의 타협 부문이다. 후안강은 필자와의 인터뷰에서 원래 중앙의 계획은 분세제 개혁을 통해 60%의 수입과 40%의 지출을 중앙이 통제하는 것이었다고 한다. 하지만 60%의 수입 통제 목표는 지방의 기존 수입 수준을 최대한 보장하기 위해 20세기 말까지 연장되었고, 지출 부문에서는 지방의 안정과 경제 건설을 위해 대폭 양보하여 실제로 30% 수준을 밑돌았다. 이는 영합적인 게임의 상황에서도 비영합적인 공간을 확보하여 원활하게 중앙 정책을 집행하려는 중앙의 노력으로 보이며, 분세제 도입과 관련하여 1993년 8월 말부터 11월 초까지 16개 성의 90여 지방 조직과 도시를 방문하였고, 80여 번의 회의

---

[9] 1993년 7월 22일 국무원 판공실 회의에서 1994년 1월 1일부터 분세제를 집행할 계획이 입안되었다(王紹光·胡鞍鋼 1999, 201; 劉佐 2000, 280).

〈표 3-1〉 각급 정부의 재정 자립도

	중앙	지방	성급	지급	현급	향급
1975~79	0.30	1.61	-	-	-	-
1980~85	0.65	1.32	-	-	-	-
1987	0.87	1.03	0.73	1.61	0.78	1.50
1988	0.92	0.96	0.50	1.54	0.77	1.40
1989	0.93	0.95	0.52	1.45	0.73	1.35
1990	0.99	0.94	0.56	1.38	0.72	1.33
1991	0.86	0.96	0.59	1.36	0.73	1.30
1992	0.83	0.97	0.61	1.32	0.71	1.35
1993	0.73	1.02	0.68	1.36	0.78	1.40
1994	1.66	0.57	-	-	-	-
1995	1.63	0.62	0.47	0.72	0.48	0.95
1996	1.70	0.65	0.54	0.73	0.49	1.00
1997	1.67	0.66	0.54	0.73	0.50	1.00

주: 1. 이 재정 자급도는 각 행정 단위 예산 내 지출에서 예산 내 수입이 차지하는 비중을 나타낸 것이다.
2. 하급 단위의 정부에서 상급 단위에 상납하거나 혹은 상급 단위 정부가 하급 단위에 보조하기 이전의 액수이다.
3. 지(地)는 성과 현급 정부 사이의 행정구획을 말하는데, 일반적으로 인구 30만 이상의 중·대형급 도시를 지칭한다. 구체적으로는 세 종류인데, 성도(省都), 계획단열시(計劃單列市), 그리고 일반 중형급 도시 등이다.
출처: 『地方財政』 No. 4 (1999, 9-10).

를 가지면서 분세제로의 개혁을 설득한 주룽지의 노력에서도 잘 드러난다.

〈표 3-1〉은 이상 세 차례의 재정 개혁을 거치면서 일반적인 분권화의 이미지와는 달리 놀랍게도 중앙정부가 오히려 재정 자립도를 대폭 향상시켜 왔음을 보여 준다. 개혁개방 이전 평균 재정 자립도가 30% 수준이던 중앙정부는 개혁개방 이후 점차 증가하여 1990년에 자립의 단계에 다다른 이후 1990년대 초 세수계약책임제 아래에서 그 자립도가 다소 하강하는 국면을 맞이하게 되었다. 이러한 하강은 이미 언급한 대로 중앙정부의 지방(특히 연해 지역) 경제 발전 전략과 연관되어 있다.

지방정부의 차원에서 개혁 이전의 자료가 충분치 않아 비교할 수 없지만

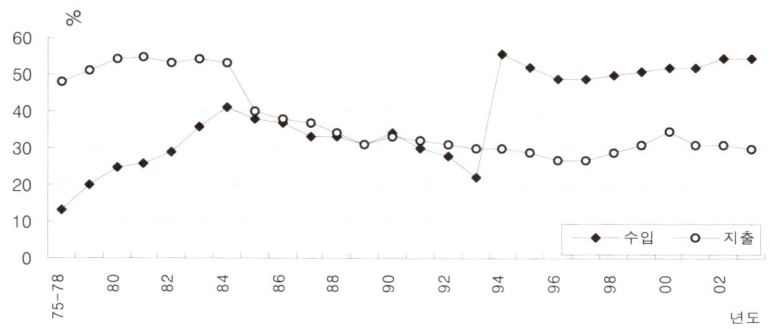

〈그림 3-1〉 중국 중앙정부의 재원비중의 변화 (단위 : %)

주 : 1. 1993년부터 기업과 정부의 분리 방안의 하나로 국영기업 재정을 국가재정으로부터 분리하면서 국영기업이 보유하고 있는 예산 외 자금이 공식 통계 수치에서 제외되어 발표되었다. 이러한 항목 조정에 따라 예산 내 재정에 대한 예산 외 재정의 비율이 1992년 110%에서 1993년 33%로 급격히 축소되었다.
2. 1997년부터 예산 외 재정 항목에서 정부 예산 부분에 포함되었던 정부 기금이 제외되었다.
3. 총수입＝예산 수입＋예산 외 수입; 총지출＝예산 지출＋예산 외 지출
출처 : 第21屆 統計信息交流會秘書處(2004, 66-67)에 입각해 재계산.

개혁 기간 동안 중·대형 도시와 사영기업이 팽창하는 향급 행정단위가 지방 재정 잉여의 원천이었음을 보여 준다. 하지만 중앙정부는 1994년 분세제 개혁으로 전국적인 재정의 재분배를 주도할 재원을 확보하였고 모든 지방 행정단위는 중앙의 보조에 의존하지 않으면 안 되는 상황에 처하게 되었던 것이다. 특히 성과 현급 정부의 재정 자립도는 극히 악화되어 이들 정부들은 하급 정부로부터 더 많은 재정적 상납을 받거나, 자체의 재원을 확대하기 위해 나서지 않으면 안 될 처지에 놓이게 되었다.

2) 중앙-지방 재정 관계의 내용 분석

중국 각급 정부의 재원은 크게 예산, 예산 외(豫算外), 제도 외(制度外 혹은 非豫算) 자금으로 나뉜다.[10] 하지만 그 총 자금의 규모는 정확히 파악하기 어려운 실정인데, 그 이유는 비공식적인 제도 외 자금의 규모에 대한 측정이 어렵기 때문이다. 중국 통계연감은 예산 및 예산 외 자금 규모에 대한 정보를 제공하고 있지만 제도 외 자금에 대한 정보는 존재하지 않아 중국 각급 정부의 공식적인 재정 규모 수치는 실제보다 저평가 되어 있다. 부분적인 조사에 의하면 1996년을 기준으로 대략 예산 외 자금과 제도 외 자금의 합은 예산 자금의 규모와 비슷한 것으로 나타난다(上海財經大學公共政策硏究中心 1999, 246).

〈그림 3-1〉은 비록 제도 외 자금은 포함되어 있지 않지만 예산 및 예산 외 자금을 포함한 수입과 지출에 있어서 중앙-지방 관계를 수치로 보여 준다. 개혁개방 초기에 중앙의 상대적 재정수입 점유율은 불과 16%에 불과 하였다. 이후 꾸준히 그 점유율이 증가하여 1984년에 41%로 정점에 이르렀다. 도시 부문 개혁이 시작된 1984년 이후로는 중앙정부의 빠른 지역개발 정책을 위주로 한 정책 우선순위의 변화와 세수계약책임제의 영향으로 점차 중앙정부의 재정수입 비중이 상대적으로 줄어들어 1993년에 22%로 최저점에 이르렀다. 그 후 1994년 분세제 개혁은 중앙의 정책 우선순위의 변화에 따라 중앙과 지방 사이에 존재하는 분배의 규칙들을 급격히 변화시켜, 불과 1년 사이에 중앙의 재정수입 점유율은 1994년 무려 56%로 확대되었다.

---

10 예산 외 자금은 지방정부의 예산 외 자금, 행정단위의 예산 외 자금, 국유기업의 예산 외 자금으로 이루어진다. 국유기업의 예산 외 자금이 주류를 이루어 왔으며 그 규모는 1992년 전체 예산 외 자금의 75%에 달하고, 예산 내 자금의 68%에 이르고 있다. 하지만 중앙정부는 재정 부문 제도화의 일환으로 1993년부터 이 항목을 공식적인 재정 통계에서 제외하고 있다. 제도 외 자금은 법이나 기관 자체의 규범에 의해 통제 받지 않고 각종 행정 단위에서 거두어들이는 다양한 기금 및 세비들을 말하며 공적 자금과 사적 자금의 선이 불분명하고 공식적인 재정 통계의 밖에 놓여 있다.

중앙정부의 지방 대비 재정지출 비중은 도시 부문 개혁이 시작된 1984년 이래 꾸준히 감소해 왔다. 흔히 재정 부문의 재집권화라 불리는 분세제 개혁이 1994년에 도입된 이후에도 이 비중은 상당히 낮은 상태에 머물러 있다. 이는 1980년대 중반 이래 중앙정부가 지속적인 지역 경제 발전과 개혁기의 사회 안정을 위해 지방정부가 많은 재원을 쓸 수 있도록 허용한 결과이자 이러한 기회를 적극 활용한 지방의 노력에 기인한다. 실제, 인터뷰 과정에서 많은 지방 관리와 학자들은 중앙과 계약한 납세액의 규모를 채우는 한, 중앙정부는 지방재정에 관한 간섭을 극도로 자제하였다는 것을 증언하고 있다. 또한 중앙정부는 정책 집행에 있어서 일방적인 강요보다는 일정 정도의 타협을 선호하였는데, 이는 분세제의 도입과정에서 재원 배분에 대한 통제를 강화하는 대신 지방이 향유해 온 기존의 재정 운용 규모를 보장해 주었던 데서도 알 수 있다(Kim 2002, Ch. 6).

한 가지 주목할 만한 사실은 중앙정부가 재원이 부족한 시기에 일반적으로 생각하는 것보다는 더 적극적으로 예산 외 자금을 활용하였다는 사실이다. 1978년 개혁개방 정책이 시작되었을 때, 예산 외 자금의 규모는 예산 자금 규모의 약 40%에도 못 미치는 수준이었다(MOF 1992, 186-187). 중앙의 재정이 약화되는 1988년 이후 부족한 재원을 예산 외 자금에서 보충하여 이전과 대략적인 균형을 유지한 것으로 보인다. 지역별로 보자면, 1986~98년의 기간 동안 모든 지역이 예산 수입의 70% 이상 규모의 예산 외 자금 수입을 거두어들이고 있다. 하지만 지출에 있어서는 연해 지역이 좀 더 적극적으로 예산 외 자금을 활용한 것으로 보인다(Kim 2002, 338). 이는 연해 지역이 자신의 지역에서 전용할 수 있는 자금의 규모가 다른 지역에 비해 상대적으로 컸다는 것을 의미한다. 1994년 분세제의 도입은 연해 지역의 예산 외 지출 부문에 커다란 타격을 가져 왔는데, 이는 중앙정부가 이들 지역에 예산 내 지출의 지속적이고 자율적인 운용을 보장하는 대신 예산 외 지출 자금에 대해서는 규제를 가하였기 때문이다. 이는 재정 체제의 제도화라는 중앙정부의 정책 목표와 관련하여 커다란 진전을 의미했으며, 지역적 편차 역시 크게 줄어들었다.

이처럼 예산 외 지출에 대한 중앙의 통제가 강화되자 지방정부는 제도 외 자금으로 눈을 돌리기 시작했다.[11] 1986년 조사에 의하면 지방 소도시 수준의 정부에서 정부 재정의 약 14% 정도를 차지했으나, 1994년 분세제 개혁 이후 지방정부, 특히 현 이하 단위의 정부에서 점차 이 제도 외 자금 규모를 확대하여 1996년에는 그 해 예산 자금의 60%에 해당하는 자금을 충당한 것으로 나타난다(賈康·白景明 1998; 陸宏友 1998; 何振一 1998; 上海財經大學公共政策研究中心 1999; 劉佐 2000; 賈康 2000). 제도 외 자금이 현 정부 이하에 주로 집중되어 있다는 것은 상대적으로 가난한 농민들의 부담이 분세제 이전 시기에 비해 추가 부담이 늘었다는 것을 의미하며 점차 사회·정치적 불안정의 원인으로 자리 잡게 되었다. 이에 중앙정부는 마침내 제도 외 자금의 규모를 줄이기 위해 본격적으로 개입하여, 제도 외 자금을 제도 내의 재정으로 흡수하려는 1998년 비개세(費改稅) 개혁을 강력히 추진하였으며 일정 정도 성과를 거둔 것으로 보인다.[12]

이러한 재정 수치에 대한 비교는 베이징(北京) 및 각급 정부가 실제 공식 통계 수치에 의해 나타나는 것보다 훨씬 많은 재원들을 통제하고 있었음을 보여 준다. 시기와 항목에 따라서 집권과 분권의 흐름이 변화하기 때문에 일률적으로 중앙-지방 관계를 규정하기도 어렵지만 일반적으로 유행했던 중앙

---

[11] 1997년 한 통계에 의하면 이들 세비 중 예산 부문으로 전환된 규모는 오직 5.9%에 불과하였다. 그리고 1996년 허베이(河北)성의 한 현급 정부 내 농민 부담 중 각종 세비 등에 의한 비세수 부문 부담은 71.5%에 이르렀다는 보고가 있다(賈康 編 2000, 71).
[12] 비개세 개혁에 구체적인 내용에 관해서는 賈康 編(2000) 내의 何振一·劉佐·張培森의 글 및 葉振鵬·梁尙敏(1999, ch. 7).

정부의 약화나 위기론은 받아들여지기 어렵다. 〈표 3-1〉과 〈그림 3-1〉의 논의에서 알 수 있듯이 중앙정부의 재정 자립도나 운용 규모는 1990년대 초반을 제외하고는 개혁개방 기간 동안 크게 악화되지 않았거나 오히려 강화되었다. 특히, 앞에서 논의하였듯이 1980년대 중반부터 1990년대 중반까지 중앙 재정의 확대가 중앙정부의 정책 우선순위가 아니었다고 한다면 단순한 재정 수치 비교를 통해 중앙-지방 관계를 논의하는 것은 한계가 있다.

3) 1988년 세수계약책임제 내용 분석

개혁개방 시기에 예산 내/외 자금을 다 같이 고려할 때 지방의 재정 권한 강화가 수치로 나타나는 시기는 대체로 세수계약책임제의 하반기인 1990년대 이후부터 1993년까지이다. 이 시기는 중앙정부의 통제력 약화와 붕괴 가능성에 대한 주장의 실증적 근거가 되는 기간이다. 중앙과 성 정부 사이에 존재했던 당시 세수계약 내용에 대한 분석은 수치에서 나타나지 않는 중앙-성 정부 간의 교섭 및 중앙 정책에 초점을 맞추면서, 중앙의 정책 의도를 고려하지 않을 때 위의 주장은 커다란 한계를 지닐 수밖에 없다는 가장 효과적인 반론의 근거를 제공한다.

계약은 집단적이 아닌 중앙과 성 정부 사이에 일대일로 체결되었는데 본래 계약 기간은 3년(1988~90)이었으나 1992년까지 연장되었다. 본래 계약 방식은 여섯 가지인데 중앙-성 정부 간의 계약은 계획단열시에 적용된 세액 및 증가세율 분할 방식을 제외한 다섯 가지 방식이었다. 상하이사회과학원의 한 재정 전문가는 인터뷰에서, 두 단계에 걸친 중앙과 개별 성 정부와의 연말 접촉에서 계약 내용은 약간의 조정이 가능하였지만 특별한 자연재해 등의 사정이 없는 한 계약 변동은 쉽지 않았다고 증언하였다.[13]

이 계약의 두드러진 특징은 1987/1988년 당시 매년 10% 이상의 경제성장률을 고려할 때 장기적인 측면에서는 중앙에 대단히 불리한 계약이었다는 점이다. 가장 대표적인 계약 방식이자 중앙정부의 주 재정 상납 지역인 연해 지역 성들과 체결한 정률 체증제에 따르면 저장(浙江)을 제외한 나머지 성들의 상납 증가율이 대체로 5% 이하로 책정되어 있었고, 상하이(上海)나 산둥(山東)은 아예 상납액이 고정된 형태로 계약되어 재정 증가분은 모두 지방에 귀속되게 되어 있었다. 이러한 계약 내용은 1989년 천안문사태와 이에 따른 경제 긴축으로 경제 및 재정수입 성장률이 낮아져 중앙의 상대적 재정수입 비중을 강화시켰지만, 이러한 추세는 곧 세수계약책임제의 내용이 함축하는 대로 중앙의 재정 약화를 초래하였다.

이 계약 내용에 따르면 지역적 차이는 존재하지만 각 지방이 이전에 성취한 재정수입의 증가와 계약 조건 사이에 긍정적인 상관관계는 존재하지 않는다. 대신에 중앙 경제정책의 우선순위에 좌우되어 연해 지역에 보다 유리한 조건이 제시되었다. 비연해 지역의 재정 환경과 중앙 보조 규모는 상대적으로 약화되었는데, 예를 들면 내륙지역 성들에 주어지던 재정 보조의 규모는 1985~87년에 비해 오히려 줄어들었던 것이다(課題組 1994a, 38-39). 그 결과, 연해 지역의 성들은 지역 경제 발전에 투여할 더욱 많은 재원을 확보할 수 있었으며 내륙지역의 성들은 자체의 지출을 위한 재원을 확보하는 데 어려움을 겪었다. 이는 이후 내륙지역의 성들이 보다 많은 중앙의 재정 지원을 기대하면서, 연해 지역 성들에 비해 긍정적으로 분세제 개혁을 받아들인 이유이기도 하다.

---

13 두 단계란 연말 회계 정산을 위한 재정부 관리와 성 정부 재정국 국장급 혹은 부성장급을 대표로 하는 성 대표 간의 교섭을 말하며, 여기에서 해결되지 않을 때는 성의 최고 지도자급과 재정부 부장 이상의 중앙 지도자와 직접적인 접촉이 존재한다고 하였다.

이와 같은 세수계약책임제의 내용 분석은 당시 중앙정부의 재정 약화가 단지 중앙의 재정 통제력 약화로 해석되기보다는 오히려 중앙정부의 연해 발전 전략에 따른 적극적인 재정적 안배의 측면이 존재함을 보여 준다.

3. 중앙 권력과 지방 감찰, 보상, 인사 및 재정 공헌

1) 중앙의 재정 감찰, 보상과 지방의 재정 공헌

중국의 재정 체제가 지니는 제도적 특징은 중앙 정책의 관철이라는 측면에서는 상황을 좀 더 복잡하게 한다. 마오쩌둥 시기 중국의 재정 체제는 상당한 정도로 분권화 되어 있어 중앙의 재정수입은 지방의 세수 수취 기관에 거의 전적으로 의존하는 구조였다. 이러한 구조는 1994년 분세제 개혁으로 중앙이 직접 통제하는 세수 기관이 중앙세와 공유세를 거두기까지 지속되었다. 즉, 1994년 이전에 중앙은 지방정부의 도움 없이는 세수를 거둘 수 없는 구조였다. 이러한 여건 아래에서 지방의 일탈 행위들을 견제하기 위하여 중앙의 재정 부문에 대한 감찰은 그 중요성이 더해진다.

그 이전에 간헐적인 형태로 존재하긴 했지만 중앙 단위에서 매년 정기적인 재무 감찰이 시작된 것은 1985년 세수재무물가대검사(稅收財務物價大檢查) 제도가 도입된 이후이다.[14] 국무원은 더 나아가 1986년 국영기업의 수가

---

[14] 각 성들도 이러한 제도를 도입하도록 권고하였지만 자신의 영역 내 재무 관계에 대한 상황이 누설되는 것을 두려워해 대체로 비협조적이었다(劉佐 2000, 476).

많고 이익이나 손실의 규모가 큰 18개 성급 지역에 재정부에서 직접적으로 통제하는 재무 감찰 기관을 설립하도록 하였고, 1987년에는 가난한 내륙지역에까지 이 제도를 확대하도록 하였다(『人民日報』 87/01/27).

하지만 이들 감찰제도들이 재정 부문에서 지방의 일탈 행위를 견제하기 위한 도구로서 적절히 사용되었는지는 의문이다. 우선, 감찰 자체가 중국 고사에 나오는 "말 안 듣는 원숭이들을 훈련시키기 위해 닭을 죽여 본보기를 보이는 것"(殺鷄嚇猴)과 같은 즉흥적이고 상징적인 측면이 강해 지속적이고 체계적으로 재정 감찰을 할 수가 없었다. 이러한 문제점은 중앙의 제도적 역량의 한계로 인식될 수도 있지만 다른 한편으로는 경제 발전이 보다 중요한 이슈가 됨에 따라 지나친 감찰 활동이 경제 활동을 저해하지 않기 위한 중앙의 선택이라는 측면도 강하다.

인터뷰에 따르면 중앙정부는 1994년 분세제 개혁 이전까지 매년 감찰팀을 구성하였지만 독자적으로 감찰 활동을 하기보다는 지방의 재정 부문 관리들과 협력하였고, 지방은 감찰팀의 감찰 범위를 사전에 인지하고 지역적인 이익을 보호할 수 있었다는 것이다.[15] 중앙정부는 이러한 문제들을 인지하면서도 1994년 분세제 도입 이전까지 지방정부의 관행들을 묵인하였다. 1994년 분세제의 도입은 감찰 부문에 있어서 제도적인 문제점들을 제거하였다. 즉, 지방세무국은 지방세 부문만 관할하고 나머지는 중앙정부의 직접적인 통제를 받는 지방국세국이 관할함으로써 지방에 제도적으로 의존하던 구조를 변경시켰던 것이다. 이에 따라 세수재무물가대검사 제도는 더 이상 의미가 없게 되어 1998년 폐지되었다.

감찰제도가 지방의 재정 운용에 대한 통제를 하기 위한 수단으로 적극적

---

[15] 상하이시 정부는 필요한 비자금을 시 아래 행정구역에 분산하여 숨겼고 감찰은 결코 이 단위에까지 행해지지 않았다고 한다(상하이에서의 인터뷰, 2000).

으로 활용되지 않았다면, 중앙정부는 재정적 보상이라는 수단을 통하여 중앙의 재정 정책을 집행하게 했는지 의문이 제기된다. 이를 위해 지방의 재정 운용에 있어서 중앙 정책 순응도, 1988~92년 세수계약 내용 및 실제 지방 세수 증가액과의 관계를 검토하는 것이 필요하다.

지방의 재정 운용 순응도에 대한 지표로 재정부가 1985년 이후 매년 성 단위 세무국의 결산 회계 상황을 평가하여 표창하고, 이를 코드화 하였다(財政部 1999a, 227-236; Kim 2002, 205).[16] 이에 따르면 중앙 지역의 성들이 대체로 높은 순응도를 보였고 연해와 내륙의 성들은 비슷하게 낮은 순응도를 보였다. 1988~92년 세수계약 내용에 대한 분석은 이들 순응도와 계약 사이에 긍정적 관계가 존재하지 않는다는 것을 보여 준다. 즉, 순응도가 상대적으로 높은 산시(山西), 안후이, 지린(吉林), 장시(江西)성 등은 1985~87년의 상황과 1988~92년의 계약을 비교해 볼 때, 산시성은 97.5%에서 87.6%로, 안후이성은 80.1%에서 77.5%로 세수 보유율이 낮아졌고, 지린성과 장시성의 중앙 보조액은 오히려 삭감되었다. 반면에, 순응도에서 낮은 점수를 얻은 연해 지역 성들은 이미 언급한 대로 특혜가 주어졌던 것이다.

이들 순응도와 지방 세수 증가액 간의 관계를 이해하기 위하여 회귀분석을 해보면 그 결과는 다음 〈표 3-2〉와 같다.[17] 표창은 각 성에서 거두어들이

---

[16] 표창의 등급은 1989년부터 3등급으로 표준화되어 그 이전 시기 2등급 체계와는 다르다. 이 글에서는 1989년 이전 시기의 1, 2등급을 1989년 이후 시기의 2, 3등급과 동일시하여 처리하였으므로 1989년 이후 시기의 상대적 점수가 왜곡되어 약간 높게 나타난다.
[17] 본래의 방정식에는 외자 이용액이 포함되어 있었다. 하지만 독립변수들 사이의 상관관계분석과 회귀분석을 한 연후에 이 방정식에서 실제 이용한 외자액을 제거하기로 하였다. 그 이유는 실제 외자 이용액이 고정자산 투자액과 대단히 높은 상관관계(신뢰도 99% 수준에서 0.797)를 지니고 있으며, 회귀분석의 결과 실제 외자 이용액은 조정된 표본결정계수(Rsquare) 값에 거의 영향을 미치지 못하고 90% 신뢰도 수준에서조차 의미 있는 설명력을 가지지 못하고 있다. 한 예로, 실제 외자 이용액을 제거 하였을 때 1인당 징수액에 대한 표본결정계수 값은 0.584에서 0.582로 거의 변화가 없다. 따라서 새로이 개정된 방정식은 세수 공헌력=a+b산업 구조+c국영기업+d고정

〈표 3-2〉 지방 세수 공헌력에 대한 회귀분석 계수(coefficient), 1979~98

	항수	경제적 변수			정치적 변수			조정된 결정계수	사례
		산업 구조	국영 기업	고정 자산	인사	표창	제도 변화		
1인당 징수액	616.62	-31.28	7.27	0.41	-72.18*	-58.03	236.26	0.41	362
1인당 징수액/ 1인당 GDP	11.96	-0.20	0.10	-4.0E-04*	-0.23	-0.76*	-6.9E-03*	0.34	362

주: 1. * 신뢰도 90% 수준에 못 미치는 경우.
2. 산업 구조는 2·3차 산업에 대한 1차 산업의 산출액이 차지하는 비율, 국영기업은 전체 산업 산출액 중에서 국영기업 산출액이 차지하는 비율, 고정자산은 고정자산 투자액; 인사는 내부 승진 인사와 외부 임명 인사의 수, 제도 변화는 1994년 분세제 개혁 이전과 이후를 지칭한다.

는 1인당 징수액과 부정적인 관계를 지니고 있는 것으로 나타나고 있다. 인플레이션을 고려한 1인당 GDP분의 1인당 징수액을 종속변수로 하였을 때도 비록 90% 신뢰도 수준에 미치지는 못하지만 부정적인 관계를 지니고 있음을 보여 준다.

이러한 결과는 표창이 지방정부의 세수 동원력을 고무시킬 정도의 동기를 제공하지 못했다는 것을 보여 준다. 이미 지적한 대로 재정 순응도가 차후년도의 세수 계약에 긍정적인 효과를 가져오지 못하는 상황에서 지방정부는 중앙정부를 자극하지 않을 정도의 세수 공헌을 하고 자체의 이익을 추구하는 것이 더 합리적이었을 것이다. 표창을 받을 경우 다음해의 지방 이기주의를 위한 면피용으로 생각하고 상대적으로 느슨한 세수 공헌을 하였을 수도 있다.

만일 이처럼 감찰과 보상의 방법이 지방의 순응을 이끌어 내는 수단으로

자산 투자 $+e$인사$+f$보상$+g$제도$+\varepsilon$이다.

사용되지 않았다면 중앙은 1980~90년대 초반까지 어떠한 유효한 수단을 동원하였을까 하는 의문이 든다. 우선, 중앙정부는 정치적, 행정적 수단들을 통하여 재정 분야에서 여전히 강한 통제력을 행사할 수 있었다. 1978년 개혁 이래 경제 부문에서의 광범위한 분권화에도 불구하고, 거시적인 재정 정책이나 재정과 연관한 법률 제정권, 및 세율의 조정권은 여전히 거의 중앙정부에 집중되어 있었다. 지방정부는 소수의 지방세를 제외하고는 새로운 세수 항목을 증설할 권한이 존재하지 않았다. 그러나 지방마다 차이가 존재했어도 자원 배분의 효율성을 제고시키기 위해 세수 감면권이나 세원에 대한 규정권 등에 있어서는 지방정부의 권한이 점차 확대되었다.

1994년 분세제의 도입은 세입 부문에 있어서 강력한 집권화 정책이었음에도 불구하고 다른 한편으로는 지방세에 관련한 세목을 법률로써 규정하여 지방에 안정적 재원을 마련할 발판을 마련해 주었다(郭建中 1997, 3). 또한 그 지방세의 세원에 대한 규정과 운용에 대해서 광범위한 자율성을 부여함으로써 어떤 의미에서는 그간 단지 위임(delegation)차원에 머물렀던 지방재정의 운용권을 넘어서서 장차 재정 분권화(devolution)를 위한 제도적 장치를 마련한 것으로 평가된다. 이는 1994년 이후 재정 부문에서 중앙집권화라는 흐름에도 불구하고 하나의 분권적 측면을 보여 준다.

둘째, 1980년대 경제적 분권화에도 불구하고 유사 재정 통제 기능이라 할 수 있는 은행 대출, 물가 조정, 및 외국환 교환 통제 부문이 중앙정부의 관할이었다는 것을 상기할 필요가 있다. 또 새로운 세원을 개발하여 지방에 부과한다던가, 기존의 지방세를 중앙세로 전환한다던가, 국채(國債)의 강매,[18] 그 외에도 지방 차관(地方借款)을 통해 다양한 명목으로 돈을 빌려 결코 상환

---

[18] 국채의 규모와 발행 추이에 대해서는 편집자(2002).

하지 않고, 다음해의 중앙과 지방 사이의 회계 조정을 통해 중앙에 유리한 선에서 행정적으로 해결하였다. 그 규모는 결코 작다고 할 수 없는데, 예를 들면 광둥성은 1981~89년 기간 동안 강제 할당 방식에 의해 같은 기간 정액상교액(定額上交額)의 1/8에 해당하는 금액인 25억 위안 상당의 국채를 구매하였다(정재호 1999, 167-168).

셋째, 중앙은 행정 개혁 등의 방법을 통하여 지방의 재정에 대한 통제력을 행사할 수 있었다. 예를 들면, 경제적 분권화 정책이 본격화되는 시기인 1983년에 충칭(重慶), 우한(武漢), 선양(瀋陽), 다롄(大連), 하얼빈(哈爾濱), 광저우(廣州), 시안(西安) 등 7개 도시에 성 정부에 상응하는 지위를 부여하여 경제 계획과 분배를 중앙이 직접 통제하였다. 이후 1984년 지방의 주요 14개 도시로 이 제도를 확대하였다. 이러한 도시들의 경제적 기능은 지역 중심 도시로서 지방 경제를 활성화시키는 것이었다. 정치적으로는 비록 이들 간에 다양한 관계가 존재하겠지만 대체로 성 정부의 지역 영향력 확대에 대한 제어 기능도 아울러 담당하였다. 예를 들면, 쓰촨성과 후베이성의 경우 이 정책은 재정적 자급자족을 하던 두 성을 중앙 보조를 필요로 하는 성으로 전락시켰던 것이다.

마지막으로 중앙의 지방 통제에 가용할 수 있는 주요한 또 하나의 수단은 중앙의 성 지도부에 대한 인사권이다. 개혁개방 시기에 1982년과 1985년에 대규모 지방 지도부 인사이동이 있었고 그 후 약 5년의 주기로 대규모 인사이동이 있었다. 개혁개방 시기에 지방 지도자들이 지역의 경제 발전을 위하여 종종 중앙정부의 이해와는 상반되는 조치들을 취했다는 것은 널리 알려진 사실이다. 예를 들면, 1990년대 초기 국무원 총리였던 리펑이 중앙집권적인 분세제 개혁을 추진하였을 때 광둥성 성장이었던 예쉬엔핑(葉選平)을 중심으로 한 연해 지역의 지도자들이 적극적으로 저항하여 결국은 기존의 세수계약책임제를 유지하게 하였다.[19] 하지만 중앙정부는 광둥성 성장 예쉬엔핑의 교체 및 랴오닝(遼寧)성 성장 위에치펑(岳岐峰)의 임명에서 볼 수 있 듯이(Schueller 1997, 99) 그 인사권을 이용하여 지방정부 지도자들의 중앙 정책에 대한 저항을 견제하거나 중앙의 정책을 집행하려 하였다.

다음에서는 중앙의 지방 인사 정책에 일정한 규칙성이 존재하는지, 있다면 이러한 인사 정책이 재정 공헌도에 어떠한 영향을 미쳤는지를 검토할 것이다. 기존의 연구 중 이들 지방 지도자들의 인사와 그들이 재임하는 동안 재정 분야에서의 업적 사이에 존재하는 관계에 대해 알려진 것은 거의 없다.[20]

2) 중앙의 지방 인사 현황과 지방의 재정 공헌

덩샤오핑을 비롯한 중국 개혁파 지도부는 당내의 조직부(組織部)나 1988년 이후 설치된 국무원 산하의 인사부(人事部)를 통해 개혁을 추진할 인력들을 대폭 충원하였고, 자신들의 정책 목표에 따라 지방 지도자들을 통제하는 수단으로 활용하였다.[21] 성장과 당서기로 대표되는 지방 지도자들이 자신의 관할 구역에서 중앙정부의 지시에 따라 얼마나 세수를 증대시키려고 했는지에 대한 구체적인 증거는 없다. 그들은 제도 안에서 상충될 수 있는 두 가지 역할을 지니고 있었는데, 우선 중앙의 중간 관리로서 중앙의 명령을 충실히 이행해야 할 관리(agent)의 의무와 지방의 지도자(principle)로서 지방의 이익을 보호해야 할 역할을 동시에 지니고 있었던 것이다.

---

[19] 이러한 중앙 정책에 대한 지방지도자들의 저항에 대한 사례는『聯合報』(92/09/21),『聯合報』(92/10/26),『星島日報』(93/08/16).
[20] 드물게 Tong(1989), Huang(1996b) 및 Bo(1998; 2001)의 연구가 있다.
[21] 김재관(2002)은 당정/당기 분리 정책에도 불구하고 1990년대 국유기업에 당의 영향력을 확보하기 위한 주요한 기제 중 하나는 여전히 인사 정책이라고 지적한다.

인터뷰에 의하면 재정 부문에서의 성취가 지방 지도자들의 인사고과에 반영되고 있다고 한다. 문제는 인사고과에 있어서 이 재정 공헌도라는 항목이 결정적인 요인으로 볼 수는 없기 때문에 실제 지방의 지도자가 재정 부문에 있어서 얼마나 중앙정부의 지시에 충실하였는지에 대한 직접적인 증거를 대는 것은 불가능하며 개인적 편차가 클 개연성, 그리고 최소한 중앙정부의 눈밖에 안 날 정도의 성과를 추구했을 가능성이 존재한다.

이러한 추론을 바탕으로 중앙의 지방 인사 정책과 재정적 성취 사이의 연관 관계를 이해하기 위하여 지방의 지도자들을 내부 승진자와 외부 인사로 분류하였다.22 내부 승진자는 해당 지역의 이해관계에 밀접하게 연관되어 있기 때문에 지방의 이익에 충실할 개연성이 좀 더 크다고 보았으며, 외부인사는 중앙으로부터 외부에서 임명되어 온 사람이기 때문에 중앙의 명령과 이해에 보다 충실할 거라는 전제를 가지고 있다. 지방 지도자들 가운데에서도 성장은 지방의 이해에 보다 충실할 가능성이 크며 당서기는 상대적으로 중앙의 명령에 충실할 거라는 가설을 가지고 있다. 이러한 가설은 임명 과정의 제도적 특징에 의해 뒷받침되는데 성장은 지방의 이익을 대변하는 지방인민대표대회에서 선출되고, 당서기는 실제적으로는 중앙당에서 선발·지명

---

22 지방 지도자의 경력에 따른 이분법적 분류는 황(Huang) 의 네 가지 분류법을 필자가 재정의한 것이다. 그는 친절하게도 그의 지방 지도자들을 분류한 자료와 코드를 필자에게 제공하여 주었다. 황은 지방 지도자들을 겸직형 중앙파(concurrent centralist), 중앙파(centralist), 외부인(outsider) 및 내부인(insider)으로 분류하였는데(Huang 1996b, 210), 필자는 앞의 세 가지 경우를 모두 외부 인사라고 분류하였다. 하지만 여기서 사용한 자료는 필자가 독자적으로 구축한 것으로 성장과 당서기의 명단과 배경 정보는 다음의 자료에서 획득하였다. 『中國人物年鑑』(1998), 『編輯委員會』(1989), 『編輯委員會』(1991), 劉金田·沈學明 編(1992), 編輯部(1993), The Editorial Board(1994), 沈學明 外編(1999), 中共人名錄編輯委員會(1999). 1970년대 말과 1980년대 초에 임명된 베이징, 네이멍구(內蒙古), 지린, 저장, 후베이, 간쑤(甘肅), 칭하이(青海) 성장들의 경우는 상기의 자료에서 정보를 획득하지 못해 황의 자료를 참조하였다. 지방 지도자 교체와 지역 경제 발전의 연관성에 대한 연구는 Tong(1989)과 Huang(1996b)이다.

〈표 3-3〉 1978~98년 기간 동안 지방 지도자들의 경력과 경제적 성취의 비교

	전원 내부 인사	전원 외부 인사	당서기 (내부)	당서기 (외부)	성장 (내부)	성장 (외부)
1인당 GDP (위안)	3,164	1,977	2,867	2,291	2,837	2,116
1인당 세수 (위안)	302	217	262	238	276	208
세수 / GDP (%)	11.0	13.6	10.9	12.8	11.6	12.6

출처: 1979~97년 기간의 자료는 『地方財政』 No. 3(1999, 63) 및 『地方財政』 No. 12 (1999, 51), 1979~97년 기간의 인구 자료는, 『地方財政』 No. 3(1999, 62), 모든 1998년 자료는 『中國財政年鑑』(1999, 394-395; 541).

되기 때문이다. 이런 의미에서 성장이 내부 인사로 충원된다는 것은 지방의 이익을 고려한 가장 강력한 충원 패턴이 아닌가 생각된다.23

〈표 3-3〉은 성 차원에서 지방 지도부에 대한 인사와 재정 분야에서의 성취 사이의 연관성을 비교하고 있다. 1979~98년 기간에 내부 인사가 기용될수록 외부 인사가 기용된 경우보다 1인당 GDP나 1인당 세수 공헌액이 크게 나타난다. 예를 들면, 두 지도자 모두 내부 승진인 경우는 1인당 평균 GDP 3,164위안, 1인당 평균 세수 부담액 302위안으로 두 지도자 모두 외부 인사인 경우의 1,977위안과 217위안에 비해 훨씬 높은 액수를 기록하고 있다. 이러한 추세는 당 서기나 성장이 내부 인사인 경우에도 일관되게 나타난다.

하지만 뜻밖에도 GDP에서 차지하는 세수의 비중이라는 측면에서 보면 외부 인사를 기용한 성들의 비중이 대체로 높게 나타난다. 예를 들면, GDP에서 차지하는 세수의 비중은 전원 내부 인사인 경우가 11.0%이고 전원 외

---

23 물론 이는 상대적인 개념이며 이들은 여전히 당원이기 때문에 당에 의해 통제를 받는다는 사실을 부인하는 것은 아니다.

부 인사인 경우가 13.6%이었다. 이러한 결과로 세수 분야에서의 성취와 인사 사이의 직접적인 상관관계를 설명하기는 어렵다. 내부 승진자가 많을수록 1인당 세수의 공헌액뿐만 아니라 세수비율/GDP도 상대적으로 높게 나타나야 하는데 GDP에서 차지하는 세수의 비중은 오히려 역의 관계가 성립되고 있기 때문이다.

이러한 문제는 필자가 기간별로 나누어 회귀분석을 하였을 때 새로운 해답을 발견할 수 있었다. 회귀분석에 의하면 1979~84년 기간 동안 지방 당서기나 성장 중 외부 승진자의 수가 1명 많아질 때마다 99%의 신뢰수준에서 GDP에서 세수가 차지하는 비율이 3.2% 높아졌다. 이러한 추세는 개혁이 진행 되어감에 따라 달라지는데, 1994~98년 기간 동안 외부자의 수가 1인 증가할 때마다 그 비율은 95%의 신뢰 수준에서 0.53%씩 낮아졌다.[24] 시기를 구분하여 이러한 결과를 해석하자면 개혁 초기 계획경제체제 아래에서 중앙의 통제가 강했을 때는 외부 인사의 충원을 통해 지방에서 보다 높은 세수 공헌도를 이끌어 냈다. 하지만 점차 중앙 정부의 정책이 지역 발전(특히 연해 지역)을 통해 경제 발전을 이룩하는 정책으로 전이됨에 따라 지방 지도자로 지방 사정에 익숙한 내부자를 보다 많이 충원하게 되고,[25] 이들이 경제 발전뿐만 아니라 세수 공헌도에 있어서도 일정한 성과를 거둔 것으로 나타난다.

중앙정부의 인사 정책은 경제 발전 전략의 변화와도 상당한 연계관계를 가지고 있는 것처럼 보인다. 지역에 따른 안배는 모든 성 정부와의 관계에 적용된다고 할 수는 없지만 일정한 정향성이 관찰되기 때문이다. 우선, 성의 당서기와 성장 인사를 통해 볼 때, 일반적으로 중앙정부는 개혁개방 시기의 초

---

[24] 1988~92년 기간 동안에는 0%를 나타내고 있지만 통계적으로 유의미하지는 않다.
[25] 개혁 전에는 교체 이동(輪調) 제도에 의해 당지 출신자의 해당 지역 근무를 원칙적으로 금지하였는데 개혁 이후는 당지 경력자가 오히려 우대되는 현상이 나타난다(전성흥 1993, 75-78).

〈표 3-4〉 1979~98년 동안 당서기와 성장 중 내부 승진자의 비율 변화 (단위 : %)

기간 지역	1979~84		1985~87		1988~92		1994~98	
	당서기	성장	당서기	성장	당서기	성장	당서기	성장
연해	12.1	43.9	60.6	72.7	72.4	69.1	47.3	83.6
중앙	48.1	63.0	59.3	85.2	44.4	60.0	26.7	37.8
내륙	14.6	56.3	58.3	54.2	62.6	50.0	42.5	30.0

주 : 시기 구분은 재정 체제의 변화에 상응하고 있다. 즉, 1979~84년은 개혁 초기의 다양한 실험 시기, 1985~87 이개세 실험 시기, 1988~92 세수책임계약제 시기, 1994~98 분세제 시기.

기에 외부 인사를 당서기에, 그리고 내부로부터 경력을 쌓아온 사람을 성장으로 안배하였다. 이는 이미 언급한 대로 지방 당서기가 상대적으로 보다 당중앙의 직접적인 통제를 받으면서 당중앙과 정부의 의지를 지방에 전달·이행시키는 주요 통로였기 때문이고, 성장은 중앙의 이익 못지않게 지방의 구체적인 이해관계를 아울러 담지하는 이중 역할을 지니고 있어 지방의 실정을 보다 잘 이해하는 지방 인사가 맡게 된 것으로 보인다.

〈표 3-4〉에서 나타나듯이 1985~92년 기간 동안 성의 당서기와 성장 모두 내부 승진자의 비율이 외부로부터 영입되어 오는 인사의 비율을 넘어서고 있는데, 이는 지방에 더 많은 인센티브를 부여함으로써 지역의 경제 발전을 도모하려는 중앙정부의 정책과 부합되는 인사였다. 지역적으로는 도시개혁이 심화된 1985년 이래 연해 지역에 내부 승진인사의 비중이 여타 지역에 비해 월등히 높게 나타난다. 특히 1994년 분세제 도입 이후 여타 지역에서의 당서기나 성장의 인사에서 내부 인사의 비중이 대폭 축소된 반면 유독 연해 지역에서만 성장의 내부 승진자 비율이 1988~92년의 69%에서 1994~98년 기간 동안 84%로 오히려 높아졌다(Kim 2002, 325). 연해 지역에서 성장 중 내부 인사의 비율이 특히 높은 것은 당시 재정 및 여타 분야에서 집권화의 움직임과 비교해 볼 때 지극히 주목할 만한 것이다.

우선, 성장 임명에 미치는 지방인민대표대회의 영향력에서 그 설명을 찾을 수도 있겠다. 즉, 이 기관은 지역의 이익을 좀 더 잘 대변할 내부자를 선호할 제도적 이해관계를 가지고 있어 내부자가 선출될 개연성이 보다 높다. 하지만 내부자 출신 성장 비율의 증가와 지역에 따른 인사 문제의 편차는 인사 문제에 막강한 영향력을 행사하는 중앙정부의 인사 정책과 연관지어 생각할 수 있다는 게 필자의 견해이다. 지역 성장의 선거는 여전히 중앙 공산당이 통제하는 지방당위원회에 의해 크게 영향을 받기 때문이다.

〈표 3-3〉에서 나타난 것처럼 지방 지도자 중 내부 승진자의 비중과 GDP 분의 세수 비율이 역관계로 나타나는데, 이는 상대적으로 내부자의 비중이 높은 연해 지역의 경제 발전 속도가 빨라 세수 증가율이 이를 따르지 못하는 데서 나타나는 현상이다. 하지만 이들 연해 지역은 여타 지역에 비해 빠른 경제 발전을 배경으로 보다 많은 양의 세수를 부담할 수 있었던 것이며, 1994년 이후에는 세수 증가율도 다른 지역에 비해 상대적으로 빠르게 나타난다.

1인당 GDP나 세수 분야는 경제 발전을 위하여 더 많은 특혜가 주어진 연해 지역에 지역 사정에 익숙한 내부 승진자를 상대적으로 많이 기용한 중앙의 정책과 연관이 있어 보인다. 비연해 지역에서는 상대적으로 외부 인사의 충원율이 높은데, 이러한 중앙정부의 비연해 지역에 대한 통제는 개혁 시기의 혜택이 연해 지구에 집중되는 상황에서 중앙정부가 이들 비연해 지역의 불만을 무마하기 위해 보다 정치적으로 통제할 필요성이 존재하지 않았나 하는 추론과 이들 대부분의 성이 해당 정부 지출 비용을 중앙의 지원에 의지하고 있다는 점에서 상대적으로 대(對) 중앙 발언력이 약하기 때문이라는 해석이 가능할 것이다.

이러한 결과는 중앙의 경제 발전 정책의 우선순위에 따라 자원의 획득 수준과 인사 문제가 연관되어 있음을 보여 준다. 1985년 이래 지역 경제를 활성화 하고자 했던 중앙의 정책은 인사 정책에 큰 영향을 미쳤고 이는 다시 각 지역 세수 획득의 수준에 영향을 준 것으로 보인다. 내부 승진자들과 경제 발전이나 세수 공헌도에 있어 일정한 긍정적 상관관계가 존재하였던 것이다. 이러한 성공의 이면에는 인사 정책에 있어서 중앙의 일방적인 집권 일변도가 아니라 지방, 특히 연해 지역에서 그 지역의 이해를 반영하는 인사 정책을 통해 중앙정부의 의도를 관철시켰다는 점은 주목할 만한 사항이다. 영합 게임적인 측면이 아니라 중앙정부가 주도한 상호 이익 게임의 성격도 아울러 존재하고 있음을 지적한다.

4. 맺음말

이 글은 우선, 중국의 중앙-지방 연구에서 흔히 언급되고 이분법적 사고의 단초를 제공하는 재정 분야에서 예산, 예산 외 및 제도 외 자금의 규모와 변화, 그리고 중앙정부의 유사 재정 능력에 대한 검토를 통해 기존의 연구가 지나치게 단편적이고 이분법적인 한계를 지니고 있음을 지적한다. 중국 재정 분야, 특히 세제를 통해 바라 본 중앙-지방 관계는 통계의 수치가 외형상 보여 주는 것처럼 집권이나 분권이 특징이라고 말할 수 있는 일관된 형태로 나타나지 않는다. 재정수입의 측면에서는 1994년 이후 급격한 집권의 경향이 보이는 반면 지출 부문에서는 분권화의 흐름이 지속적으로 나타나고 있다. 하지만 예산 외나 제도 외 자금을 고려하면 극단적인 집권과 분권의 경향보다는 상대적으로 완화된 집권-분권의 흐름을 나타내며 시기에 따라 다른 경향을 보여 주고 있다.

이는 중앙-지방의 관계가 보다 복합적인 성질을 지니고 있음을 예시해준다. 주목할 점은 중국의 중앙-지방 관계가 비영합적인 게임의 이미지에서 보여 줄 수 있는 상대적으로 비슷한 능력을 가진 행위자들 간의 상호 작용이 아니었다는 점이다. 중앙정부는 세수 외적인 행정적·정치적 영향력을 통하여 중앙의 정책 우선순위에 따라 일정한 정향을 지니면서 지방의 재정 부문에 영향력을 행사하였다. 중앙정부는 세수 입법과 정책, 은행 여신이나 물가 및 환율 통제 등 자원 흐름에 대한 통제 능력을 매개로 자신의 영향력을 행사할 수 있었으며, 필요시에는 1994년 분세제 개혁에서 나타나듯이 자신의 의지대로 제도를 바꾸고 게임의 규칙들을 바꿀 수 있는 능력이 존재하였다.

흥미 있는 점은 중앙정부가 지방재정 부문을 통제하기 위해 재정 감찰이나 표창 및 재정적 보상이라는 기제를 적극적으로 활용하지 않았다는 점이다. 지방의 재정 활동에 영향을 미친 좀 더 중요한 요소는 이들 감찰과 보상의 메커니즘보다는 중앙의 지방 경제 발전 전략에 따른 정책 우선순위였다. 따라서 1988년의 세수계약책임제는 그 이전 기간에 중앙에 대한 지방재정 활동의 순응도와는 달리 연해 지역에 광범위한 재정 인센티브가 주어졌고, 계약 내용을 이행하는 한에 있어서는 어느 정도의 일탈 행위도 용인하였던 것이다.[26] 지방은 이러한 중앙정부의 우선 정책을 인지하고 자신의 이해를 확대하는 데 적극적이었고 이는 1990년대 초 중앙 재정 비중의 급격한 하강 현상으로 나타났다.

중앙정부가 지방정부의 재정 행위에 영향을 미친 주요한 정치적 수단은 인사권이라 할 수 있다. 지방 지도자의 승진과 재정적 성취 사이의 관계에 대해 직접적인 증거는 존재하지 않지만, 지방 지도자에 대한 제도적인 제약은 최소한 인사고과에 지장을 줄 정도까지 중앙에 부정적 이미지를 주지 않으

---

[26] 연해 지역 내에서도 중앙의 재정 통제 정도는 다르게 나타나는데, 인터뷰에 의하면 상하이 지역에서는 중앙이 광둥에 상대적으로 관대하다고 불평하고 있었고 광둥지역의 학자들은 이를 부정하기보다는 구체적인 언급을 회피하였다. 광둥의 태도는 정해용(2000)도 관찰하고 있다.

려는 지방 지도자들의 노력을 이해하게 한다. 중앙정부는 지방 지도자의 인선에 있어서 어느 정도 정형성을 지니고 있으며 성장은 내부 승진자를, 당서기는 외부 인사를 주로 임명케 함으로써 지방의 성장과 지방에 대한 통제라는 두 가지의 상반될 수 있는 목표를 동시에 추구하였다. 특히 연해 지역 인사는 비연해 지역과 다르게 내부 승진자의 비중이 큰 지방 지도자의 충원 패턴이 나타나는데, 이는 중앙의 지역 발전 전략과 결부되어 있다. 여기서 중앙정부는 재정 분야에서와 마찬가지로 통제력을 잃지 않으면서도 영합 게임적인 전략을 택하지 않고 지방 경제의 발전을 도모하였으며, 이는 세수의 증가와 경제성장률이 내부 승진자의 인사 비율과 긍정적 관계를 드러내는 데에서 잘 나타난다.

지방정부와 학자들은 중앙정부가 지니는 행정적·정치적 영향력 때문에 중앙정부의 정책 흐름에 대한 정보에 민감하였다. 중앙에서 논의되는 다양한 토론 과정이나 정책 전환의 암시 같은 것을 이해하려 부단히 노력하였고, 특히 중앙의 정책 우선순위의 전환에 대한 이해를 위해 중앙의 주요 기관의 저널이나 내부 문건, 사회과학원, 국무원발전연구중심 등 싱크탱크에서 발간되는 자료들을 주의 깊게 검토하였다. 지역에 따라 격차는 존재하지만 대체로 중앙정부의 정책 우선순위에 따라 중앙이 인내할 수 있는 범위 내에서 지방의 이익을 다양하게 추구했던 것이다.[27]

중앙정부는 일방적인 권력을 지방에 강제하기보다는 이해 당사자들 간의 합의와 절충 및 타협 과정을 통해 상호 이익 상황을 만들어 내기 위하여 노력하였다. 이는 중앙과 지방의 선호도에서 극단적으로 갈등을 벌인 1994년의 분세제 도입과정에서도 나타나는데, 중앙집권화라는 이미지에도 불구

---

[27] 쓰촨 지방국가세무국 및 상하이 사회과학원에서의 인터뷰(2000).

하고 실제로 지출 부문에 있어서 지방을 배려하고, 세수 부문에서도 지방의 세원에 대한 제도화를 통해 장기적으로 단순한 위임이 아닌 분권을 향한 제도적 기초를 마련하였다.

이러한 중앙-지방 관계는 마오쩌둥 시기와 비교하여 볼 때, 일정한 연속성을 보여 주면서 나름의 변화를 지니고 있다. 그 연속성이라는 것은 중앙-지방 관계에 있어서 여전히 중앙정부의 힘과 권위가 가장 주요한 변수라는 것이며, 거시적인 행정 집행 능력, 인사 부문에 대한 중앙의 권력은 압도적으로 우위에 있다.

하지만 덩샤오핑 시기에 중앙-지방 관계의 이면을 보면 그 변화 역시 크다. 경제 발전이 보다 본격적으로 추진되는 1980년대 중반 이후에는 재정·경제 부문에 있어서 좀 더 많은 권한을 지방에 위임하고 있으며, 간접적인 형태의 통제를 확대하고 경제 발전을 위하여 지방의 일탈 행위도 어느 정도 용납하는 경향을 보여 준다. 1990년대에는 과거의 불분명한 중앙과 지방의 관계를 조정하고 제도적으로 공고화하면서 각각의 역할을 보다 명확히 규정하여 좀 더 진정한 의미의 분권화로 나아가려는 경향을 보여 준다. 즉 지방에 대한 중앙의 통제는 과거의 자의적이고 즉흥적인 형태를 벗어나 보다 제도적인 틀로 나타나며 지방 역시 나름의 자율성을 법적으로 보장받게 되는 과정인 것이다.

중국 중앙-지방 관계의 제도화 추세는 중앙-지방 관계가 단기간에 급격한 분권화나 재집권화로의 변동이 일어나지는 않을 거라는 전망을 가능케 한다. 이는 정부의 경제 발전에 대한 정책 우선순위가 변화하지 않고, 경제 발전이(일정한 수준에서) 지속된다는 조건을 필요로 한다. 장기적인 측면에서는 변화의 요소들 즉, 경제성장 과정에서 나타난 지방의 경제적 자치 능력의 성장, 사회 세력의 국가에 대한 영향력 확대, 정치상의 새로운 대안에 대한 학습과 변화, 당의 사회에 대한 통제력 약화 요인들이 결합하여, 국가·사회적 가치의 우선순위가 변화한다면 중앙-지방 관계에 있어서도 보다 질적인 변화를 일으킬 개연성은 충분히 존재한다.

제4장

재정 부문에서의 중앙-지방 관계 연구

1. 도입말

중국에 대해 가장 먼저 떠오르는 인상은 우선 그 크기와 관련되어 있다. 13억에 달하는 인구, 세계 제3위의 국토 면적과 14개국과 지리적으로 인접하고 있는 넓은 국경, 그리고 56개에 이르는 민족의 수와 이에 따른 언어 및 문화의 다양성이 이러한 인상을 뒷받침한다. 전통적인 천하(天下) 질서라는 중국의 세계관이 대내적으로는 황제를 정점으로 한, 그리고 국제적으로는 중국을 정점으로 하는 잘 정돈된 위계질서를 상정하고 있지만 이 질서에 대한 강조는 이러한 천하 질서를 유지하기가 얼마나 어려웠는지를 역설적으로 보여 준다. 그 어려움의 배후에는 중국이라는 공간이 가지고 있는 크기와 다양성이 연관되어 있는 것이다.

중국에서 집권과 분권의 관계는 일종의 순환적인 관계를 보여 준다고 흔히 이야기한다. 그 대표적인 예가 맹자(孟子)의 일치일란(一治一亂)설이나 나관중(羅貫中)의 삼국연의(三國演義)에서 볼 수 있는 통일과 분열의 역사관(分久必合 合久必分)이다(최명 2003, 15-25). 실제 중국 역사는 대체로 약 200~300년의 주기를 가지고 강한 중앙집권 세력과 지방 분권(열)적인 힘이 역사를 각기 주도해 왔는데 그 주기 내에서도 최소 한 번 내지 두 번은 중앙집권과 분권의 정향 변화가 존재해 왔다는 것이다(김준엽 1976, 124-25). 집권과 분권의 순환적 추세는 비록 그 주기가 짧아졌다고는 하나, 중화인민공화국이 수립된 이후에도 변하지 않고 나타난다.1 이러한 사실은 과거 중앙에 의해 권력이 독점되고 모든 정책이 강력한 중앙의 통제하에 상명하달식으로 이루어지는 사회를 묘사하는 전체주의적인 사회주의 국가의 이미지로는 설명하기 어려우며, 또 비교사적인 측면에서 상대적으로 좀 더 강력한 중앙집권적인 계획경제체제를 이룩했던 구소련체제와도 크게 달랐다는 것이다. 이는 중국이 하나의 힘에 의해 좌지우지되기에는 너무나 다양한 역사와 지리·경제적 조건과 사회 구성원들로 구성되어 왔기 때문이다. 그래서 집권과 분권의 힘이 끊임없이 갈등하면서 균형을 유지하려는 경향이 존재해 왔고 그 균형이 무너졌을 때 일반 중국인의 삶은 더욱 혼란스럽고 고통스러웠던 것 같다.

집권과 분권이라는 다소 추상적인 개념은 중앙과 지방이라는 공간에서 실체화된다. 이 글은 청(淸) 제국이 붕괴되면서 나타났던 분열과 혼란의 시기를 극복하고, 보다 중앙 통제적인 이데올로기와 압도적인 국가 권력을 배경으로 수립된 중화인민공화국 시기 가운데, 그 큰 흐름이 분권화의 방향으로 가고 있다고 평가되는 1978년 개혁개방 정책이 표명된 이후의 중앙과 지방의 관계를 다루고 있다.

중화인민공화국 시기에 중국의 중앙-지방 관계는 변화 가운데 일정한 연속성을 보여 주면서 나름의 특성을 지니고 있다. 그 연속성이라는 것은 중앙-지방 관계에 있어서 여전히 중앙정부의 힘과 권위가 가장 주요한 변수라는 것이다. 특히 군사, 정보나 인사 부문에 대한 중앙의 권력은 압도적으로 우위이다. 하지만 그 중앙-지방 관계의 이면을 보면 그 변화 역시 크다. 마오쩌둥

---

1 이러한 순환론의 입장에서 쓴 최근의 영미 쪽 글은 Richard Baum(1994). 국내에서는 안병준 (1987, 26).

시기 중앙은 상당 부분의 기간 동안 압도적이고 직접적인 통제를 통하여 그 영향력을 행사한 반면, 덩샤오핑 시기 경제 부문에 있어서는 더욱 분권적이고, 간접적인 형태의 통제를 확대해 나갔고 경제 발전을 위하여 지방의 일탈 행위도 어느 정도 용납하는 경향을 보여 준다. 장쩌민 시대에는 과거의 불분명한 중앙과 지방의 관계를 조정하고 제도적으로 공고화하면서 각각의 역할을 보다 명확히 규정하려 한다. 즉 중앙에 의한 통제는 좀 더 제도적인 정형성을 띠고 나타나지만 지방 역시 나름의 자율성을 법적으로 보장 받게 되는 과정인 것이다.

이 글은 방법론적으로 중국 역사 속에서 중앙과 지방이라는 공간에서 집권과 분권의 힘이 순환적으로 작용했다는 순환론적인 역사관에 만족하기보다는, 최근 연구 성과를 바탕으로 구조적이고 제도적인 측면에서의 변화를 강조하면서, 개별 행위자의 의도와 인센티브 및 다양한 이슈들 간의 관계 속에서 포괄적으로 중앙-지방 관계를 이해할 필요가 있다는 것을 제시한다. 이 과정에서 기존의 영합적 게임에 입각한 중앙-지방 관계 분석의 한계를 아울러 지적한다. 이슈로는 주로 재정 분야에 초점을 맞추는데, 재정 부문은 중국의 중앙-지방 관계를 영합적 게임으로 보고 또 지방의 강화되는 권력의 전거로서 주로 인용되는 분야이기 때문이다.

2. 기존의 중앙-지방 관계 연구 방법

개혁개방 정책 추진이 결정된 1978년 중국공산당 제11기 중앙위원회 제3차 전원회의 이래 중국의 변화는 그 범위나 함의에 있어서 기존의 사회주의에 대한 일반이론으로 설명할 수 없을 정도로 크고 깊은 것이었다. 중국의 정부 간 관계의 연구에 있어서도 이를 이론적으로 설명하기 위한 노력으로 정치학 일반의 연구 방법론의 전개와 다양한 방법론적인 시도가 있었다. 과거 중앙에 의한 철저한 통제를 전제로 중앙과 지방 및 국가와 사회의 관계를 설명해 내는 전체주의적인 모델[2]과 지도부 내의 갈등에 초점을 맞추어 중국의 문화대혁명과 같은 정치적 변화를 설명하려는 다원주의(pluralist)적 모델[3]로는 중국의 새로운 변화를 설명해 낼 수 없었기 때문이다.

전체주의 이론은 사회주의 사회를 독점적인 권력을 장악한 당-정 국가체제에 의해 통제되는 사회로 보고 있으며 정책 결정은 철저한 상명하달식의 절차에 의해 입안·집행되고 있는 것으로 보았다. 이 이론에 의하면 지방은 중앙의 잘 조직된 통제 아래에 놓이는 것이다. 문제는 단일한 의사 결정, 집행을 상정하는 이 이론이 중국 정치체제 내의 권력 엘리트 간의 갈등으로 일어나던 문화대혁명을 그 파장의 광범위함에도 불구하고 설명할 수 없었다는 것이다.

다원주의는 중국 정치를 설명하는 데 국가 기관보다는 사회적 집단의 상

---

[2] 전체주의 이론은 냉전의 부산물로서 사회주의 사회를 비판적으로 인식하는 하나의 사관이었다. 피츠제럴드(Carl Fitzgerald)와 브레진스키(Zbigniew Brzezinski)에 의하면 전체주의 사회는 선동적 정치가에 의한 대중 동원, 중앙 통제된 경제, 대중매체의 통제, 이데올로기적 단일성, 공포에 의한 통치를 그 특징으로 한다(Fitzgerald and Brzezinski 1963). 하딩(Harry Harding)은 이러한 사관의 영향을 받은 중국 연구자들을 제1세대 연구가들이라 칭하였다(Harding 1984, 286-290). 하딩은 이 부류의 예로, John Lewis(1963)의 *Leadership in Communist China*; Franz Schurmann(1966)의 *Ideology and Organization in Communist China*; Stuart R. Schram(1966)의 *Mao Tsetung*; A Doak Barnett(1967)의 *Cadres, Bureaucracy, and Power in Communist China*; James R. Townsend(1967)의 *Participation in Communist China* 등을 들고 있다.
[3] 이 개념은 Halpern(1993)과 李英明(1996)에서 빌려왔다. 특히 리(李)는 기존의 중국 연구 방법론의 형성을 시기별로 연관시키면서 설명한다. 즉, 문화대혁명 이전 시기와 전체주의, 문화대혁명 이후 마오쩌둥의 죽음에 이르기까지의 시기와 다원주의, 1978년부터 천안문사건에 이르기까지의 시기와 구조주의, 천안문 이후 시기와 후기 구조주의이다. 물론 각 관점이 각 시기의 주도적인 연구 분석 방법이라고 할 수는 없다. 예를 들면, 1980년대 이후에도 엘리트 (집단) 간의 갈등에 입각하여 다양한 연구가 나오고 있다. 개혁을 엘리트 내부의 파벌적 투쟁의 결과로 보는 예는, Maurice Meisner(1986), Harry Harding(1987), Frederick Teiwes(1990), 등이다.

대적 자율성이나 엘리트나 관료 집단 내부의 갈등들을 강조한다. 핼펀(Nina Halpern)은 미국 정치가 사회 집단 간 이해 갈등의 산물로서 더 잘 해석되어지는 것과는 달리, 중국 정치가 엘리트들 간의 갈등하는 이해관계의 산물이라고 지적한다(Halpern 1993, 124). 이 이론이 지니는 함의는 중앙과 지방 엘리트들이 각기 다른 이해관계를 가지고 갈등할 수 있다는 것과 비공식적인 권력 패턴이나 지도자들의 다양한 이해관계에 대한 이해가 중요하다는 것이다.[4]

1978년 이후 덩샤오핑 체제의 등장은 중국의 정치·경제 분야에 보다 근본적인 변화를 불러 일으켰다. 이러한 변화는 기존의 중앙과 지방의 권력과 자원의 분배 관계에 있어서도 '분권화'라는 개념으로 상징되는 더욱 근본적이고 구조적인 변화를 가져왔고 이러한 변화는 역으로 각 행위자의 이해관계와 행위에 영향을 미쳤다. 하지만 기존의 다원주의 이론은 단지 엘리트 집단 내의 권력투쟁의 산물로 이 변화를 설명하는 차원을 넘어 그 변화의 역동성을 설명해 내기에는 그 한계가 존재했다. 따라서 중국 연구자들의 초점은 개인적 이해관계의 대립이라는 차원을 넘어 좀 더 구조적인 즉 관료 기구나 중앙과 지방 관계 등 국가 내부의 구조와 그 기능들에 대한 연구를 통해 정책의 수립이나 집행을 이해하고자 하였다. 램톤(Lampton 1987)이나 리버설과 옥센버그의 연구(Lieberthal & Oksenberg 1988)는 그러한 노력의 일부이다.

그리고 다른 한편으로는 점차 개인 행위자의 합리적 선택 모델에 입각하여 거시적 차원의 변화를 설명하고자 하는 노력이 나타났다.[5] 이러한 노력은 구조 분석에 관심을 유지하면서도 보다 미시적인 차원에서 행태적인 분석

---

[4] 비공식적인 권력 패턴에 대한 최근 글 모음은 Unger(2002) 참조.
[5] 그 밖에 행위자의 합리성을 전제로 한 게임이론에 기초한 글은 Ma(1997), 徐斯儉·蔡嘉裕(1998). 그리고 주인-대리인(principle-agent) 모델에 입각한 분석은 Walder(1986), Bird(1993, 207-227), Whiting(1995), 劉秀玲(1998).

방법을 통하여 중국의 새로운 변화를 설명하려는 시도이다. 보다 궁극적으로는 계량적인 방법을 통하여 일반화를 시도하려 하겠지만 여전히 중국이라는 특수성에 기인하여 신뢰할만한 수준의 정보를 얻는 문제에 여전히 직면하고 있다.

중앙과 지방 관계에 있어서 구조적인 차원의 연구는 흔히 분권과 집권이라는 이분법적 사고에 의존해 그 관계를 영합적 게임의 맥락에서 종종 이해한다.6 즉, 중앙의 이익은 지방의 손실로 이해하는 것이다. 이러한 이분법적 사고는 연구의 정형틀 자체의 효용으로도 충분한 의미를 지닐 수 있지만 종종 연구 대상이 지니는 내재적인 복합성을 설명하는 데에는 한계가 있는 것이다. 연구 대상의 측면에서 볼 때 이분법적 사고는 종종 정치 과정에 대한 분석을 간과한 결과로 나타나기도 한다. 중앙정부는 단순한 행위의 중립자나 이익의 극대화만을 추구하는 것이 아니라 나름의 의도를 가지고 지방정부와 타협하고 조정하는 행위자인 것이고, 중국의 정책 결정 과정의 규범은 행위자 간의 갈등보다는 합의를 중시하기 때문에 정책이 비영합적 게임의 형태로 나타날 개연성이 큰 것이다.7 셔크가 지적한 대로(Shirk 1993, 152), 중국의 개혁이 마오쩌둥 시기 말기처럼 "점점 줄어드는 파이(pie)를 차지하기 위한 중앙과 지방의 싸움"이 아니라 그 파이의 크기를 늘려 동시에 이익을 보기 위한 시도라 인식한다면 단순한 이분법적 도식으로는 설명하기 어려운

---

6 옥센버그에 의하면 슈만(Fanz Schumann)이 이 이분법을 중국 연구에 처음 차용했다는 것이다 (Lieberthal & Oksenberg 1988, 30). 라디(Nicholas Lardy)와 도니손(Audrey Donnithrone)은 중국의 경제가 집권적인가 분권적인가 하는 논쟁에서 이러한 이분법적 사고의 효용을 잘 보여 준다. 라디와 도니손 사이의 토론에 관해서는, Donnithorne(1972, 605-619), Donnithorne(1976, 328-340), Donnithorne(1983, 97-104), Lardy(1975, 26-60), Lardy(1976, 340-354). 한편, 굿만(David Goodman)은 그 중앙과 지방의 관계를 보다 세분화 시켜 전체주의적(totalitalian), 중앙 중심적(centralist), 세포적(cellular), 분권적(decentralist) 이라는 분류에 의해 설명한다. 이에 대해서는 Goodman(1986) 참조.
7 이에 대한 연구로는 Kim(2002).

측면이 존재한다.

이러한 인식을 바탕으로 덩샤오핑 시기에 성 정부의 상대적 자율성 증가가 자동적으로 중앙정부의 약화로 비춰져서는 안 되며 중앙과 지방의 관계는 상호 이익 상황을 만들어 내기 위한 보다 복합적인 교섭과 타협 및 상호 의존의 관계가 존재한다고 주장들이 제기되었다(Oksenberg and Tong 1991; Chung 1995; Li 1998; 張軍 1999). 이러한 주장은 덩샤오핑 시기 중국의 중앙-지방 관계가 복합적이고 상호 역동적이며 상호 의존적인 특성을 지닌다는 것을 이론적으로 잘 설명하고 있으나 독자들에게 중앙과 지방의 관계에 대한 어떤 선입견을 심어 줄 수도 있다. 즉, 마치 성 정부의 권한과 능력이 중앙의 압력과 영향력으로부터 상대적으로 독립적이며 중앙에 아울러 역으로의 영향력 행사가 가능하다는 전제를 도식적으로 수용할 수도 있다는 것이다. 이는 사안별로 행위 주체의 의도와 그 의도를 집행하고, 가용할 자원 능력 및 그 정책 집행의 결과에 대한 역동적인 분석을 통해 검증되어야 한다.

중앙과 지방의 관계에 대한 설명이 대체로 영합적으로 흐르는 원인은 그 분석의 대상이 주로 재정과 관련한 수치들을 많이 사용함으로써 수치의 증감에 따라, 연구자로 하여금 잘못된 일반화를 유도하여 영합적인 사고로 흐르게 하는 데 있다. 따라서 중앙정부와 성 정부들 사이의 미묘하고 복잡한 동학을 이해하기 위해서는 전국적인 정책 결정과 집행에 대한 연구, 정보 및 인사 부문 통제에 대한 연구가 복합적인 지표에 의해 함께 고려되어야 하는 것이다(정재호 1999, 34).

이 글은 개혁개방 시기에 지방분권화 경향의 한 실증적 예로서, 종종 사용되는 재정 부분을 직접적인 연구 대상으로 하면서 중앙정부의 역량이 재정 수치의 단순 비교에서 보여 주는 것처럼 단순히 이분법적으로는 설명할 수 없는 좀 더 복합적인 관계를 지니고 있다는 것과, 또 중앙정부의 역량이 실증적 자료에서 보여 주는 것보다 훨씬 크다는 것을 보여 주려 한다. 재정 부문을 연구 대상으로 하는 또 다른 이유는 이미 다른 연구에서도 나타나듯이 군사, 외교, 인사, 정보 처리 부문 등에 있어서 중앙정부의 독점 현상은 개혁개방 시대에도 본질적으로 변화하지 않았기 때문이다.[8]

3. 중앙-지방의 재정 관계 연구

중국의 중앙-지방 관계를 설명할 때 크게 세 가지의 견해가 존재한다. 첫째는 개혁개방 시대에 지방분권화 조치에 따라 점차 중앙의 통제력이 약화되고 지방의 상대적 독립성이 강화되고 있다는 입장이다. 이러한 견해는 시기적으로 중국 중앙정부가 세금 수취를 정부 간 계약에 의한 방법으로 전환한 1988년 이후 1994년 분세제로 개혁을 성공한 시기까지 주류를 이루었으며 중국분열론/해체론의 주요 근거가 되었다.[9] 웡(Wong 1987), 너튼(Naughton 1992), 오이(Oi 1992), 청융녠(鄭永年1994), 왕샤오광·후안강(1994; 1995), 박, 로젤, 웡, 런(Park, Rozelle, Wong and Ren 1996) 등의 주장이 이 계열에 속한다.

웡(Christine Wong)은 중국의 개혁 정책으로 인해 실제적인 결정의 자율권이 기업에 돌아가 생산 효율성을 높이기보다는 중앙 정부로부터 지방정부로 이양되었을 뿐이라고 주장하였고(Wong 1987), 오이(Jean Oi)는 '지방 조합주의'(local coporatism)란 개념을 가지고 개혁개방 시기에 변화하는 중앙-지방-기업 간의 관계를 설명하면서, 지방정부는 세원 확보와 지역 발전을 위하여

---

[8] 이에 대해서는 Huang(1995, 828-843), Huang(1996a, 59-75), Forster(2002).
[9] 예를 들면 Gerald Segal(1994), Morse(1995, 30-32).

지방 기업들을 보호하거나 그들과 결탁하여 중앙정부의 이해보다는 지방의 이해를 먼저 추구하는 지방 보호주의 경향이 보편적으로 되었다고 지적한다 (Oi 1992). 청융녠은 이러한 지방 보호주의가 지방의 경제 발전에 긍정적으로 공헌하였다고 주장하면서, 이러한 '건설적 지역주의'(constructive localism)에 따른 지방의 권한 강화는 분권화와 시장화의 과정 속에서 필요한 것이고 또 필연적인 측면이 존재한다고 하였다(鄭永年 1994).

특히 왕샤오광과 후안강의 중국 국가 능력에 대한 내부 보고서는 세계적으로 큰 반향을 불러 일으켰고, 중국 내에서 1994년 분세제 개혁을 위한 논쟁을 본격화시켰다.[10] 이들 두 학자는 중국 GDP 대비 중앙정부의 세수 비율이 1978년 31.2%에서 1992년 14.2%까지 하락하였는데, 이는 서구 대부분의 나라의 절반도 안 되는 비율이며 구유고슬라비아가 분열로 붕괴되기 이전의 상황과 흡사하다고 주장함으로써 현재의 상황이 지속될 경우 중국 정치체제 역시 분열될지도 모른다는 것을 암시하였다. 세수 체제의 중앙집권화와 권위주의적인 정부의 수립이 이러한 문제를 극복하기 위하여 대안으로 제시되었고, 이들의 주장은 중국 내에서 깊은 반향을 불러일으키면서 결국 1994년의 세제 개혁을 가져왔고, 1997년 제15차 당 대회에서는 이들의 주장이 반영되었다.[11]

두 번째 주장은 개혁 기간 동안의 변화들이 중앙정부의 통제를 더 용이하게 한다는 주장이다. 니(Nee 1989), 슈(Shue 1988), 웡(Wong 1992) 및 황(Huang 1996c)은 개혁이 지방정부의 권한 강화에 도움이 되기보다는 상대적으로 더

---

10 이를 책으로 정리한 것이 王紹光·胡鞍鋼(1994).
11 후안강은 주룽지 총리의 주요 두뇌 중 하나로 알려져 있다. 그래서 이 국가 능력 보고에 나오는 제안들이 주룽지 총리와의 사전 조율에 의해 제기된 것이 아니냐는 주장이 제기된다. 하지만 후안강은 필자와의 인터뷰에서 이를 강력히 부인하였고, 그의 글에서도 이를 확인하고 있다(王紹光·胡鞍鋼 1999).

큰 부담을 주고 있다는 것을 주장한다. 황(Huang)은 중국의 세수 통계를 볼 때, 1994년 중앙집권적인 세제 개혁의 전야에도 중앙정부의 세수 점유율은 1978년에 약 20% 수준에 머물렀던 중앙정부의 세수 점유율보다는 여전히 더 높았다고 지적한다(Huang 1996a). 그는 1990년대 중국 세수 체제를 놓고 볼 때, 일반적인 주장들과는 달리 중앙정부는 개혁의 초기보다 더 집권적이었고, 또 경제 개혁이 중국의 중앙 정치체제를 약화시키기보다는 강화시키는 방향으로 작용하였다는 것이다.

슈(Vivienne Shue)는 주장하기를 개혁의 결과로서 시장화가 가져온 효과는 본질적으로 벌집(honeycomb)의 구조처럼 분절적이고 고립된 세포방 같은 농촌의 구조를, 보다 개방적이며 도시와 상호 의존적인 구조로 변화시킴으로써 중앙정부의 지방 말단 조직에 대한 영향력 행사를 용이하게 했다는 것이다(Shue 1988).

웡은 일반적으로 지방정부에 유리하다고 알려진 1988년의 세수계약제의 조건에서 실제는 지방 지출의 책임이 중앙에 비해 훨씬 과중하게 되었다고 주장한다(Wong 1992). 즉, GDP나 전체 예산에서 차지하는 지방 예산의 규모는 줄어드는 데 비해, 지방정부는 계약에 따라 중앙에 상납하는 것은 물론이고 각종 도시 지역에 제공되는 식품 보조비의 70%는 물론이고 이의 운반, 보관, 및 재처리 과정에 대한 비용까지도 부담하고 있다는 것이다. 1988년 현재로 이 비용은 전체 지방 예산 지출의 35.5%에 달한다. 특히 생활환경의 개선 요구에 위생과 교육 부문에서 지출 부담이 1978년의 10.1%에서 1988년 18%로 크게 증가하고 있다.

중앙집권 능력에 대한 주장은 1994년 분세제 개혁으로 중앙정부가 수입 부문에서 집권화에 큰 성공을 거둔 후 더욱 탄력을 받고 있다. 세제 개혁 이후 모든 성급 정부는 재정적으로 자립할 수 있는 능력을 상실했고, 중앙정부의 세수 반환이나 보조금 등을 통해 부족한 재원을 보충해야 하는 상황이다.

마지막으로 옥센버그와 통(Oksenberg & Tong 1991)의 연구는 1971~84년 기간 동안의 공식적인 재정 체제를 대상으로 하고 있는데, 이들은 중국의 세수 체제가 집권화나 분권화라는 한 가지 경향으로 설명할 수 없는 좀 더 복합적인 특성을 지니며 중앙과 지방정부 사이에 영합 게임으로 이해하는 것은 적합하지 않다고 주장한다. 즉, 문화대혁명 이후 중국의 세수 체제는 보다 분권화 되었고 지방정부는 예산의 사용이라든가 실제 운용 자금의 규모와 안정적 사용이라는 측면에서 보다 많은 권력을 누리게 되었지만 중앙정부 역시 총예산 수입 중 가용 예산 수입의 비율이 1978년 14.3%에서 1985년 30% 정도로 확대되었다는 것이다.

　　중국 정부의 세수 동원 능력에 관한 양(Yang)의 연구 역시 중국의 세수 체제가 집권화나 분권화라는 이분법적 도식으로는 설명할 수 없다고 주장한다(Yang 1994). 개혁개방의 과정에서 중앙정부는 예산 수입에 있어서 보다 많은 통제권을 확보하게 된 반면에 지방정부는 지출에 대한 통제권을 확대하였다는 것이다.

　　이상의 세 가지 견해들은 모두 나름의 관찰과 자료 분석을 바탕으로 하고 있지만 중국 세수 체제의 일부분만을 다룸으로써 그 한계를 드러내고 있다. 즉, 예산, 지출, 예산 외 자금(extra-budget) 및 제도 외 자금(off-budget)을 포괄적으로 다루어야 할 필요가 있다. 그리고 실제 변화하는 가용할 세원의 규모에서 어느 정도 효과적으로 세수를 거두어들이고 있는지에 대한 분석도 함께 행해져야 한다.

　　기존 연구의 또 하나의 문제점은 중앙정부의 의도적 측면들을 간과하고 있다는 것이다. 만일 지방정부의 지출 부문이나 수입 부문에 있어서 상대적 비중의 증가가 지방의 경제 발전을 이룩하여 전국적인 경제 발전의 초석으로 삼고자 했던 중앙정부의 의도가 담겨져 있었다면, 단지 세수의 수치 변화에 입각해 중앙정부의 힘과 통제력이 약화되었다고 결론을 내리는 것은 무리라는 것이다. 중앙정부의 정책 우선순위를 이해하기 위해서는 경제 5개년 및 10개년의 중장기 계획 보고서, 해당 년도의 정부 계획 보고서 등에 대한 분석이 따라야 하고 또 중앙정부와 지방정부가 체결한 세수 상납과 보조 계약들에 대한 분석이 따라야 한다.

4. 중앙-지방 재정 관계의 실제

흔히 1978년 이후의 시기를 지방분권화의 시기라 부른다. 이는 개혁개방 이래 지속적으로 추진해온 경제 발전 전략에 따라 계획경제하에 점차 시장경제의 요소를 확대하는 과정에서 중앙이 통제하던 경제 권력을 상당 부분 지속적으로 지방에 이양하면서 일컬어지게 되었다.

과거 고도 계획경제체제에서 중앙정부가 직접 계획·관리하던 생산 유통 영역에서의 지시가 대폭 감소하였고, 농·공업 분야에서도 지령성 계획이 대부분 폐기되어 시장이 그 조절 기능을 대신하였다. 예를 들면, 공업 부문에 있어서 국가 계획위원회에 의해 관리되던 산품의 수가 1980년에는 120여 종이었는 데 반하여 초기 장쩌민 시기인 1993년에는 12종으로 대폭 축소되었다. 그리고 가격 부문에 있어서도 과거 대부분이 중앙정부가 계획에 의해 통제하던 방식과는 달리 농산품의 약 10%, 공업 소비품의 약 15% 및 생산 재료의 약 30%만이 중앙정부가 통제하게 된 것이다.

이와 같은 분권화의 이미지에도 불구하고 실제 재정 부문에서는 집권과 분권의 경향들이 소영역에 따라 보다 복합적으로 얽혀져 있다. 중국 각급 정부의 재원은 크게 예산, 예산 외,[12] 제도 외 자금으로 나눌 수 있는데, 이를 종합적으로 감안할 때 그 개략적 관계를 이해할 수 있다. 중국의 각급 정부가 사용하고 있는 자금의 규모는 정확히 파악하기 어려운 실정이다. 그 이유는 비공식적인 예산 외 자금과 누락되는 제도 외 자금의 규모에 대한 측정이 어렵기 때문이다. 중국 통계연감은 예산 외 자금 규모에 대한 정보를 제공하고 있지만 제도 외 자금에 대한 정보는 존재하지 않아 중국 각급 정부의 공식적인 재정 규모 수치는 실제보다 훨씬 저평가 되어 있다. 특히 1994년 분세제 개혁 이래 지방의 자금이 부족해지자 제도 외 자금의 규모가 급속히 확대된 것으로 보이며, 중앙정부가 1997년 비개세 개혁을 강력히 추진하게 되는 배경이 되었다.[13] 같은 기간 동안 이 자금이 주로 지방정부에 의해 사용된다는 점에서 지방정부의 재정 규모는 과소평가 되고 있다.[14]

1996년 성 정부 수준에서의 조사 연구에 따르면 제도 외 자금의 규모가 높은 경우, 즉 허베이성에서 지방 예산 내 수입의 96.3%, 쓰촨성에서 120%에 달하는 것으로 나타났다(賈康 編 2000, 71). 그리고 동부와 중부 지역 소도시 지역에 대한 조사 연구는 1986~95년 기간 동안 대체로 예산 수입의 약 100~200% 수준의 예산 외/제도 외 자금을 운용하고 있는 것으로 나타났다(賈康·白景明 1998, 41). 중국 학자들의 연구 결과에 따르면 동부 연안 지역이 내륙 농업지역보다 더 높은 비율의 제도 외 자금을 거두어들이고 있으며, 1994년 분세제 개혁 이후 지방정부에서 제도 외 자금의 비중이 더 높아지고 있다(賈康·白景明 1998; 陸宏友 1998; 何振一 1998; SPFRC 1999; 賈康 編 2000). 중

---

12 예산 외 자금은 지방정부의 예산 외 자금, 행정단위의 예산 외 자금, 국유기업의 예산 외 자금으로 이루어진다. 마오쩌둥 시절부터 국유기업의 예산 외 자금이 주류를 이루었으며 그 규모는 1992년 전체 예산 외 자금의 75%, 예산 내 자금의 68%에 이르고 있다. 하지만 중국 중앙정부는 재정 부문 제도화의 일환으로 1993년부터 이 항목을 공식적인 재정 통계에서 제외하고 있다.
13 비개세 개혁에 구체적인 내용에 관해서는 賈康 編(2000)내의 何振一·劉佐·張培森 글 및 葉振鵬·梁尙敏(1999, ch. 7) 참조.
14 1997년 한 통계에 의하면 이들 세비 중 예산 부문으로 전환된 규모는 오직 5.9%에 불과하였다. 그리고 1996년 허베이성의 한 현급 정부 내 농민 부담 중 각종 세비 등에 의한 비세수 부문 부담은 71.5%에 이르렀다는 보고가 있다(賈康 編 2000, 71).

〈표 4-1〉 1996년 중국 각종 재정 자금의 규모 (단위 : 억 위안)

GDP	총수입	총수입/GDP (%)	세금 수입		세금 외 수입					
					총 수입		예산 수입		예산 외 수입		제도 외 수입	
			총액	%	총액	%	총액	%	총액	%	총액	%
68,590	15,090	22	6,910	46	8,180	54	500	6	3,130	38	4,550	56

출처 : SPFRC(1999, 246). 각종 수치는 반올림된 것으로 실제와 약간 차이가 있을 수 있음.

앙정부는 마침내 1997년 그 제도 외 자금의 규모를 줄이기 위해 본격적으로 개입하였다.

이들 학자와 기관들의 연구 결과에 따르면 1996년의 경우 대체로 제도 외 자금의 규모는 예산 수입의 50% 정도 규모이며, 예산 외의 재정수입과 합칠 경우 그 규모는 공식 예산의 수입과 맞먹는다고 한다. 〈표 4-1〉은 그 규모를 짐작케 해주는 구체적인 자료이다.

한편, 중국 중앙정부가 재정 분야에서 활용할 수 있는 여러 행정적 수단들을 고려하면 중앙정부가 실제 동원할 수 있었던 자금의 규모는 단순한 수치에서 제공되는 이미지보다 훨씬 막대한 것이었다. 1980년대 경제적 권한의 분권화 과정에서도 재정수입과 유사한 기능을 할 수 있는 은행 대출, 물가 조정, 및 외국환 교환 통제 부문이 중앙정부의 관할이었다는 것을 상기할 필요가 있다. 한 예로 1986년 중국 정부가 자금 동원을 위해 사용할 수 있는 은행 입금의 규모를 고려할 때, 당시 국민수입의 25%에 불과한 재정수입의 규모가 거의 40%에 육박하게 되는 것이다 (朱犁 1987, 29).

중앙정부는 행정적인 권한으로 지방과 세수의 분할 비중을 다루는 데 주도적인 역할을 함으로써 자신의 정책 우선순위에 따라 중앙-지방의 세수 관계를 조절해 나갈 수 있었으며 새로운 세원을 개발하여 지방에 부과한다던가, 기존에 지방의 세수를 중앙세로 전환한다던가, 국채(國債)의 강매, 그 밖에 지방 차관을 통해 결코 상환한 적이 없는 돈을 다양한 명목으로 빌려 왔던 것이다. 예를 들면, 광둥성은 1981~89년 기간 동안 거의 25억 위안에 해당하는 국채를 구매하였는데, 이는 같은 기간 정액상교액(定額上交額)의 1/8에 해당하는 금액이었다(정재호 1999, 167-168). 여기서 한 가지 특기할 사항은 중앙정부가 지방정부로부터 더 많은 세입을 반드시 추구하는 것은 아니었다. 예를 들면 1988년 계약제를 도입할 때, 이미 이 새로운 재정 체제가 중앙정부의 재정 상황을 악화시킬 거라는 분석이 강하게 제기되었음에도 불구하고 중앙정부는 지방 경제의 활성화를 위하여 이 제도를 택했다는 것이다(Wu 1988; Beijing University 1990; SCRE 1990).

〈표 4-2〉는 비록 제도 외 자금은 포함되지 않았지만 예산과 예산 외 자금을 포함한 재정수입과 지출 부문에 있어서 중앙-지방 관계를 보여 준다. 전반적으로는 개혁개방 시기에 중국 정부가 보다 많은 재원을 경제 활동에 투입하려는 노력과 더불어 GDP에서 차지하는 예산 자금의 비중이 점차적으로 하강하는 추세였다. 이러한 추세는 예산 외 자금을 포함한다 할지라도 변화하지 않았음을 보여 준다. 하지만 1996년을 저점으로 국가가 통제하는 재정 자금의 대 GDP 비중이 증가하고 있다. 이는 중국 정부가 GDP 증가율보다 세금 수취의 증가율을 효과적으로 높임으로써 예산 자금에 대한 보다 통제력을 증대시켰다는 것을 의미한다.

실제 세수 기반과 인플레이션의 요소를 감안한 분석 중 하나로 GDP에 대한 세수의 탄성(彈性)비교를 들 수 있는 데 이 탄성계수는 GDP 증가율에 대한 재정수입 증가율의 비율을 말하며 1보다 높으면 세수 증가율이 GDP성장률보다 높은 상태로 이는 정부가 재정 자금에 대한 통제력을 보다 강화했음을 알려준다. 중국 중앙정부의 재정수입 탄성계수를 시기별로 나누어 보았을 때,[15] 1979~84년 동안 도시 부문 개혁이 본격화되기 이전의 탄성계수는 0.46, 도시 부문 개혁이 시작되고 계약제 재정 개혁이 이루어지기 이전의

〈표 4-2〉 중국 재정 관계의 변화 (단위: %)

년도	R/GDP	E/GDP	AR/GDP	AE/GDP	CR/R	CE/E	ACR/AR	ACE/AE
1978	31.2	31.0	38.1	33.6	15.5	47.4	-	-
1984	22.9	23.7	39.5	39.3	40.5	52.5	40.1	46.7
1985	22.4	22.4	39.4	37.7	38.4	39.7	39.8	40.2
1986	20.8	21.6	37.8	37.1	36.7	37.9	38.7	39.1
1987	18.4	18.9	35.3	34.3	33.5	37.4	37.0	38.7
1988	15.8	16.7	31.6	31.1	32.9	33.9	35.7	36.4
1989	15.8	16.7	31.5	31.5	30.9	31.5	35.6	35.0
1990	15.8	16.6	30.4	31.2	33.8	32.6	36.6	35.3
1991	14.6	15.7	29.6	30.0	29.8	32.2	36.3	36.3
1992	13.1	14.0	27.5	27.8	28.1	31.3	36.6	37.4
1993	12.6	13.4	16.7*	17.2*	22.0	28.3	20.8	25.4
1994	11.2	12.4	15.1	16.0	55.7	30.3	45.1	26.3
1995	11.0	11.7	14.8	15.7	52.2	29.2	41.3	25.6
1996	10.8	11.6	16.6	17.3	49.4	27.1	40.8	27.1
1997	11.6	12.4	15.4**	16.0**	48.9	27.4	38.1	22.5
1998	12.4	13.6	16.3	17.3	49.5	28.9	39.0	23.8

주: 1. * 1993년부터 기업과 정부의 분리 방안의 하나로 국영기업 재정을 국가재정으로부터 분리하면서 국영기업이 보유하고 있는 예산 외 자금이 공식 통계 수치에서 제외되어 발표되었다. 이러한 항목 조정에 따라 예산 내 재정에 대한 예산 외 재정의 비율이 1992년 110%에서 1993년 33%로 급격히 축소되었다.
2. ** 1997년부터 예산 외 재정 항목에서 정부 예산 부분에 포함되었던 정부 기금이 제외되었다.
3. GDP=국내총생산; R=예산수입; E=예산지출; 실제수입(AR)=예산수입+예산 외수입; 실제지출(AE)=예산지출+예산 외지출; CR=중앙예산수입; PR=지방예산수입; CE=중앙예산지출; PE=지방예산지출; ACR=중앙예산수입+중앙예산 외 수입; ACE=중앙예산지출+중앙예산 외 지출.

출처: 1984~95년 기간의 예산 외 자금 부분은『中國統計年鑑』(1997, 248); 1996~98 기간의 예산 외 자금 부분은『中國統計年鑑』(2000, 271); 1978년의 예산 외 자금 부분은 SPFRC(1990, 249) 및 賈康 編(2000, 35-36); 수입과 지출은『中國統計年鑑』(1999, 275); GDP 수치들은『中國統計年鑑』(1999, 55).

시점인 1985~87년 동안의 탄성계수는 0.51, 계약제 재정 체제 기간인 1988~92년 동안의 탄성계수는 0.64였고, 분세제 개혁이 시작된 1994년 이래

1996년까지의 평균 탄성계수는 1.46이었다. 이는 중앙정부가 개혁 초기 재정수입에 대한 통제력이 대단히 낮은 수준에 머물러 있다가 개혁이 진행되면서 점차 통제력을 강화해 나갔음을 의미한다. 이는 흔히 개혁 정책이 분권화를 가속시켰다는 일반적인 견해에 대한 반박 자료로 해석할 수도 있겠다.

하지만 예산 외 수입 자금을 포함하여 탄성계수를 계산하면 1979~84년 기간에 0.94, 1985~87년 기간 동안 0.74, 1988~92년 기간 동안 0.70, 및 1994년 이후 1996년까지의 기간 동안 1.56으로 실제 중국 중앙정부의 가용 수입률이 개혁개방 이래 점차 약화되다가 1994년 분세제를 계기로 크게 강화되었음을 알 수 있다. 1980년대부터 1990년대 초의 개혁 과정에서 한 가지 주목할 것은 재정수입 수치에 예산 외 수입을 포함하였을 때, 단순히 예산 수입만을 다룰 때보다 그 탄성계수가 1에 좀 더 가깝게 된다는 것이다. 이는 중앙정부가 재정수입의 부족분을 예산 외 자금에서 상대적으로 보충하고 있다는 것을 말해 준다.

중앙-지방 관계라는 측면에서 볼 때, 재정수입 부문에 있어서 개혁개방 이래 지방에 대한 중앙의 통제력이 더 향상되었음을 알 수 있다. 비록 도시 부문 개혁이 시작 된 1984년 이후로는 점차 중앙정부의 재정수입 비중이 상대적으로 줄어들고 있지만 만일 예산 외 재정수입까지 포함한다면 중앙정부의 수입은 거의 일정 비율에서 꾸준히 유지되고 있었다. 1978년 개혁개방이 시작되었을 때 중앙정부의 재정수입 점유율은 불과 15.5%에 불과하였지만 1984년에 이르러서는 40%에 달하고, 심지어 중국 중앙정부의 정책 우선순위의 변화와 세수계약제의 영향으로 중앙정부의 재정수입 비중이 최저점에 이른 1993년에도 22%로 1978년보다는 높은 점유율을 유지하고 있었다. 그

---

15 이에 대하여 Kim(2002, 73) 참조.

후, 1994년 분세제 개혁은 중앙의 재정수입 점유율을 1년 사이에 대폭 확대하여 무려 55.7%에 달하게 하였던 것이다.

재정 지출에 있어서 중앙정부는 개혁 이래 약간의 재정 지출 비중의 증대를 가져 왔으나 도시 부문 개혁이 시작된 1984년 이래 꾸준히 감소해 왔다. 심지어는 재정 부문에 있어서 중앙정부의 극적인 강화라 불리는 분세제 개혁이 도입된 이후에도 중앙의 지출 비율은 그 하락세만 면했을 뿐이지 대체로 재정수입 비중에 비해 상당히 낮은 상태에 머물러 있다. 이는 중앙 정부가 지속적인 경제 발전과 사회 안전망의 확보를 위해 지방정부가 지속적으로 많은 재원을 쓸 수 있도록 한 정책의 결과로 보인다.

한 가지 흥미로운 사실은 예산 외 자금이 예산 자금의 흐름에서 나타나는 중앙-지방 재정 관계에 있어서 집권과 분권 사이에서 극화되는 현상들을 완화시키는 구실을 하였다는 것이다. 이 예산 외 자금은 종종 지방정부의 주요 재원으로 인식되기도 하지만 〈표 4-2〉는 이러한 주장이 근거가 없음을 보여 준다. 즉, 1980년대 중앙정부의 재정 점유 비율이 하락할 때, 예산 외 자금의 비율을 포함하면 그 하락의 정도가 완화되었으며, 1994년 분세제 도입 이후 지방의 재정수입 비율이 급격히 감소되었을 때, 예산 외 비중을 포함하면 그 감소의 정도가 현저히 완화되고 있다. 중앙정부를 비롯한 각급 정부는 재원이 공식적인 재정 부문에서 재원이 부족할 때, 이 예산 외 자금들을 활용하여 그 부족분을 보충하였던 것이다. 다만, 새로운 흐름은 지출 부문에 있어서 중앙이 예산 외 자금의 사용을 스스로 제한하고 점차 예산 내의 자금으로 통합시키려는 노력의 결과 예산 외 지출의 수치를 포함하였을 때, 그 지출 비중이 더 하락하고 있다는 것이다. 특히 〈표 4-3〉에서 알 수 있듯이, 1994년 이래 예산 내 지출 규모에 비해 예산 외 지출 규모가 차지하는 비중이 지역적 편차 없이 크게 줄어들었다.

제도 외 자금은 법이나 기관 자체의 규범에 의해 통제되지 않는 자금으

〈표 4-3〉 지역 간 재정 통제 수준 차이 (단위 : %)

기간 지역	1986~93		1994~98	
	수입	지출	수입	지출
연해 지역	78	86	77	49
중앙 지역	87	65	78	43
내륙 지역	81	47	75	30

주: 재정 통계 수준이란 예산 내 자금에 대한 예산 외 자금의 비율을 지칭한다. 이 통계에서 티베트와 하이난(海南)성 자료는 포함되어 있지 않다.
출처: 매 해당년도 『中國財政年鑑』과 각 성급 『統計年鑑』에서 추출한 기본 자료를 바탕으로 필자가 계산.

로 각 단위의 정부에서 거두어들인 다양한 기금들을 말하며 이는 종종 행정비, 공공 사업, 및 개인적 사업 등에 쓰인다. 지방재정에 있어서 이 제도 외 자금의 중요성이 최근에 점차 증가하고 있다. 1994년의 분세제 개혁과 중앙정부가 예산 외의 자금에 대한 통제가 강화되고 지방정부가 다양한 공공재를 공급할 재원이 부족하게 되자 지방정부, 특히 현 이하 단위의 정부에서 점차 이 제도 외 자금에 눈을 돌리게 되었던 것이다. 실제 1986년 조사에서 지방 소도시 수준의 정부에서 정부 재정의 약 14.1% 정도를 차지하였으나, 1996년에는 거의 그 해 예산 자금의 60%에 해당하는 자금을 거두어들였던 것이다(劉佐 1999).

단순 재정 비교는 베이징 및 각급 정부가 실제 공식 통계 수치에 의해 나타나는 것보다 훨씬 많은 재원들을 통제하고 있었음을 보여 준다. 아울러 개혁개방 시기 이후 중국 중앙-지방의 재정 관계는 어느 한편의 일방적인 손실로 귀결되지 않았음을 드러낸다. 각급 정부는 공식적인 부분에서의 손실은 비공식적인 부분에서 보충했고, 중앙정부는 경제 발전이라는 보다 상위의 정책 우선순위에 따라서 지방 지출 부문에 대해서는 비교적 분권의 경향을 허용하였던 것이다. 하지만 1994년의 분세제 개혁에서 드러나듯이 지방 재정수입 부문의 통제를 강화해야겠다는 필요성이 제기 되었을 때, 제도의 개혁을 통해 중앙이 의도한 방향대로 이끌어 갈 능력이 존재했다는 것이다.

중국의 중앙-지방 관계는 재정 부문의 수치 자체 가지고는 그 전모를 파악하기 힘들고, 중앙의 의도적 측면이나 다른 제도적 측면에서의 중앙-지방 관계를 아울러 살펴봐야 할 필요가 있다. 재정 정책이나 법률의 제정권, 세율의 조정권 및 세원에 대한 규정권 등 좀 더 정치적이고 행정적인 권력과 연관 지어 볼 때, 필자의 현지 조사에 따르면 1978년 개혁 이래 그 정도가 완화되고 있지만 재정 정책이나 재정과 연관한 법률 제정권, 및 세율의 조정권은 거의 중앙정부에 집중되어 있는 형편이고, 세수 감면권이나 세원에 대한 규정권 등에 있어서는 점차 지방의 권한이 확대되고 있는 상황이다.

특히, 세수 감면권이나 세원에 대한 규정권 분야에 있어서 광둥은 상하이와 비교했을 때 좀 더 광범위한 자율권을 행사하고 있었다. 이는 중앙에 의해 공식적으로 허용된 권한에 의해서 광둥성 정부가 권력을 행사한 것은 아니다. 중앙 정책의 우선순위가 경제 발전의 도모에 있는 상황에서 광둥성 정부가 중앙에 상납하기로 계약한 재정 자금 목표를 채우는 한, 중앙정부는 이러한 광둥성 정부의 일탈에 거의 간섭을 하지 않았다는 것이다. 하지만 상하이가 중국 경제에서 차지하는 위치 때문에 중앙정부는 상하이 재정에 대해 보다 강력하게 통제했고 상하이는 1980년대에 상대적으로 운신의 폭이 비교적 적었던 것이다.[16]

지방정부는 개혁개방 과정이 시작된 이래 경제 및 재정 분야에서 보다

---

[16] 이 인터뷰는 2000년 상하이에서 이루어졌다. 그래서 상대적으로 광둥에 대해 질시하는 입장을 지니고 있는 상하이 관리와 학자들의 주장은 어느 정도 왜곡이 존재할 수도 있다. 하지만 필자의 경험과 정황적 증거들은 이러한 차이가 분명히 존재하였다고 보여진다. 광둥성 시장 출신이던 자오쯔양이 천안문사태로 실각한 이후 상하이시 시장 출신인 장쩌민이 1989년 당 총서기가 됨으로써 1990년대에는 상하이가 광둥보다 나은 정치적 환경을 지니게 되었다.

많은 정책 결정의 자율권과 자원을 확보한 것이 사실이다. 이들은 지역의 경제 발전을 위하여 종종 중앙정부의 이해와는 상반되는 조치들을 취했다는 것도 널리 알려진 사실이다. 그리고 1990년대 초기 국무원 총리였던 리펑이 좀 더 중앙집권적인 세제 개혁을 추진하였을 때 광둥성 성장이었던 예쉬엔핑을 중심으로 한 연해 지역의 지도자들이 적극적으로 저항하여 결국은 기존의 세수계약책임제를 유지하게 한 것도 지방의 지도자들이 중앙정부의 정책에 영향을 미친 대표적인 사례일 것이다.[17]

하지만 중앙정부는 1990년대 초기 광둥성 성장 예쉬엔핑 및 장쑤(江蘇)성의 당서기 션다런(沈達人)의 교체에서 볼 수 있듯이 그 인사권을 이용하여 지방정부 지도자들의 일탈을 견제하였다. 따라서 마오쩌둥 사후 개혁개방 시대에 지방정부가 행사하는 자율성의 정도가 중앙의 통제를 넘어섰다고 보는 일부 연구자들 입장과는 달리 지방정부는 중앙정부가 인내할 수 있는 범위에 대한 이해를 바탕으로 일정 한계 안에서 지방의 이익을 추구하는 게임을 했다고 보는 편이 더 타당할 것이다. 지방정부와 학자들은 중앙정부의 정책 흐름에 대한 정보에 민감했으며 중앙에서 논의되는 다양한 토론 과정이나 정책 전환의 암시 같은 것을 이해하기 위해 중국 사회과학원에서 출판되는 『경제연구』(經濟研究)나 국무원 발전연구중심에서 나오는 『관리세계』(管理世界)같은 주요 싱크탱크 저널을 주의 깊게 주목하면서 스스로 행위를 조정하기도 했던 것이다.[18]

---

17 이러한 중앙 정책에 대한 지방 지도자들의 저항에 대한 사례는 『聯合報』(92/09/21), 『聯合報』(92/10/26), 『星島日報』(93/08/16).
18 쓰촨 지방국가세무국 및 상하이 사회과학원에서의 인터뷰(2000).

5. 맺음말

이 글은 중국의 중앙-지방 연구에서 흔히 언급되고 이분법적 사고의 단초를 제공하는 재정 관계 연구를 통해 기존 연구의 한계를 지적하였다. 중국의 재정 특히 세제를 통해 바라 본 중앙-지방 관계는 통계의 수치가 외형상 보여 주는 것처럼 집권이나 분권이 특징이라고 쉽사리 말할 수 있는 성질의 것은 아니다. 예산 외나 제도 외 자금의 수치 등을 고려할 때 극단적인 집권과 분권의 경향보다는 상대적으로 대단히 완화된 집권-분권의 흐름을 보여 주며 이슈 영역이나 시기 등에 따라 다른 경향을 보여 주고 있다. 이는 중앙-지방의 관계가 보다 복합적인 성질을 지니고 있음을 예시해준다. 전반적으로 세수 부문에서는 상대적으로 개혁 이전의 시기에 비해 통제력을 강화했으며, 특히 이 통제력이 점차 느슨해져 거시 경제의 통제에 문제점이 드러나자 중앙정부는 1994년 분세제의 성공적인 도입을 통해 예산 수입 부문에 대한 통제력을 크게 강화하였다.

한편, 지방에 경제 활력과 동기를 불어 넣어 경제 발전을 이룩하는 것이 개혁 정책의 우선순위가 됨에 따라 지방은 상대적으로 많은 재원의 융통이 허용되었고 결과적으로 지방정부는 예산 지출 부문에서 이러한 기회를 적극적으로 이용하여 지방정부의 상대적 지출 점유율을 한층 강화하였다. 그러나 지출 부문에 있어서 이러한 경향은 반드시 중앙의 이해와 충돌한다고 할 수는 없다. 이는 이미 언급한 대로 지방의 경제 발전과 사회 안정을 위해 중앙정부가 의도적으로 허용한 측면이 존재하기 때문이다.

중앙정부의 재원에 대한 통제를 강화하기 위해 예산 외 자금에 대한 개혁을 1993년 및 1996년 등에 걸쳐 시행하여, 〈표 4-2〉에서 일부 보여 주듯이 예산 외 자금의 흐름을 어느 정도 통제하는 데 성과를 거둔 것으로 나타나며, 제도 외 자금도 1997년 이후 항목 철폐와 관리 강화를 통해 통제를 강화하였다. 그리고 세수 외적인 부분 즉, 세수 입법과 정책, 은행 여신이나 물가, 환율 통제를 매개로 한 자원 흐름의 통제 등은 이 글에서는 직접적으로 다루지 않았지만 중앙정부가 지방정부에 대해 집권의 경향이 강한 분야이다.

지방 지도자의 승진과 재정적 성취 사이의 관계에 대해 직접적인 증거는 존재하지 않지만 최소한 부정적 이미지를 심어 줘 인사고과에 지장을 줄 정도의 문제를 야기하지는 않으려 했던 노력은 잘 알 수 있다.

전반적으로 중국의 중앙-지방 관계는 일부 학자들이 재정 부문의 수치를 들어 예시한 것처럼 그렇게 지방 일변도의 분권화가 이루어진 것은 아니며, 중앙정부의 정책 우선순위에 따라 지방분권화가 허용된 측면이 강하고 지방은 이 기회를 적극적으로 활용하여 자체의 재정 점유율은 높이기 위해 노력하였던 것이다. 하지만 중앙정부는 1994년 분세제 개혁에서도 드러나듯이 제도 개혁이나 지방 지도자의 충원 능력을 통해 중앙-지방 관계의 흐름을 중앙정부에 유리하게 전환시킬 능력을 여전히 지니고 있으며 지방은 가급적 중앙이 용인할 수 있는 범위 내에서 자체의 이익을 추구하였던 것이다.

이러한 중국 중앙-지방 관계에 대한 평가는 중국 정부의 경제 발전에 대한 정책 우선순위가 변화하지 않고 또 경제 발전이(일정한 수준에서) 지속되는 한 중앙-지방 관계가 단기간에 급격한 분권화나 재집권화로의 변동이 일어나지는 않을 거라는 전망을 가능케 한다. 하지만 이러한 평가가 장기적인 측면에서의 변화를 부인하는 것은 아니다. 양의 축적이 질의 변화로 이어질 수 있듯이 경제성장 과정에서 나타난 지방의 경제적 능력의 성장, 사회 세력의 국가에 대한 영향력 확대, 정치상의 새로운 대안에 대한 학습과 변화, 당의 사회에 대한 통제력 약화 등 요인들이 결합하여, 장기적으로는 특정한 계기가 주어지면 중앙-지방 관계에 있어서도 보다 근본적인 변화의 가능성이 내포되어 있는 것이다.

제5장

중국 중앙정부의 정치 역량 연구 :
세수 동원력과 의도성의 관계

1. 정치 역량과 세수 동원

중국은 1978년 개혁개방 정책을 시작한 이래 경제적으로 눈부신 발전을 거듭해 왔다. 그 후 두 세기에 걸쳐 평균 10%에 달하는 경제성장률을 이룩했고 21세기에 이르러서도 7~8%의 경제성장률을 유지하고 있다. 이러한 성과는 오랜 정치투쟁과 사회주의 체제의 낮은 효율성으로 심각하게 낙후된 경제적 환경 속에서, 그 구체제를 유지하면서 이룩했다는 데 경이로움이 있다.

하지만 이러한 발전의 과정이 순조롭게 이루어진 것은 아니었다. 오히려 개혁 과정은 중앙 내부 지도자들 사이의 권력투쟁과 갈등을 야기하고, 또 경제적 분권화의 결과 점증하는 지역 이기주의와 더불어 중앙의 통제력이 약화되어 마침내 중국의 현 정치체제는 분열되거나 붕괴될지도 모른다는 견해들까지 나올 정도로 혼란스러운 것이었다.

중국의 경제적 성공을 설명하기 위해 일부 학자들은 경제적 낙후성의 이점 등 선행적인 조건을 강조 하지만,[1] 일정한 의도를 가지고 변화하는 환경

---

[1] 이러한 주장의 원조는 거쉔크론(Gerschenkron 1961). 이를 중국에 적용하여 설명한 예는 아스

속에서 대응해 나간 행위자의 중요성은 간과될 수 없다. 즉, 경제 발전이라는 목표 아래 자신의 지도력을 발휘하여 목표를 관철시켜 나갔던 중국 중앙정부의 정치 역량(political capacity)은 중국의 경제적 성공을 설명하는 가장 주요한 변수일 것이다.

정부의 정치적 역량을 평가하는 일반적 기준으로는 종종 자원 동원력, 가치 체제에 대한 영향력, 제도화의 능력과 사회로부터 독자적인 결정을 할 수 있는 능력 등을 들 수 있다. 이 모든 요소들을 포괄적으로 수용할 지표를 개발하여 다루는 것이 이상적이겠으나 이 글에서는 일단 상대적으로 수량화하기 쉽고, 다른 평가 요소들의 물질적 기반이면서, 국제적으로 널리 사용되는 물적 동원력을 중심으로 정치적 능력을 논의 하고자 한다. 하지만 논의의 과정에서 이 지표의 한계를 아울러 지적하고 정치 행위자의 의도성(Political Intention)이라는 개념을 추가하여 정치적 역량이란 개념의 외연을 확장하고자 한다.

이 글에서 중앙정부는 대외적으로 국가를 대표하고 대내적으로는 지방정부와 사회로부터 물적 동원을 이끌어 내는 정치적 역량의 담지자로 간주된다. 정치적 역량이란 중앙정부가 정책 우선순위에 입각하여 효과적으로 정책 목표를 달성, 지속하는 능력을 일컫는다. 이 정치적 역량이란 개념은 국가적 힘이나 역량(state strength or capacity)과는 다른 개념이다. 국가적 역량은 국가들 사이의 관계 속에서 상대적으로 적용되어지는 우열의 개념이나[2],

---

룬드(Aslund 1989)와 삭스와 우(Sachs and Woo 1994)를 참조.
[2] 1960년대 정치 발전론적 접근법은 탈식민지화하는 과정에서 제3세계 국가들의 다양한 정치·경제적 변화를 설명하기 위하여 국가적 역량이란 개념을 즐겨 사용하였다. 예를 들면, 알몬드(Gabriel Almond)와 콜맨(James Coleman)의 *The Politics of the Developing Areas*(1960), 도이취(Karl Deutsch)의 *Social Mobilization and Political Development*(1961), 립셋(Seymour M. Lipset)의 *Political Man*(1961), 오간스키(J.F.K. Organski)의 *The Stages of Political Development*(1965), 헌팅턴(Samuel Huntington)의 *Political Order in Changing Societies*(1968) 등이 있다. 아울러 국제

정치적 역량이란 국가적 역량을 구성하는 하나의 기능적인 부분이며 경제적 역량과 비교되는 개념이다. 이는 비슷한 국제적·경제적 환경을 지닌 제3세계 국가들이 왜 다른 정치적 경제적 성취를 가져오는지를 설명한다.

자원 동원력이 정치적 역량과 깊은 연관이 존재한다는 것은 근대 국가의 형성 과정에 대한 연구를 통해 잘 드러난다(Bull 1979; 박상섭 2002). 오간스키(J.F.K. Organski)와 쿠글러(J. Kugler)는 세수 동원(tax effort)이라는 개념[3]을 사용하여 규모로써는 설명할 수 없는 재원의 동원 역량에 대한 이해를 바탕으로 각 정치 단위체의 정치적 역량과 국제정치에서의 행위 범위를 설명하려 하였다(Organski and Kugler 1980). 그들에 의하면 세수 동원력은 잠재적 세원에서 실제로 거두어들인 세수의 규모로 측정되는데, 이는 하나의 정치 단위체가 그 정치적 목적을 위하여 얼마나 효과적으로 잠재된 자원을 동원할 수 있는지를 측정하는 척도이다.

이 글은 중국의 경제적 성공을 설명하기 위해서는 중국 중앙정부의 정치적 역량이 중요하다는 전제 아래, 우선 정치적 역량을 측정하는 척도로서 흔히 지표로 사용되는 세수 동원 능력과 이에 영향을 미치는 요소들을 계량적으로 측정하여 분석해 보고자 한다. 그리고 더 나아가 중국 중앙정부의 정책 우선순위와 세수 동원력의 관계를 분석하여 이 글에서 의미하는 중앙정부의 정치적 역량에 대해 평가해 보고자 한다.

정치학에서 정치 현실주의 접근법은 군사적 능력으로 상징되는 국가의 역량이 국제정치에서 국가의 행위를 규정한다는 믿음 아래 국가의 역량을 측정하려는 노력을 기울였다. 그 두 대표적인 저작이 Organski and Kugler(1980)와 Frank Wayman, J. David Singer and Gary Goertz(1983)이다.
[3] 이 분야의 연구에 대해서는 Bahl(1971), Chelliah, Beas, and Kelly(1975), Chelliah and Sinha(1982), Bahl, Alm, and Murray(1991) 등이 있다. 그들의 분석 방법은 국제통화기금(IMF)나 세계은행(World Bank) 등에 의해 중앙정부와 지방정부 간의 관계를 구성하는 데 이용되었다.

2. 세수 동원력 분석 방법과 적용

세수 동원(Tax Effort)이라는 개념은 지브린(L.F. Giblin)이 1924년 호주 연방 소속의 주(州)들에 연방 재원의 분배를 위한 기준을 마련하기 위해 대출위원회(Grant Commission)에 제출한 보고서에서 최초로 사용되었다.[4] 그 이후, 이 개념은 국가 단위체를 분석 대상으로 할 때는 국가영역 안에서 재원을 동원하는 중앙정부의 역량을 측정하는 척도로서 사용하고, 중앙과 지방정부 간의 관계를 분석 대상으로 할 때는 중앙정부가 지방정부에 대해 공평하게 국가 자금을 분배하기 위한 지표로서 사용한다. 현재 세수 동원력을 측정하는 데 세계적으로 통용되는 방법은 개인소득(personal income) 분석, 회귀(regression) 분석, 대표세금체제(representative tax system) 분석 등 크게 세 가지로 대별할 수 있다. 이들 논의들은 잠재적 세원을 분석하기 위한 지표가 무엇인가에 대해 입장을 달리한다.

1) 개인소득 분석 방법

이는 현재 미국 연방 정부가 주 정부들에게 세원을 분배하는 기준으로 사용되는 방법이다. 이는 헨리 프랭크(Henry Frank 1959)라는 사람이 1인당 개인 소득에서 차지하는 각종 세금의 비율을 통해 각 주 내에서 세수 동원도가 어느 정도인지를 측정하면서 시작되었다. 이 방법은 개인의 수입 중 국가가 동원하는 재원의 정도를 측정하고 또 가장 쉽게 측정하는 방법이기는 하

---

[4] 이것은 팜플렛 형태로 쓰였는데, D.B. Copland(1924, 96)에 재인용되어 알려졌다. 지브린에 대한 최근 재평가는 Millmow(2000).

지만 실제 상대적인 재정 능력을 측정하는 데 어려움이 있고 또 각 주 정부의 포괄적인 재정 동원력을 측정하기에는 한계가 있다는 지적이 있다(Aten 1986, 92; Barro 1986, 62).

바로(Stephen M. Barro)는 이에 대한 대안으로 주 내의 수입을 가져오는 보다 포괄적인 경제 지표를 사용할 것을 주장하고 '국내총생산'(State GDP) 방법을 제시했는데 이는 각 주 정부 관할권 내의 GDP 내에서 세수가 차지하는 비중을 측정하는 것이다(Barro 1986). 이 '국내총생산' 방법을 써서 국제 재정 체제에 대한 비교 연구를 했을 때, 세수 동원력이 각국의 경제 발전 정도나 정치체제의 영향을 받는 경향이 있다는 것을 지적하지만 여전히 비슷한 환경의 국가들에 있어서 왜 다른 세수 동원력을 보이는지를 설명하지 못한다.

2) 회귀분석 방법

이 방법을 개발한 선구자들로는 첼리아(Chelliah 1970; Chelliah, Beas and Kelly 1975), 발(Bahl 1971) 등을 들 수 있으며 많은 경제학자들은 이 방법을 선호한다. 흔히 세수 동원력은 잠재적 세원에서 실제 징수된 세수의 양으로 계산되는데, 이 방법의 강점은 세수에 직접적으로 영향을 미치는 세원뿐만 아니라 회귀분석의 독립변수로서 사회, 경제, 정치적 요소까지도 포함한 비세수적 요소를 고려할 수 있다는 것이다. 예를 들면, 발(Roy Bahll)은 외국과의 교역량 규모, 총생산에서 농업 생산이 차지하는 규모, GNP(gross national product)에서 광업이 차지하는 비율을 통해 세수 동원도를 측정하였다. 드위베디(D. N. Dwivedi)는 1973~76년 동안 인도의 15개 주 정부 세수 동원도에 대한 연구에서 비교적 가난한 주들의 세수 동원도가 높다는 결론을 도출한다(Dwivedi 1985).

3) 대표세금체제 분석 방법

미국의 '정부 간 관계에 대한 조정위원회'(ACIR)는 1962년 처음으로 각 주의 재정 역량을 측정하는 대표세금체제라는 방법을 제안하였다(Rao and Chelliah 1991, 40). 이 방법은 실제 전국적으로 동일한 혹은 평균 수치의 세율을 적용하였을 때 거둘 수 있는 세금의 양과 실제 그 지역에서 거두어들인 세금의 양을 비교하여 세수 역량을 측정한다. 이 방법은 1972년 발(Bahl 1972)에 의해 개발도상국들의 세수 동원도 측정에 쓰였으며, ACIR의 1979년 및 1981년 재정 역량에 관한 측정 방법으로 쓰였다(Gold 1986, 30).

이 방법은 기존의 개인소득 분석 방법에서는 포함할 수 없었던 모든 종류의 세수를 분석 대상으로 하는 강점이 존재하지만 각 세수에 대한 자료가 완비되어 있어야 하고 또 각 세수의 적정한 세원에 대한 규정이 되어 있어야 한다는 점에서 복잡한 계산이 필요하다.[5] 특히 많은 발전 중인 국가들은 세수에 대한 자료가 부정확하거나 완비되어 있지 않은 경우가 많아 이 방법을 적용할 수 없는 경우가 허다하다.

골드(Steven D. Gold)는 대표세금체제 분석이 그 계산의 복잡성에도 불구하고 실제에는 개인소득 분석 방법의 결과와 큰 차이를 보이지 않는다고 비판한다(Gold 1986, 47). 하지만 이 방법이 이론적이나 정확도의 측면에서 다른 방법에 비해 가장 진보된 것임은 부인할 수 없다.

---

[5] 그 계산 방법에 대한 구체적인 절차에 대해서는 Cohen, Lucke, and Shannon(1986, 24-25).

3. 중국의 세수 동원력

1978년 이래 중국의 중앙정부는 생산력을 촉진하여 경제적 근대화를 이룩하고 체제의 효율성을 제고하기 위하여 개혁개방 정책을 표방하면서 광범위하게 경제적 분권화 조치들을 단행하였다. 하지만 그 결과 중앙정부의 힘은 급격히 약화되고 심지어는 중국 체제가 붕괴될 것이라는 전망까지 나오게 되었다(Segal 1994; Morse 1995; Chang 2001).

특히 왕샤오광과 후안강에 의해 제출된 중국의 국가 역량에 관한 내부 보고서는 중국 정부의 세수 동원력 쇠퇴 현상이 구유고슬라비아의 붕괴 전야와 흡사하다고 주장함으로써 중국 내외에 커다란 반향을 불러 일으켰다(王紹光·胡鞍鋼 1994). 이들은 중국의 GDP 대비 세수량과 중앙정부의 세수가 전체 세수에서 차지하는 양을 '두 가지의 비례'(兩個比例)라 일컬으면서 이 두 가지 비례량의 하강 현상이 국가적 위기를 불러 올 것이라고 지적하였다.

후안강은 더 나아가 1999년 부가세를 대상으로 대표세수 분석 방법을 채택하여 중국의 세수 동원 능력을 측정하였다. 그에 따르면 부가세의 잠재적 세원 규모는 2차 산업의 산출 가치의 17%인데(王紹光·胡鞍鋼 1999, 186), 실제 부가세 징수 역량은 점차 약화되어 1985년 19.7%에서 1998년 9.4%로 크게 약화되었다.[6] 이러한 결과를 바탕으로 그는 보다 집권화되고 권위주의적인 중앙정부의 필요성을 강조하였다.

하지만 이 글에서는 대표세수 분석 방식을 채택하지는 않는다. 그 이유

---

[6] 이는 필자가 각 해당연도의 『中國財政年監』 수치에 근거하여 계산한 것이다. 1994년 이전에는 실제 2차 산업으로부터 거두어들이는 주요 세목은 부가세 이외에도 산품세가 존재하여 1985년의 수치는 이를 합산한 수치이고, 1994년 이후에는 산품세가 폐지되어 부가세에 흡수되었으므로 부가세만 다루고 있다.

는 중국의 자료가 미비하고, 설사 있다 할지라도 그 신뢰도가 낮아서 모든 세수의 잠재적 세원과 실제 세액에 대한 계산이 불가능하기 때문이다. 따라서 후안강 역시 부가세만을 대상으로 분석하였지만 이 역시 객관적 신뢰도에 있어서는 문제가 있는 것이 사실이다.

1) 국내총생산 분석 방법

국제 재정 체제에 대한 비교 분석은 국내총생산(State GDP) 분석 방법으로 측정된 세수 동원도가 해당 국가의 경제 발전 정도나 정치체제의 영향을 받는 경향이 있다는 것을 보여 준다. 일반적으로 발달된 국가의 중앙정부는 더 높은 세수 동원 능력을 지니는 경향이 있다. 예를 들면, 1980년부터 1995년 기간 동안 오스트레일리아, 캐나다, 프랑스, 독일, 이태리, 일본, 네덜란드, 뉴질랜드, 스페인, 영국, 미국 등 경제적으로 발달된 국가의 평균 GDP 대비 세수 동원율은 약 30%를 상회하는 데 비해, 남미나 아시아의 발전 중인 국가의 세수 동원율은 평균 약 20% 선에 머물고 있다(『山東統計年鑑』1998, 434). 또 사회주의의 계획경제체제를 지닌 국가의 세수 동원율은 비슷한 경제 발전 단계에 있는 자본주의 국가들의 동원율보다 더 높은 경향이 있다.

1986년을 기준으로 동구 사회주의 국가들의 세수 동원율은 대체로 40%를 초과하는데(Tanzi 1991, 21), 중국의 경우는 자본주의적 요소를 받아들이는 개혁을 실시하기 시작한 1978년에 측정한 GDP 대비 예산 수입의 규모는 31.2%로 다른 사회주의 국가들에 비해 낮은 편이다. 그러나 이러한 세수 동원력 지표가 과연 한 국가의 정치체제나 중앙정부의 정치적 역량을 설명할 수 있는지는 의문이다.

〈표 5-1〉에서 보면 후안강이 지적한 것처럼 중국 중앙정부의 재정 동원

〈표 5-1〉 중국의 재정 역량 (단위 : %)

	1978	1984	1988	1992	1996	1998	2000
세수 / GDP	31.2	22.9	15.8	13.1	10.8	12.6	15.0
중앙 세수 / GDP	4.9	9.3	5.2	3.7	5.4	6.2	7.8
중앙 세수 / 세수	15.5	40.5	32.9	28.1	49.4	49.5	52.2

출처 : http://www.mof.gov.cn/display/IColumnNews.jsp(검색일: 2003년 8월 6일).

역량은 개혁개방 정책 이후 점차 하강 곡선을 그리고 있다. 즉, 중앙정부의 세수 통제 능력을 강화하는 1994년 분세제 개혁을 단행하기 이전인 1980년대 및 1990년대 초반의 기간 동안 GDP 대비 세수 비율과 전체 세수에서 차지하는 중앙정부의 세수 비율은 계속하여 하강 곡선을 그리는 것으로 나타난다.

중국의 세수 체제는 예산, 예산 외, 제도 외 자금으로 나누어지는데, 이들의 종합적인 규모를 파악해야 실제 중앙정부의 동원력을 파악할 수 있다. 1990년대 초반 예산 외 자금의 규모는 예산 자금의 규모를 넘어설 정도로 방대한 규모였으며,[7] 1993년 이후 예산 외 자금에 대한 통제가 강화된 후로는 일시 방편적으로 징수하는 제도 외 자금의 규모가 늘고 있어 1996년 현지의 조사에 따르면, 예산 외 자금과 제도 외 자금을 합한 규모는 예산 자금의 규모와 비슷하다고 한다(上海財經大學 1999, 246). 따라서 실제 중국 각급 정부의 재정 동원 능력은 통계 수치에 나타나는 것보다 훨씬 크다고 할 수 있다.

비록 자료의 신뢰성에 있어서 문제가 있지만 예산 외 자금까지 포함한다면 1978년 중국의 세수 동원율은 47.6%에 달하여 중국 역시 강력한 사회주

---

[7] http://www.stats.gov.cn/ndsj/2000/H13c.htm; http://www.stats.gov.cn/ndsj/2000/H18c.htm (검색일: 2003년 8월 6일) 참고.

동원 체제의 특성을 보였다. 하지만 마오쩌둥 시대 중국 사회주의 체제의 문제점은 동원 역량의 문제보다는 좀 더 근본적인 생산성 향상의 문제와 1970년대 중반 이후 지속적인 경제성장률의 하락이라는 문제를 남겨 놓았다. 따라서 개혁개방 시기 중국 중앙정부의 정책 초점은 국가나 중앙정부의 재정 동원력을 극대화시키기보다는 전반적인 경제 생산력의 향상을 통해 나눌 수 있는 파이의 크기를 확대하는 데 있었다. 이러한 전반적인 경제적 규모의 확대는 결과적으로는 세수 동원력 규모를 확대할 것이기 때문이다.

시기별로 정책의 우선순위를 지적해 보면, 6차 5개년 경제개발계획(6·5계획) 기간인 1985년까지는 대체로 도시 부문의 개혁을 위한 기반으로서 재정 안정화 정책을 채택하였고, 7·5 계획 기간(1986~90) 동안에는 안정 정책을 기본으로 하면서도 더욱 과감한 개혁이 점차 정책의 우선순위가 되었으며, 경제 발전을 위해 지방에 광범위한 자율권을 주었다. 8·5 계획 기간(1991~95)에는 지방분권화 정책의 폐혜가 나타나자 빠른 경제 발전의 기본 원칙은 살리면서도 재정수입 부문 등 일정 분야에서의 집권화 정책을 추진하였다(姚開建·陳勇勤 2002, 218-339).

이러한 중국 중앙정부의 정책 우선순위의 변화는 실제 재정 동원력의 정도에 영향을 미쳤으며(Kim 2002, Ch 7), 따라서 이러한 정책적 의도가 배제된 국가 GDP 방법으로 중앙정부의 정치적 역량을 측정하는 것은 한계가 존재한다. 〈표 5-1〉에서 나타나듯이 1980년대 중반 이후 GDP 비율에서 세수가 차지하는 비율은 지속적으로 하락하다가 중앙정부의 집권화 정책과 경제 발전 전략이 어느 정도 궤도에 이른 1990년대 하반기부터 다시 상승 국면으로 전환하였다. 이러한 추세는 전체 세수 중 중앙정부의 세수가 차지하는 비율의 추세를 보면 더욱 극적으로 나타난다.

즉, 1992년 28.1%까지 낮아진 중앙정부의 세수 동원력은 7·5 계획 기간 중 경제 발전이 우선적 정책 순위로 전환함에 따라 지방의 적극적인 참여 동

〈표 5-2〉 높은 재정 동원력을 보여 주는 성

연도 지역	1982	1987	1991	1998
연해	상하이, 톈진(天津), 베이징, 랴오닝, 장쑤	상하이, 톈진, 베이징, 랴오닝	상하이, 톈진, 베이징, 랴오닝, 광시	베이징, 상하이, 광둥, 톈진, 랴오닝
중앙			지린, 산시(山西)	산시, 네이멍구
내륙	칭하이, 간쑤	칭하이, 윈난(雲南), 간쑤	윈난, 구이저우(貴州), 간쑤	윈난, 구이저우, 닝샤(寧夏), 산시(陝西)

주 : 각 성의 순서는 세수 동원력 중 GDP의 비율이 높은 순으로 나열되어 있다.
출처 : 각 성의 『統計年鑑』에서 필자가 재계산; 『中國財政年鑑』(1999, 393).

기를 유발시킬 목적으로 중앙정부가 허용한 측면이 강하다. 하지만 지방주의의 폐혜가 전국적인 경제 안정을 위협하였을 때, 중앙정부는 1994년 분세제 개혁을 통하여 지방정부의 격렬한 반대에도 불구하고 세수의 집권화 정책을 추진하였던 것이다. 그 결과는 〈표 5-1〉에서 보듯이 중앙정부의 세수 동원력은 1996년 거의 50%에 달하게 되었다. 따라서 1980년대 중반 이후 국가 GDP 방법에서 보여 준 중국 정부의 재정 동원력의 약화 추세는 중앙-성급 정부 간의 관계를 통해 보면 반드시 중앙정부의 정치력 부재라고는 해석할 수 없는 측면이 나타난다.

〈표 5-2〉는 시기별로 각 성의 세수 중 GDP 비율을 측정한 후에 평균값을 넘는 성을 나타내는데, 개혁 초기 일부 연해 지역의 성에 집중되었던 세수 동원력이 점차 확대되어 다양한 지역의 성들이 평균 이상의 세수 동원력을 발휘하게 되었다는 것을 보여 준다. 이는 각 지역의 공공 서비스의 균등한 확대 및 소득분배의 보다 균등한 조정이라는 측면에서 긍정적인 역할을 할 것으로 보인다. 특히 1998년에는 개혁개방 이후 최대의 수혜자이자 지역주의

의 대표격으로 알려진 광동 역시 평균보다 높은 세수 동원력을 보여 주었다는 것은 고무적인 것이다.

국가 GDP 방법이 가지는 또 하나의 약점은 GDP의 변화와 세수의 변화를 연동하여 설명하지 못한다는 것이다. 즉, GDP의 증감(增減)이 세수의 증감에 미치는 영향을 배제하지 못한다. 따라서 GDP의 증감에서 세수의 증감 비율로 정의되는 세수 탄성도를 도입하여 이 약점을 보충하고자 한다. 만일 세수 탄성도의 계수(coefficient)가 1 이상이면 세수의 증감률이 GDP의 증감률보다 높다는 것을 의미하며, 계수가 0이면 세수의 증감률이 GDP의 증감률과 동일하다는 것을 의미한다.

첼리아(Chelliah 1970)의 27개 발전 중인 국가의 1953~55년과 1966~68년 기간 동안 세수 탄성도에 대한 연구는 발전 단계에서 세수 증가율이 GDP 증가율보다 높게 나타남을 보여 준다. 이 기간 동안 이들 국가들의 세수 탄성도 계수는 1.4였다(Chelliah 1970, 63). 중국의 경우는 〈그림 5-1〉에서 보듯이 이러한 일반적 추세와 일치하지 않는다. 대신 중앙정부의 정책 변화와 밀접하게 연관이 되어 있음을 알 수 있다. 세수 탄성도는 중국이 개혁개방 정책 이래 지속적으로 호전되어 1983년에는 마침내 계수 1을 넘어서 도시 부문 개혁을 위한 재정적 기반을 마련하였다. 하지만 1984년 이후 도시 부문 개혁과 함께 경제적 분권화가 가속화됨에 따라 세수 탄성도는 급격히 내려갔고, 1988년에 세수책임계약제의 도입과 더불어 잠시 호전되었다가 다시 1990년대 초반 상당히 낮은 단계에 머물렀다.

이렇게 낮은 세수 탄성도는 왜 1980년대 중반 이후 1990년대 초까지 GDP 대비 세수의 비율이 하강하는 추세를 보였는지를 설명한다. 하지만 중앙정부의 1994년 분세제 개혁 이후 이러한 추세를 단숨에 역전시켜 세수 탄성계수 1을 훨씬 상회하게 만들었던 것이다. 실제 분세제 개혁은 중앙정부의 세수 통제력을 대폭 확대하는 조치로 지방정부의 세수 동원 노력을 저하시

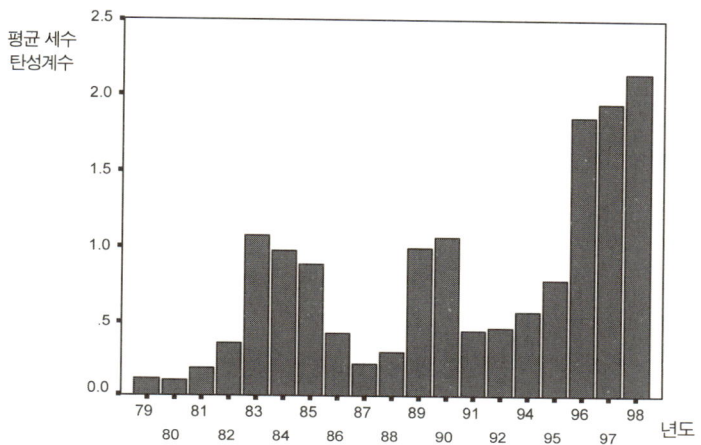

〈그림 5-1〉 세수 탄성계수

출처: 『地方財政』 No. 3(1999, 63); 『中國財政年鑑』(1999); 『中國統計年鑑』(1999, 58, 111, 275).

킴으로써 세수 탄성도에 오히려 악영향을 끼칠 수 있는 여지를 가지고 있었다. 하지만 결과는 그 반대였다. 이러한 결과는 중앙정부가 자신의 정책 의지에 따라 세수·경제 분야에서의 주요 현상들을 변화시킬 수 있는 능력을 보유하였다는 것을 말한다.

2) 회귀분석 방법

1960년대 이래 이 회귀분석 방법은 발전도상국들의 재정 동원력을 측정하는 방법으로 널리 쓰였다.[8] 이 방법은 '세수 공헌'이란 요소를 '세수 능력'에 영향을 미치는 요소들로부터 분리시켜 종속변수로 간주하고, 두 변수들 간의 관계를 다차원의 회귀분석으로 추출해 내는데, 그 방정식은 $T/Y = f(X1 +$

X2+ … Xn, E)이다. 이 글에서 T/Y는 예산 외 징수를 포함한 1인당 세금액과 1인당 GDP로 나눈 1인당 세금액이다. 장웨이(張偉)는 중국 세수의 규모는 GDP, 투자, 소비, 소비 물가, 순 수출의 기능으로 표본결정계수(Rsquare) 0.995를 설명한다고 보았다(張偉 1999).

이 방식 역시 다양한 비판에 직면하는데, 예를 들면 결론의 타당성이 지나치게 독립변수의 적합성에 의해 영향을 받는다든가, 공선성(colliniarity) 문제가 심각할 수 있다는 점 등을 들 수 있다.[9] 이러한 한계에도 불구하고 이 방식이 많이 쓰이는 것은 세원뿐만 아니라 광의의 차원에서 세금을 산출하는 데 영향을 미치는 정치·경제적 변수들을 모두 고려할 수 있다는 점이다. 필자의 현장 조사 경험에 의하면 성 단위에서의 세수 동원력은 정치적 변수의 영향을 많이 받는다. 따라서 이 글에서는 세수 동원력에 영향을 미칠 수 있는 정치적 변수와 경제적 변수를 함께 독립변수로 놓고 모델을 검증할 것이다. 하지만 이 글에서는 널리 경제적 지표로 쓰이는 GDP는 배제한다. 이는 사회현상에서 변수들 간의 공선성 문제를 완전히 해결할 수는 없겠지만 이러한 문제를 상대적으로 완화시키려는 노력의 일환이다.

(1) 변수들

종속변수로서 세수 공헌도를 나타낼 지표로는 우선, 흔히 쓰이는 예산 외 자금의 징수를 포함한 1인당 조세 부담액을 들 수 있다. 그러나 이 지표는

---

[8] 예를 들면 Sastri(1996), Reddy(1975), Thimmaiah(1975), Dwivedi(1985). 이 회귀분석을 국가 간 비교에 적용시킨 예로는 Shin(1969), Lotz and Morss(1970), Bahl(1971).
[9] 그 밖의 비판에 대해서는 Bahl(1971, 599), Chelliah and Sinha(1982, 6-7), Pavarthy(1992, 67) 참조.

인플레이션의 영향을 받고 있어, 이의 영향을 최소화하기 위해 1인당 GDP로 나눈 1인당 세금액을 또 다른 지표로 사용한다.

독립변수로는 크게 두 가지 유형의 변수들로 이루어지는데, 첫째는 경제적, 둘째는 정치적 변수들이다. 경제적 변수들로는 산업구조를 나타내는 지표로서 'GDP에서 1차 산업의 산출액이 차지하는 비중'(Rural)과 중국의 독특한 사회주의 경제체제를 반영하는 지표로서 '총산업 산출액에서 국영기업의 산출액이 차지하는 비중'(SOE), 미래 산업 발전의 주요 척도로서 '고정자산에 대한 투자액'(IFA), 경제의 개방성을 나타내는 '실제로 사용된 외국자본액'(FC)을 들 수 있다.

정치적인 변수들로는 중앙정부 통제의 수단으로 가장 널리 인식되는 인사 정책을 들 수 있는데 이를 수량화한 지표로서 '통합인사지표'(PI)를 만들어 냈다.[10] 이는 성장과 성 당서기의 주요 경력을 분류하여 내부 승진자이면 0, 외부로부터 임명된 자이면 1로 등록하였다. 이러한 배경에는 내부 승진자가 외부로부터 임명된 자보다는 좀 더 지방의 이익에 부합된 정책을 펴리라는 가설이 전제한다.

또 하나의 정치적 변수는 보상이다. 보상은 처벌과 함께 중앙정부(principal)가 지방(agent)의 행위에 대해 대응하는 정치적 반응인데, 여기서 보상의 지표(Award)는 중국 재정부가 각 성 단위의 연말 결산에 대한 평가에서 수여한 상의 등급에 따라 코드화한 것이다(財政部 1999a, 227-236). 이 논의

---

10 이 통합 지표는 황(Huang 1996b, 210)의 네 가지 분류법을 필자가 재정의한 것이다. 하지만 여기서 사용한 자료는 필자가 독자적으로 구축한 것으로 성장과 당서기의 명단과 배경 정보는 다음의 자료에서 획득하였다. 『中國人物年鑑』(1998), 編輯委員會(1989), 編輯委員會(1991), 劉金田·沈學明 編(1992), 編輯部(1993), The Editorial Board(1994), 沈學明 外編(1999), 中共人名錄編輯委員會(1999). 1970년대 말과 1980년대 초에 임명된 베이징, 네이멍구, 지린, 저장, 후베이, 간쑤, 칭하이 성장들의 경우는 상기의 자료에서 정보를 획득하지 못해 황의 자료를 참조하였다.

에는 보상이 크면 다음해에는 더 높은 재정 공헌도를 나타낼 것이라는 가설을 가지고 있다.

마지막으로 중앙정부의 주요한 권력 요소 중에 하나로 제도화의 능력(Insti)을 들 수 있는데, 제도를 바꿈으로써 지방의 행위에 영향을 미칠 거라는 전제를 갖는다. 즉 세수 부문의 중앙집권화를 의도한 1994년 분세제 개혁 이전의 기간(1979~93)을 0, 개혁 이후의 기간(1994~98)을 1로 분류하여 1로 분류된 기간 동안 세수 동원력이 이전에 비해 증가할 것이라는 가설을 가진다.

(2) 모델

위의 변수들이 갖는 기대 값의 정향을 방정식에 통합하여 표시하면 T/Y=f(Rural−, SOE+, IFA+, FC+, PI+, Award+, Insti+)+$\mathcal{E}$이다. 독립변수들 사이의 상관관계 분석과 회귀분석을 한 연후에 이 방정식에서 FC(실제 이용한 외자액)를 제거하기로 하였다. 그 이유는 FC가 IFA(고정자산에 대한 투자액)와 대단히 높은 상관관계(신뢰도 99%수준에서 0.797)를 지니고 있으며, 회귀분석의 결과 FC는 조정된 표본결정계수 값에 거의 영향을 미치지 못할 뿐만 아니라 90% 신뢰도 수준에서 조차 거의 의미 있는 설명력을 가지지 못하고 있다. 한 예로, FC를 제거 하였을 때 1인당 징수액에 대한 표본결정계수 값은 0.584에서 0.582로 거의 변화가 없다. 따라서 새로이 개정된 방정식은 세수공헌력=a+bRural+cSOE+dIFA+ePI+fAward+gInsti+$\mathcal{E}$이다.

〈표 5-3〉은 세수 동원력에 대한 회귀분석의 결과를 나타낸 것이다. 우선 1인당 징수액은 1차 산업의 비중이 높아질수록, 그리고 보상을 받을수록 부정적으로 작용하며, 국영기업 산출액의 비중이 높을수록, 고정자산에 대한 투자가 많을수록, 그리고 제도의 변화가 존재할 때 긍정적으로 작용한다는 것을 알 수 있다.[11] 이중 보상 변수는 의외의 결과를 나타내고 있다. 즉, 각

〈표 5-3〉 세수 공헌력에 대한 회귀분석, 계수 (coefficient)

	항수	경제적 변수			정치적 변수			조정된 Rsquare	Case
		Rural	SOE	IFA	PI	Award	Insti		
1인당 징수액	616.62	-31.28	7.27	0.41	-72.18*	-58.03	236.26	0.41	362
1인당 징수액 / 1인당 GDP	11.96	-0.20	0.10	-4.0E-04*	-0.23	-0.76*	-6.9E-03*	0.34	362

주 : * 신뢰도 90% 수준에 못 미치는 경우.

성 단위에서 상을 받을수록 다음해의 징수액에 있어서는 오히려 부정적인 결과를 가져온다는 것인데, 이는 크게 두 가지 차원에서 설명할 수 있겠다. 첫째는 보상의 정도가 세수의 증액을 가져올 정도로 큰 동기를 유발 시키지 못했을 가능성과, 둘째는 상을 받았다는 자체가 지방 이기주의 행위를 위한 하나의 면피로 작용했을 가능성이다. 지역개발을 위해 지방정부는 중앙정부를 자극하지 않을 정도의 세수 공헌을 한 연후 자체의 이익을 추구하였고 한 해 노력 이후 다른 한 해는 상대적으로 느슨한 공헌을 했다고 할 수 있다.

이미 지적한 대로 1980년대 중반 이후 중앙정부는 보다 빠른 경제개발을 위해 지방에 광범위한 경제적 운영권을 허용했고 재정에 대한 통제 역량도 증대시켜 준 것으로 보인다. 실제 필자의 현지 조사에 따르면 지역에 따라 격차는 존재하지만 중앙정부는 대체로 1980년대 중반 이후 1990년대 초반까지 지방정부의 재정 행위에 대해 징벌이나 보상의 방법을 적극적으로 동원하지는 않았다. 그 결과 1인당 GDP에서 차지하는 1인당 징수액의 비중도 점차 하락하였던 것이다. 〈표 5-3〉에서 보면, 1인당 세수 부담률은 1차 산업의 비중과 외부 인사의 수에 부정적인 관계에 있으며, 국영기업의 산출액과는

---

11 여기서 외부로부터 임명된 인사의 수는 계수는 0.12로 90% 수준의 신뢰도에는 들지 못했지만 대체로 세수 공헌도와는 부정적인 관계에 있었다는 것을 말해준다.

긍정적인 관계에 있다.

　이러한 결과는 중앙정부의 의도와 일치하는 것으로 1980년대 중반 이후 연해를 중심으로 한 발전 전략이 세수 공헌도라는 측면에서 성공적이었음을 말해준다. 즉, 가난한 농업지역의 세수 공헌도는 낮게 나타나며, 상대적으로 내부 인사의 임명이 집중된 연해 지역이 보다 높은 세수 동원율을 나타낸다는 것은 중앙정부의 정책 집행 능력에 대한 긍정적인 신호이다.[12] 그리고 중국 사회주의 체제의 유물이면서 경제의 효율성을 좀먹는 존재로 치부되는 국영기업의 존재가 세수의 공헌이라는 측면에서는 긍정적인 역할을 한다는 것은 시사하는 바가 크다. 국영기업이 체제 유지를 위해서는 미미하나마 어느 정도 긍정적인 역할을 하고 있다는 것을 나타낸다.

4. 맺음말

　이 글은 국내총생산 분석과 회귀분석 방법을 통하여 세수 동원력과 이에 영향을 미치는 변수들을 검토하고, 이에 따라 중앙정부의 정치적 역량을 평가하려 하였다. 국내총생산 분석 방법은 중앙정부가 잠재적 세원 규모에서 얼마나 국가의 세수를 동원했는지를 간단히 보여 준다. 통계에 의하면 대부분의 개혁 시기 동안, 즉 1994년 분세제 개혁 이전까지 중국의 실제적 국내총생산 분석 방법으로 평가한 동원 능력은 쇠퇴하고 있는 것으로 나타난다. 하지만 예산 외 자금이나 제도 외 자금 등 비공식적 부문까지 결합할 때 실

---

[12] 지역에 따른 내부 인사의 비율에 대해서는 김흥규(2003) 참고.

제 그 규모는 2배 이상으로 늘어난다. 공식적인 세수 체계 외에 예산 외 및 제도 외 자금의 규모를 고려하면 중국의 재정 동원력은 일반 발전 중인 국가 수준의 재정 동원력에 뒤떨어지지 않는다.

시기에 따른 정책 우선순위와 세수 동원력 간의 내용 분석은 정치적 의도에 대한 이해 없이 수량적인 분석틀만으로는 중앙정부의 정치적 역량을 설명할 수 없다는 결론에 도달한다. 중앙정부는 1980년대 중반 이후 보다 급속한 경제 발전을 위해 좀 더 유연한 재정 운용권을 지방에 허용하는 정책을 채택했고, 이는 지방의 상대적 재정 규모를 급속도로 확대하는 계기를 주었다. 재정의 단순한 확대가 중앙의 정책 목표가 아니었다면, 지방에 대한 상대적 재정 동원력의 쇠퇴를 중앙의 정치적 능력의 부재로 볼 수는 없는 것이다.

중앙정부의 정치적 역량을 이해하는 더욱 중요한 요소는 정치적 우선순위에 따라 필요한 세수 동원력을 이끌어 낼 수 있었는가 하는 점이며 이에 대한 평가는 긍정적이다. 1994년 분세제 개혁에서 보듯이 필요할 경우 중앙정부는 제도의 변화를 통해 그 세수 동원력을 급격히 변화시킬 수 있었으며 이를 지속시킬 능력도 존재하였다.

회귀분석은 비록 명확한 형태는 아닐지라도 중앙정부가 정책 우선순위에 따라 경제적 요인들 못지않게 스스로 동원할 수 있는 정치적 요인들을 통해 세수 동원력에 영향력을 행사하였던 것을 보여 준다. 1994년 분세제의 도입은 1인당 징수액에 약 236위안의 상승효과를 가져왔고, 지방 지도자 중 외부 인사 1인의 증가는 1인당 GDP에서 차지하는 1인당 징수율에서 약 0.2%의 감소 효과를 가져오는 것으로 나타난다.[13] 따라서 중앙정부는 1994년 재정 집권화의 추세 속에서도 빠르게 발전하는 연해 지역의 성장 인사에서 주

---

13 비록 통계적으로 유의미하지는 않지만 1인당 징수액에서도 지방 지도자 중 외부 인사 1인의 임명은 1인당 세수 동원력에서 약 72위안의 감소 효과를 가져오는 것으로 나타난다.

로 지역 내부의 인사를 승진 임명시켜 지속적인 경제 발전과 세수 증가를 동시에 달성하고자 하였던 것이다. 〈표 5-2〉에서 보여 주듯이, 가장 빠르게 발전하고 재정 규모가 큰 광둥성이 1998년에 높은 재정 동원력을 이룩하였다는 것은 중앙정부의 정책이 성공하고 있음을 나타낸다.

결론적으로, 중앙정부의 정치적 역량에 대한 이 연구는 우선, 단순 수치 비교로는 중앙정부의 역량을 측정할 수 없다는 것, 둘째, 정치적 의도와 재원 동원 실적을 비교 분석해야 할 필요가 있다는 것, 셋째, 중앙정부는 정치적 수단들을 동원하여 재원 동원에 영향력을 행사해 왔고 대체로 의도한 목표를 달성해 왔다는 점을 지적한다.

제6장

중국 재정 표준화 정책과 중앙-지방의 정치·경제 :
세수계약제 대 분세제

1. 도입말

중국의 재정 개혁 과정에서 드러난 중앙과 지방의 관계는 크게 세 가지로 대별해 볼 수 있겠다. 1980년대와 1990년대 대다수의 중국 전문가들은 중앙정부의 권력이 개혁개방 과정에서 경제와 재정의 분권화로 인해 크게 약화되었고, 중국 경제의 운용 체제 속에 나타나는 자의적인 특성 또한 중앙정부의 경제 조정 능력을 더욱 감퇴시켰다는 견해를 지지하였다(Naughton 1992, 14-41; Oi 1992, 99-126; 王紹光·胡鞍鋼 1994; 鄭永年 1994, 72-81; Park, Rozelle, Wong and Ren 1996, 751-778). 이와 대조적으로 시장 지향적 개혁을 포함하는 재정 개혁이 지방에 대한 중앙정부의 통제력을 오히려 강화시켰다고 보는 학자들도 존재하였다(Shue 1988; Nee 1989, 663-681; Huang 1996b, 655-672). 이러한 두 대비되는 견해를 절충하여 중국 정부 내 재정 관계는 중앙집권화와 분권화가 복잡하게 얽혀 있다고 보는 입장도 아울러 존재하였다(Oksenberg and Tong 1991, 1-32; Yang 1994, 59-98; Zhang 1999, 115-141).

이와 같은 다양한 견해들은 세수, 지출, 예산 외 자금 중 어느 측면을 더 집중적으로 분석하느냐에 따라 갈리지만, 다 같이 중앙정부의 의도에 대해서는 고려를 하고 있지 않다는 공통점을 지닌다. 만약 중앙정부가 다른 정책 우선순위를 고려해서 의도적으로 일정 기간에 재정수입을 늘리려 추구하지 않았다고 전제한다면 정부 통계자료만으로는 지방정부에 대한 중앙정부의 통제력을 이해하기 어렵다.

이 글은 중국의 재정 표준화 노력과 관련하여 중앙정부의 의도와, 정책 우선순위 변화, 중앙-지방정부 간의 상호 작용, 중앙정부의 재정 정책 수립 및 이행 능력을 검토한다. 그 결과 마오쩌둥 이후 시기의 중앙정부는 일관되게 재정 부문의 표준화를 시도하였고, 결국은 일정 정도 성공을 거두었다고 평가한다.

마오쩌둥 이후의 시기에는 네 번의 주요한 재정 개혁이 있었다. 이는 1983~84년 기간 동안 두 차례에 걸쳐 도입된 이개세 개혁, 1988년 세수계약 책임제 도입 및 1994년 분세제 개혁을 지칭한다. 개혁 과정 속에서 중국 정부 및 중국 재정 부문의 목표는 안정적인 세수 자원을 확보하고 시장 지향적 경제체제의 수요에 부응하기 위해 합리적이고 투명성을 띤 조세 체제를 만드는 것이었다. 1990년대 많은 중국 전문가들이 재정 표준화를 위한 중국 중앙정부의 꾸준한 노력을 과소평가하였다. 지방정부의 자율성을 비교적 광범위하게 허용해 준 1988년 세수계약제 도입시에도 중국 정부는 이러한 목표를 바탕으로 지방정부의 자율성에 일정한 제한을 두려워하였고, 이 임의성이 강한 재정 체제는 곧 소멸해야 할 일시적인 방편으로 간주하였다.

실제 재정 체제를 표준화하는 과정은 중국 정책 결정 과정의 특성, 개혁의 예측 불가능성, 정책 우선순위 변화, 재정 기관의 조직 역량의 한계 등의 요인으로 말미암아 지연되었고 신중하게 이루어졌다. 높은 인플레이션, 다른 영역에서의 개혁 부재, 군사비 지출의 증가로 인한 부담 등의 외부 요인들도 그 정도의 차이는 있지만 중국의 재정 표준화 과정에 영향을 주었다.

하지만 중앙정부의 재정 표준화를 위한 노력은 끈질기게 지속되어 1994년 재정 개혁 이후 결국 유연한 계약 형태의 재정 체제를 좀 더 규칙에 기반한 체제로 대체하는 데 성공하였다. 1994년 개혁도 완전한 의미의 재정 표준화라고 하기엔 미흡한 면이 많았으나, 분세제의 도입으로 세수 부문에서 중앙정부가 통제력을 획득하는 방향으로 중앙-지방 간의 재정 관계를 변화시켰고, 재정 표준화 수준 역시 현저히 개선되었다.

재정 개혁에 대한 본 연구는 정부 간 관계 속에서 이뤄지는 중국 정책 결정 과정의 특성의 변화에 대한 이해를 돕고 있다. 상명하달식 정책 결정 모델과는 달리 타협과 합의를 중요시하는 규범이 중국 정부 간 관계에 자리 잡고 있음을 밝히고 있다. 중국 정책 결정 과정에서 권력이 중앙정부에 불균형적으로 배분되어 있는 것은 사실이지만 그렇다고 해서 중앙이 절대적인 권력을 행사했던 것은 아니며, 개혁개방 시기에 지방의 선호도가 정책 결정 과정에서 점차 더 중요해졌다. 이렇듯 중국의 사례에서 두드러지는 주요 정책 결정시 합의를 중시하는 규범은 여타 개발도상국의 사례와는 달리 중국의 중앙 지도자들이 경제적 생산성을 넘어설 정도의 약탈적이고 부패한 상태로 전락하는 것을 방지하였고, 동시에 지도부 내의 균열로 정치적 불안정 및 무질서를 초래하는 상황을 예방하는 역할을 하였다.

2. 세수계약제 대 분세제

마오쩌둥 시기 이후 중국 정부의 다양한 재정 제도에 대한 실험들이 행해지면서 세수계약제와 분세제는 변화하는 정책 우선순위 속에서 상호 정책 대안으로 경쟁하였다. 세수계약제는 중앙과 지방정부 사이의 일대일 협상에 기반을 두기 때문에 제도적으로 비교적 유연하고 융통성이 있다는 특징을 갖는다. 분세제는 전국적으로 적용할 수 있는 세원과 분배의 원칙을 미리 정해 놓고 중앙과 지방이 이에 기준하여 재원을 확보하는 보다 투명하고 제도화된 방법이다. 세수계약제는 지방정부에 인센티브를 주어 자체의 경제 발전 및 재원 확보 노력을 활성화시키면서 동시에 중앙정부에는 안정된(계약에 따라) 재정수입을 보장해 준다는 장점을 지녔다. 이에 비해 분세제는 좀 더 장기적인 재정 계획과 재원의 조달을 가능하게 하고 또 새로운 시장 환경에서 직면할 수 있는 문제들에 좀 더 잘 적응할 수 있는 재정 제도였다.

초기 탈마오쩌둥 시기에 재정 부문의 가장 큰 과제는 재정 체제를 표준화하면서 중앙과 지방정부에 안정된 세수를 제공하는 것이었다. 이론상으로 안정적인 세수 증가와 표준화는 모순되는 정책 목표가 아니었다. 그러나 초기 탈마오쩌둥 시기에 시도된 여러 재정 개혁과 관련한 실험들을 보면 중앙정부는 이 두 가지 제도의 선택 사이에서 딜레마에 빠져 있었다는 것을 알 수 있다. 중국 지도부 내부에서는 보다 유연하고 융통성 있는 세수계약제와 표준화된 규칙을 적용하는 분세제 사이에서 어떤 제도를 취할 지에 대한 합의가 이뤄지지 않았다.

개혁 초기의 상황에서 볼 때, 세수계약제가 표준화된 재정 제도보다 이점이 있을 수 있었다. 우선, 중앙정부가 개별 기업과 지방의 사정에 따라 각기 다른 내용의 계약을 맺을 수 있었기 때문에 융통성을 지니고 있었다. 세수계약제의 또 다른 이점은 책임에 대한 투명성이었다. 계약서에 각 항목에 따라 책임액이 구체적으로 명시되어 있어 기업과 지방정부는 계약서를 바탕으로 일정 금액의 세수를 중앙정부에 송금하기만 하면 되었다. 이에 따라 간결성 또한 계약제의 강점이었다. 당시 중앙정부의 능력으로는 유지 비용을 감당할 수 없는 규모의 감독 메커니즘을 필요로 하지 않았고, 세수 목표 달성을 위한 책임은 기업과 지방정부의 몫으로 넘어갔다.

그럼에도 불구하고 당시 자오쯔양 국무원 총리를 비롯하여 전통 재정 부문 관료들과 조직은 세수계약제를 반대하였고, 이 제도를 중앙과 지방정부

관계 사이에 적용하는 것을 못마땅하게 여겼다(劉佐 2000, 189). 이는 자신들이 추구하고 있던 재정 부문의 제도화에 역행하는 일이었기 때문이다. 일대일 협상에 기반을 둔 세제를 도입한다면 중앙과 지방 사이에 세수와 지출의 기본적인 수치를 계산하고 조정하는 또 다른 일련의 협상이 불가피하였다.1

세수계약제의 또 다른 문제는 연성 예산(soft budget) 문제와 이익은 챙기면서 손해에 대한 책임은 지지 않는 도덕적 해이 현상(baoying bubaokui)이었다. 계약책임제에서 세수와 지출의 규모가 상호 연계되어 있었고, 지방정부의 세수 규모는 해당 지역 내 기업의 세수액에 의해 결정되었다. 지방정부는 자체 세수 중 계약에 의해 중앙정부와 분할하는 세수의 양을 줄이기 위해, 자체 행정구역 내 세수의 규모를 축소하려 했고, 해당 기업에게 세금을 감량하여 주거나 다른 방식으로 지방정부의 재정에 공헌하게 하는 편법을 선호했다.

또 다른 문제는 기업의 단기 이득 창출을 위한 행위들이었다. 일반적으로 계약 기간이 2년에서 3년 사이였기 때문에 기업은 장기적인 개발과 기술 혁신을 위한 자금 투자보다는 단기적으로 빠른 이윤을 획득할 수 있는 방식을 선호하였다. 그러나 이러한 기업의 단기 이득 창출 행위는 장기적으로 중앙정부에 자금을 조달할 기업의 생산력을 저하시키고 기업에게도 심각한 손해를 초래하였다.

세수계약제의 내용을 면밀히 살펴보면, 중앙정부는 상대적으로 관대한 조건으로 계약을 맺기 때문에 계약 기간 동안에 세수 증가율은 경제성장 증가율에 미치지 못하여 장기적으로는 중앙정부의 세수 확보 비중을 저하시키는 경향이 있다는 것을 알 수 있다. 즉, 세수계약제는 지방정부 및 기업의 이

---

1 이는 연말에 재정부의 해당 성 담당 관리와 해당 성의 재정 국장 혹은 필요에 따라 부성장급과 협의에 의해 이루어졌다. 이는 물론 주요한 로비의 장소이기도 하였으나 특별한 사유가 없는 전년도의 기수에 비해 변동 폭은 제한적이었다고 한다.

익과 권리를 강화하여 중앙정부가 향후 새로운 세제 정책을 도입하는 데 드는 비용을 증가시키면서 지방주의를 만연케 했다.

'분세제'라는 개념은 1980년대 초반 재정 표준화 정책 도입을 위한 토론 과정에서 사용되었다. 중국사회과학원(CASS)의 허전이(何振一) 연구원은 세수계약제의 단점을 극복하기 위해 과감하게 분세제를 도입할 것을 촉구하였다.[2] 그는 학술 논문과 내부 자료 등을 통해 분세제의 도입이 향후 본격적인 도시 부문 개혁을 위한 주요한 전제가 된다고 주장하였으며, 세수계약제 도입으로 인해 중앙정부의 권력이 약화될 것을 예고하였다. 또한 예산 외 자금의 증가를 비판하면서 세수계약제는 결국 강력한 지방 보호주의와 지방재정에 대한 중국 중앙정부의 영향력 약화로 귀결될 것이라고 주장하였다. 그는 해결책으로 분세제 도입을 주장하면서 중앙정부와 지방정부가 재원을 세수의 형태로 확보하고, 기업이 속해 있는 행정구역 여부와는 상관없이 정해진 세금 징수의 원칙에 따라 각급 정부가 분배할 필요성을 제기하였다(何振一 1983, 4-7).

분세제는 세율을 표준화하여 매년 연말에 행해지는 중앙정부와 지방정부 간 협상을 없애고, 경제 부문과 정부 부처들의 재정 운용에 대한 책임성을 증가시키며, 지방재정의 기초를 다지면서 좀 더 투명한 재정 체제를 정착시킨다고 주장하였다. 허전이가 제기한 주요 정책들은 1994년에 비로소 분세제 개혁과 함께 도입되었다.

융통성을 주요 특징으로 하는 세수계약제와 표준화된 규칙의 적용을 특징으로 하는 분세제는 1970년대 말부터 시작된 경제개혁과 더불어 오랜 기간 동안 공존하였으나 궁극적으로는 1994년 규칙을 기반으로 하는 분세제

---

[2] 1983년에 그는 이미 지방주의를 제한하기 위해 분세제의 도입을 강하게 지지했다. 더 자세히는 何振一(1983, 17-18; 1984, 4-7), 『人民日報』(83/11/30).

체제가 전면 도입되었다. 같은 기간 중국의 행정 수반인 총리들은 놀라울 정도로 일관성을 지니고 재정 체제 표준화를 지지하는 태도를 보여 주었다.

3. 재정 표준화를 위한 초기 노력

1) 재정 표준화를 위한 초기 노력: 이개세 개혁

재정 표준화 제도를 도입하기 위한 노력은 1978년 후반기에 재정부가 제출한 초안과 1981년 8월 마련된 산업·상업 세제 개혁 초안에서 엿볼 수 있다(沈立仁 編 1999, 534). 이 초안에 제출된 표준화된 재정 제도에서는 국유기업들이 계약에 입각하여 그들의 이윤 중 일부를 상납하는 것이 아니라 세금의 형태로 내게 된다. 이러한 제도를 입안하여 이행하는 데 4년 반 이상의 시간이 필요하였다.3 1984년 이개세(이윤을 세금으로 대체) 개혁은 분세제의 도입을 추구하였는데, 이 세제에서는 세금이 중앙세, 지방세 및 공동세로 분류되었다. 1984년 이개세 제도 도입이 성공한 이후, 중국 정부의 주요 재원은 국영기업의 이윤에서 세금으로 대체되었다. 이개세 도입 직후인 1985년에 중국 정부의 전체 수입에서 세수가 차지하는 비율은 65.2%에 달했는데 이는 중국 정부 수립 이후 역대 가장 높은 수치였다(國家總稅務局 編 1997, 14).

그러나 중앙정부의 재정 표준화를 위한 노력은 몇 가지 장애에 부딪치게

---

3 예를 들면 산품세, 부가가치세, 염세, 사업세, 기업 조절세 등이 1984년 10월 1일부터 도입되었다. 집체기업 소득세는 1985년 4월 11일, 개인기업 소득세는 1986년 1월 7일, 그리고 개인기업 소득 조절세는 1986년 9월 25일에 차례로 도입되었다(劉佐 2000, 177).

되었다. 첫째, 중국 정부의 재정 상황이 1985년 도시 개혁으로 인해 급속히 악화되었다. 1985년 이후부터 적자 문제가 드러나기 시작하였고, 1988년에는 국내총생산 증가율과 세수 증가율 사이의 격차가 극에 달하여 1985년 2% 선에서 1988년 10% 이상까지 확대되었다. 아울러 GDP에 대한 세수 비중도 점차 감소되었다. 따라서 중국의 각급 정부는 재원 마련에 큰 어려움을 겪었으며 특히 중앙정부의 어려움은 가중되었다. 그 와중에 재원 마련을 위해 각급 정부의 예산 외 자금(extra-budgetary funds) 규모는 급증하였다. 1985년에는 예산 내 자금(budgetary revenues)의 규모에 대한 예산 외 자금의 비율이 80% 선을 넘어섰고, 1988년에는 거의 동일한 수준에 달했다(『中國統計年鑑』 1999, 448-452, 476).

둘째, 기업, 농업 부문 및 연해 지역 세력들은 재정 표준화를 위한 중앙정부의 노력이 재정 부문에 대한 정부의 통제력을 강화하고, 기존에 자율적인 재정 체제에서 누릴 수 있었던 이득은 줄어들 것으로 우려하면서 이에 저항하였다. 이들의 반대 목소리는 점점 거세져 계약 청부 체제를 옹호하는 강력한 이익집단을 형성하였다(An 1985; 『明報』 85/07/08; 『文匯報』 86/02/19; 『光明日報』 88/01/27; 湖南省財政局 1986, 18-19). 비록 지역별로 상이한 이해관계를 지니고 있었지만 지방정부는 대체로 표준화된 세제보다는 좀 더 유연한 세수계약제를 선호하였다.[4] 세수계약제는 중앙정부의 행정적인 개입을 줄이면서 지방정부가 지방 기업과 자원에 대한 영향력을 확대할 수 있는 제도적 공간을 제공해 주었다.

셋째, 경제 발전 속도가 가속되는 제7차 5개년 개발계획 기간 동안 중앙정부의 정책 우선순위가 변화된 것도 세수계약제의 도입과 집행에 유리하게

---

[4] 예를 들면, 장쑤 재정국은 이전 30년 동안 재정적 성공의 원인으로 세수계약제의 도입을 꼽았다. 이 견해에 대해서는 江蘇財政局(1984, 15-17) 참고.

작용하였다. 국가계획위원회(SPC)가 기초하여 채택된 '3단계 지역 발전전략'에 따라 연해 지역에 특혜가 주어졌다(陸大道·薛風旋 1997, 9). 본래 계획에 따르면 제7차 5개년 계획 기간(1986~90) 동안 7%의 경제성장률을 상정했었으나, 같은 기간 중국의 정치 지도자들은 중국의 경제성장률을 제6차 5개년 계획 기간(1981~85)보다 높이는 데 생각을 같이하고 이를 상향 조정하였다(吳傑 主編 1998, 2037). 이러한 경제성장 중시 정책으로의 전환은 성장의 주축인 지방정부의 이해관계를 더 배려해 주어야 한다는 것을 의미하였다.

완전한 가격 개혁 없이 표준화된 세제만으로는 기업에 동기를 부여할 수도, 가격을 안정시킬 수도 없음이 분명해졌다. 1986~87년에 정부의 재정 상태가 더욱 나빠지자 세수계약제가 점차 지지를 얻어 새로운 대안으로 인식되기 시작하였다. 일부 학자들은 재정 표준화 정책의 유지가 당시 상황에서는 일시적으로 국가 세수 진작을 위한 노력을 방해하지만 장기적으로는 세수계약제보다 더 긍정적이라고 주장하였다(楊戚賢 1986; 樓繼偉 1986; 趙仁偉 1987). 그러나 대부분의 학자들은 현재의 참담한 재정 상황과 경제적 문제를 다룰 제도적 능력이 부재하다는 점을 지적하면서, 세제 표준화를 위한 개혁이 단지 행정상의 위임에 불과하였지, 실제 재정 확충을 위한 동기를 제공하지 못하였다고 비판했다. 기업 및 지방정부에게 좀 더 광범위한 재정 및 경영 자율권을 주기 위해 경제와 재정 분야에서 더 적극적으로 권력을 분권화하도록 강력히 권고하였다.

1988년경, 국무원발전연구센터(DRC), 사회과학원(CASS), 재정부(MOF), 국가계획위원회(SPC) 등 주요 정부 부서들은 이견이 분분했음에도 불구하고 결국 재정 세수계약제를 도입하기로 합의하였다.[5] 당시 재정부의 최우선적

---

5 상하이 및 베이징에서의 인터뷰(2000).

인 고민은 안정적인 세수를 확보하는 것이었으며 세제 표준화 체제를 굳이 고집하지 못했던 이유도 당시 세제 표준화 정책이 안정적인 세수 증가를 보장해주지는 못할 것으로 예상되었기 때문이다.

국무원은 1988년 7월 7일 세수계약제에 대한 소개서를 배포하고 곧바로 1988~90년 기간 동안 이행 단계에 들어갔다. 경제 부문에서 지역 간 공정한 경쟁과 평가가 이루어질 수 없는 상황에서, 지역의 특정한 이해관계를 고려하여 중앙에 대한 상납액을 결정하도록 중앙과 지방정부 간에 일대일 협상 방식이 도입되었다(郭建中 1996, 42-43).

1985년부터 본격화된 도시 개혁 시기에 중앙정부가 효과적으로 추가적인 세원을 발굴하고 세무 행정력을 확대하지 못하는 상황에서 세수계약제 방식이 적용하기가 간단하고 쉽다는 강점이 있었다. 주요 과제는 새로운 재정 체제가 중앙정부의 안정된 세수 증가를 보장하고 지방 경제를 활성화시키는 것이었다. 이 체제에서는 광둥과 산시(山西) 지역을 제외한 모든 성급 정부와 민족자치 정부, 광저우와 시안을 제외한 모든 계획단열시가 6가지 서로 다른 유형의 계약 체제로 전환되었다(課題組 1994a, 31-44 ; 項懷誠 1989, 30-31). 각 정부는 1987년 수준의 지출을 충분히 충당할 수 있는 수준의 세수 규모를 협상의 기준선으로 보장받았고, 중앙정부와 사전 합의에 따라 각 지방은 적어도 1987년 세수 증가율 수준 이상의 세수 증가율을 확보할 수 있었다.

그러나 세무 표준화 정책은 재정부 내 특히 세무총국(General Taxation Bureau)의 제도적 정책 목표로 남아있었다. 1985년 9월 23일 개최된 제12차 중국공산당 중앙위원회에 제출된 초안에서 분세제가 제7차 5개년 개발계획(1986~90) 기간 내에 집행되도록 건의했다(劉佐 2000, 247). 자오쯔양 국무원 총리는 실각한 후야오방 당 총서기를 대신하여 당 총서기직을 맡은 후에도 재정 표준화 정책을 지지했다. 1987년 10월 25일 열린 제13차 당 중앙위원회 전체회의에 제출한 보고서에서 자오쯔양 총서기는 '분세'라는 개념을 언급함으로써 재정 표준화 정책을 여전히 지지하고 있음을 알렸다(趙紫陽 1987, 14).

2) 1988년 세수계약제의 도입과 영향

국무원과 국가세무총국의 지원을 받아 수행된 1988년 재정 개혁에 관한 연구 프로젝트들을 보면, 표준화된 조세 체제를 중심으로 하고 이 체제 내에 세수계약제를 결합할 것을 건의하고 있다.[6] 특히 베이징대학교 연구팀이 올린 보고서는 세수계약제가 장기적으로 봤을 때 중앙정부의 재정 통제에 불리한 영향을 미칠 것이라고 경고하였다. 리펑 총리가 주재했던 국무원 내 회의에서도 중앙정부는 세수계약제가 중앙정부의 재정 통제 능력에 부정적 영향을 줄 수 있다는 점을 지적하고 있다.[7] 여기서 흥미로운 점은 왜 중앙정부가 적자 문제에 시달리는 상황에 처해 있었음에도 불구하고 스스로에게 불리한 세수계약제를 도입했는가 하는 것이다. 중앙정부의 지도자 및 전문가들은 이 계약제의 도입으로 중앙정부가 안정적인 세수 증가를 보장받음과 동시에 지방으로 하여금 세수 증가 활동에 적극 기여하도록 동기를 부여할 수 있다고 생각하였다. 실제, 중앙정부는 새로운 재정 체제하에서 제7차 5개년 개발계획 기간 동안의 성장 목표치였던 7% 이상의 세수 증가율을 기록하여 세수 증가율 3.6%밖에 기록하지 못했던 1987년의 상황에서 탈피할 수 있

---

[6] 국가경제위원회, 국가계획위원회, 국무원 발전연구중심, 중국 사회과학원, 중앙당교, 베이징대, 인민대 등 출신으로 구성되어졌다. 더 자세히는 SCRC(1990, 76-96), 課題組(1994a, 41), 劉佐(2000, 249), 吳敬璉(1988, 4-5).
[7] 예를 들면, 從樹海·張恒(1999, 997). 1980년대 하반기에 중앙정부 재정을 희생하면서 재정 분권화를 추진한다는 내부 문건이 俸异群·陳黛斐(1988). 일부 논문들은 1988년 재정 분권화의 도중에 분세제의 도입을 촉구하고 있다. 이에 대해서는 曾浩然·唐明峰(1988) 및 方曉丘·賈康(1988).

었다.[8] 세수계약제가 집행된 5년 동안 평균 세수 증가율은 6.7%에 달하여 본래 경제성장 목표율인 7%에 근접하는 성과를 올릴 수 있었다.

이 책의 〈표 3-1〉에 나오는 중국 각급 정부의 재정 지표를 보면 세수계약제 도입 이후 3년 동안은 중앙정부의 징수율이 향상되었음을 알 수 있다. 중앙정부의 재정 자립도는 1987년 87%에서 1988년 92%까지 늘어났다. 한편 지방정부는 1987년 73%에서 1988년 50%까지 하락하였다. 그러나 앞서 언급했듯이, 세수계약제를 추진한 본래의 의도가 중앙정부에 재정 능력을 집중시키려 한 것이 아니라는 것을 이해하는 것이 매우 중요하다. 오히려 이는 지방정부와 기업 측에 경제성장을 위한 동기를 부여하기 위해 고안되었다. 그 결과 계약 기간 동안 초기에 하락세에 있던 지방 세수는 후반기에 와서 상당히 증가하였고, 중앙정부에 송금되는 상대적 세수 비율은 하락하거나 정체 상태에 있었다.

1985년 도시 개혁의 시작과 더불어 지방의 중앙에 대한 세수 상납률이 급격히 하락하였다. 세수계약제하에서도 지방의 상납액이 중앙정부 세수 규모를 구성하는 주요한 요소였고 중앙이 비교적 관대하게 세수 계약을 체결하는 상황에서 전체 국고 대비 중앙정부의 세수 비중 하락은 불가피하였다. 국고가 궁핍한 상황에서 중앙정부가 지방정부로 하여금 계약에 따라 세수액을 상납하게 하여 비교적 안정적이고 예측 가능한 재정 운용을 시도하였다. 그러나 세수계약제는 재정 지방주의(fiscal localism)를 위한 크게 강화하는 제도적 조건을 제공하였다. 지방정부는 당연히 새로운 중앙 정책의 우선순위 변화의 함의를 이해하면서 이를 환영하였다. 성급 정부는 자립도를 1988년 50%에서 1993년 68%로 점차 강화해 나갔다. 전반적으로 평가하자면 지방의

---

[8] 세수는 1988년에 7.2%, 1989년에 13.1%, 1990년에 10.2%를 각기 기록하였다(『中國統計年鑑』 1999, 265).

재정 자립도는 1988년 96% 수준에서 1993년 102%로 증가하였고 중앙정부의 재정 자립도는 1988년 92% 수준에서 1993년 73%까지 하락했다.

세수계약제의 또 다른 문제는 당시 만연해 있던 지방 보호주의로 통합된 국내시장의 형성을 방해했다(Wong 1992, 213; Oi 1992, 103). 지방정부의 예산은 지방 기업들의 재정 상태와 직결되어 있었기 때문에 지방정부는 기업을 보호하고 생산력을 향상시키는 데 몰두했고 탈세와 절세를 종종 용인했다.

세제의 제도화란 측면에서 더 근본적인 문제는 기존에 시도되었던 재정 체제의 표준화 노력을 무력화시킨다는 점에 있었다. 계약 방식은 개별 기업과 지방정부의 특정한 조건을 고려하는 일대일 협상에 의해 이뤄졌기 때문에 표준화와는 거리가 먼 임의적인 특성을 지녔다.

세수계약제는 중앙과 지방정부 사이의 정부 간 관계를 협상과 이해관계에 기초한 관계로 전환시켜 놓았다. 이러한 변화는 중앙 문건에서 이 둘 사이의 관계를 묘사하면서 언급되는 개념인 존중(尊重)과 이익(利益)이란 개념에서 가장 잘 드러난다. 전통적으로 중앙정부는 존중이란 개념보다는 부여(給於)한다거나 허락(允許)한다는 개념을 사용하였고, 지역의 특수 조건들에 대한 강조는 대체적으로 국가의 전체 이익과는 배치되는 개념으로 이해되었다. 중앙정부는 중앙과 지방정부 사이의 관계가 기본적으로는 이해관계에 더 기초한다는 점을 인정하게 되었다(朱光磊 1997, 371-372).

4. 1994년 분세제 개혁

세수계약제가 도입되었으나 재정 부문에서는 여전히 좀 더 표준화된 분세제의 도입을 제도화를 위한 하나의 목표로 남겨 놓았다. 재정부와 국가세무총국의 재정 표준화를 위한 노력은 '국가경제사회발전을 위한 10개년 개발계획' 및 1990년 12월 30일에 개최된 제13차 전당대회 7차 중앙위원회에 제출한 '제8차 5개년 개발계획' 초안에 반영되어 있었다.[9]

그러나 적어도 1992년까지 중국의 고위 정책 결정자들은 분세제 이행 시기에 대한 합의를 도출하지 못하고 있었다.[10] 1993년 초 정부 연례 보고서에서도 분세제는 달성해야 할 하나의 장기적인 재정 개혁 목표로 분류되었다. 당시의 분위기로는 분세제 개혁을 위한 시기는 제9차 5개년 개발계획(1996~2000) 기간 초에나 이뤄질 것이라 여겼다.[11]

1) 이해관계 네트워크의 발전

분세제의 도입은 중앙정부와 지방정부 사이의 재정 관계를 근본적으로 변화시킬 수 있는 사안이었다. 원래의 계획대로 한다면 중앙정부는 세수 점유율을 기존의 40% 이하 수준에서 60%로 대폭 확대하여 재정의 흐름을 통제하는 역할(gatekeeper)을 수행할 수 있게 되는 것이었다. 모든 이해 당사자들이 언제, 어떻게 이 새로운 제도가 도입될 것인지에 대해 영향력을 행사하고자 격렬히 경쟁했기 때문에 관련 이해 당사자들 사이의 긴장과 갈등이 높아져 갔다.

지방정부는 경제와 재정의 분권화를 통해 더 많은 자원을 획득했고, 일정한 기득권과 재량권을 보유할 수 있게 되자 그들의 이해를 대변하는 입장

---

[9] 그 내용들에 대해서는 陳錦華(1996), 財政部의 『中國財政年鑑』(1992) 참조.
[10] 이에 대해서는 『經濟日報』(92/03/07) 참조.
[11] 더 자세히는 재정부의 내부 문서인, 課題組 (1994b, 14) 참조.

표명을 분명히 하기 시작했다. 특히 연해 지역의 성급 정부는 자신의 지역에 반하는 정책이 제기되었을 때, 중앙정부와 지도자들에 대해 예전보다 더 큰 반대의 목소리를 낼 수 있었다. 특히 1992년 개최된 제14차 당 대회 이후 지방의 지도자들은 당 정치국에 대거 진출하여 기존보다 훨씬 더 강한 지역의 이해를 대변할 수 있었다. 베이징의 천시퉁(陳希同), 상하이의 우방궈, 톈진의 탄샤오원(譚紹文), 산둥의 장춘윈(姜春雲), 광둥의 씨에페이(謝排) 등이 바로 그들이다. 예를 들면, 제12차 당 대회에서는 단 한명도 현직에 있는 지방 지도자들이 당 정치국에 진출할 수 없었다는 것을 고려할 때, 지방 지도자들의 약진이 두드러졌다.12

지방 지도자들과 정부는 세수계약제가 지방의 경제 발전 추진력을 중요시하고 지방에 더 많은 재정 운용권을 허용한다는 사실 때문에 선호하였다. 그중에서도 연해 지역은 세수계약제와 중앙의 융통성 있는 정책의 혜택을 가장 많이 받았기 때문에 표준화된 제도인 분세제의 도입을 강력히 반대하였다. 광둥성, 장쑤성, 하이난(海南)성 등은 특히 이전부터 세수계약제와 중앙정부의 특혜를 많이 받아왔기 때문에 더더욱 계약제를 선호하고 분세제의 도입에 반대하였다.13 한편, 중앙 지역과 내륙 지방의 성 정부들은 중앙정부의 재정 통제력이 강해지고 연해 지역으로부터 중앙이 더 많은 재원을 확보한다면 자신들의 지역에 재정지원이 확대될 것이라는 기대에 대체로 분세제를 받아들이는 분위기였으며, 중앙정부의 지도자들도 이들의 기대를 잘 활용하여 분세제 도입을 위한 지지 기반을 넓혀 나갔다.

---

12 물론 일부 지방 경험이 있는 지도자들 즉, 자오쯔양, 완리(萬里), 시중쉰(習仲勳), 니즈푸(倪志福) 등이 정치국에 진입하였다(吳傑 主編 1998). 원래 풍문에 따르면 쓰촨성의 시아오양(肖秧)은 덩샤오핑의 지지 아래 정치국에 진입하도록 계획되어 있었으나, 중앙위원회 선거에서 탈락함으로써 계획이 수포로 돌아갔다.
13 상하이에서의 인터뷰(2001).

연해 지역의 성급 정부 중 광둥성은 분세제 도입 반대의 선두에 나섰다. 광둥성의 당서기 린뤄(林若)는 중국의 재정 문제를 해결하기 위한 수단으로 세수계약제를 유지해야 한다고 공개적으로 주장하였다(『人民日報』 88/03/21). 광둥 성장 예쉔핑은 분세제의 도입을 더욱 격렬히 반대했다. 국무원 총리 리펑이 천안문사태 직후 중앙정부의 권위가 강화된 상태에서 분세제 도입을 추진하자, 1989년 11월 6~9일에 개최된 제13차 당 대회 5차 중앙위원회는 분세제를 옹호하는 세력과 이를 반대하는 세력 간의 다툼의 장이 되었다.

광둥 성장 예쉔핑을 필두로 분세제를 반대하는 세력은 "세수계약제는 덩샤오핑 개혁의 성과물이며 이의 효율성은 개혁 기간 동안에 벌써 입증되었다."고 주장했다(『星島日報』 Hong Kong, 93/08/16). 이들은 국무원 총리 리펑과 분세제를 지지하는 세력들을 보수 반개혁주의자들(conservative anti-reformists)이라는 이데올로기의 외투를 씌워 비판하면서, 보수 반개혁주의자들이 경제 분권화란 대세를 전복시키려 시도하고 있다고 강하게 비판했다. 그러나 중앙 지도부를 대상으로 한 이데올로기적 공격은 지도부의 분노를 사 반대 세력의 핵심 인물이었던 예쉔핑을 광둥 성장의 자리에서 물러나게 하고 명목상의 자리인 정치협상회의 부주석의 자리로 좌천(승진)시켰다.

그러나 이러한 연해 지역 지도자들의 저항은 당시 국무원 총리 리펑과 분세제 지지자들에게 큰 타격을 주었다. 리펑은 1989년 천안문사태 때 자신이 맡았던 역할 때문에[14] 이념적 비판에 매우 취약했고, 반개혁주의자들이라는 이념적 비판을 넘어 더 이상 분세제를 추진할 수는 없었다.

재정 개혁과 관련하여 두 번째 뜨거운 논쟁은 1993년에 재개되었다. 필자가 후안강과 인터뷰 한 결과에 의하면, 장쩌민이 1989년 당 총서기직에 올

---

[14] 리펑이 천안문사태 때 계엄령을 선포했던 역할에 대해서는 Nathan and Link(2002, 175-222).

랐을 때, 본인 스스로 세수계약제를 옹호하는 상하이 지도자였을 뿐만 아니라 강력한 지방 지도자들의 지지를 획득하기 위해 세수계약제에 더 우호적인 입장이었다. 그러나 1993년 초에 장쩌민 당 총서기는 국가 전체 세수에 차지하는 중앙정부 세수의 비중과 GDP 대비 세수의 비중이 우려할 만큼 감소하자 분세제를 도입하려는 쪽으로 기울고 있었다(王紹光·胡鞍鋼 1999, 201). 따라서 그는 1993년 4월 세수계약제가 더 이상 시장 체제에 적응할 수 없으며 시대에 뒤떨어진다는 점을 강조하면서 재정부와 국가세무총국으로 하여금 재정 개혁을 준비하도록 지시하였다.15 그러나 후안강과의 인터뷰16와 여러 상황적 증거들을 종합해 봤을 때, 그때까지도 당 중앙의 지도자들은 분세제 도입 시기나 집행에 관해 아직 아무런 합의에 도달하지 못했다.

이러한 상황 속에서 1993년 5월 후안강과 왕샤오광이 제출한 '중국의 발전 전망'이라는 내부 보고서는 국내외적으로 큰 이목을 끌었다. 이들은 이 보고서에서 아직까지 그 어느 누구도 시도하지 못했던 대담한 논지를 펼쳤다. 이들은 세수 통제 능력의 위기가 더 이상 재정이나 경제 부문의 문제로 치부되어서는 안 되며, 이는 중국 정치체제 전체의 운명과 연결되어 있다고 주장하였다. 그들은 현재 중국의 재정적 상황이 유고슬라비아가 분열되고 패망하기 직전의 상황과 대단히 유사하다고 주장하면서 이에 대해 적절히 대처하지 않는다면 중국 역시 유고슬라비아 전철을 밟을 수 있다고 주장하였다.17 이러한 그들의 도발적인 주장은 중국과학원(Chinese Academy of

---

15 따라서 재정 개혁을 위한 소조가 결성되었다(『新華社』 93/08/02). 당시 재정부 부장 류중리(劉仲藜)의 보고에 의하면 그해 전반기에 수입은 3.5% 증가에 그친 반면, 지출은 12.5%가 증가하였다 (『人民日報』 93/07/20).
16 베이징에서의 인터뷰(2000).
17 후안강에 의하면 그 혼란의 시기에 중앙 재정은 지방의 1/6에 불과하였다(王紹光·胡鞍鋼 1999, 196).

Science)의 내부 보고서로 제출되었고, 주룽지 국무원 부총리의 지시로 중앙과 지방 지도자들 사이에서 널리 빠르게 회람 되었다.

이에 따라 새로운 재정 개혁에 대한 지방의 저항도 거세졌다. 재정 개혁 계획 초안 구성의 책임자였던 주룽지 부총리는 곧 이들의 주 비판 대상이 되었다. 그는 지방 지도자들이 단합하여 자신에 반대할 기회를 주지 않기 위해 지방 지도자들과 집단으로 모이는 회의를 소집하지 않았다고 한다(South China Morning Post 93/12/08). 그는 종종 광둥, 장쑤, 랴오닝, 상하이와 같은 연해 지역의 지도자들과 서로 언성을 높이며 싸우고, 때로는 위협까지 받는 상황에 직면하였다(『中國時報』 Taipei, 93/12/25; 『經濟日報』 Beijing, 94/04/18). 하지만 주룽지는 1993년 9월 분세제에 반대하는 지방 지도자들을 단호하게 해임함으로써 그의 확고한 의지를 보여 주었다. 장쑤성 당서기 선다런도 해임된 인물 중 한 명이었다.[18]

이미 언급했듯이 상대적으로 발전이 미흡했던 중앙 지역과 내륙지역의 성급 정부들은 분세제를 조심스레 받아들였다. 쓰촨성의 성장 샤오양(肯秧)은 "세수의 감소로 인해 중앙정부가 주요한 프로젝트에 투자하는 능력이 저하되면 이는 지방의 발전을 지체시킨다."고 주장하였다(International Herald Tribune 93/10/30). 중앙 지역과 내륙 지방의 성급 정부는 그들의 재원 대부분을 중앙정부의 보조금에 의존하고 있었기 때문에 중앙 정부의 세수 감소는 이들의 경제 발전을 훼손시킬 수 있었다. 또한 내륙 지방정부들은 분세제 도입으로 인해 강화될 중앙정부의 재정 통제력의 주요 적용 대상은 자신들이 아니라 연해 지역이라 여겼다. 대부분의 중앙과 내륙의 성급 정부는 중앙정

---

[18] 저장 성장 꺼훙성(葛洪升)은 그의 분세제에 대한 격렬한 반대 때문에 1993년 해임되었다는 루머가 있지만 확인은 되지 않았다. 그는 이후 국무원 특구판공실 부주임으로 전보되었다(中國中央組織部 2004, 163).

부에 세수를 상납하지 않아도 되었고, 분세제하에서도 그럴 것이라 예상하였다. 오히려 이들 지방은 분세제 도입을 계기로 중앙정부가 더 많은 재정 지원을 제공하고, 지역 간의 경제 발전 격차를 줄여줄 것이라 기대했다(『明報』 93/11/29).

분세제 도입에 관한 논쟁에서 보이는 한 가지 특징은 중앙 지도부의 차원에서 분세제 도입에 합의한 이후 중앙 및 성급 정부 간 관계가 관료 정치보다 더 주요한 변수가 되었다는 것이다. 중앙정부 내의 재정부, 국가계획위원회, 국가세무총국은 분세제 도입을 지지하는 핵심 기관들이었다. 전 당 총서기 후야오방의 지지를 바탕으로 세수계약제를 지지했고 국가계획위원회의 정부 내 주요 경쟁 조직이었던 국가경제위원회는 이제 후야오방의 몰락 이후 장쩌민 시기에 들어 와서 중앙 관료 조직 내에서 영향력을 상실하였다. 이는 중앙 정부 조직 내 세수계약제에 대한 제도적 지원 세력이 크게 약화되었음을 의미했다.

이 시기 또 하나 주목할 점은 인민해방군(PLA)이 1994년 재정 개혁 과정에서 일정한 영향력을 행사했다는 점이다. 인민해방군은 국내정치에 개입하는 것을 피하려는 조직 문화를 지니고 있는데, 그럼에도 불구하고 문화대혁명과 천안문사태에 개입했다는 부정적 이미지 때문에 국내 정책에 대해 공개적으로 개입하는 것을 더욱 꺼려하였다(『中國時報』 92/12/16; 田弘茂·朱雲漢 編 2000, 50-51).[19] 그러나 군은 새로운 재정 개혁의 혜택을 받는 주요 대상이 될 수 있을 것이라 여겨지자, 분세제 도입을 선호한다는 입장을 분명히 하면

---

19 중국 정치에 있어서 당시 군의 영향력 증대는 당 중앙위원회에서 군 출신 인사들의 증가로 나타난다. 1982년 제12차 당 대회에서 군 출신은 중앙 위원들의 16%를 차지하였다. 그러나 1987년 제13차 당 대회에서는 그 수가 27명으로 줄어 약 13%를 차지하였다. 1992년에는 39명으로 확대되어 22%에 다 달았고, 1997년 제15차 당 대회에서는 그 수가 42명으로 다시 증가하여 27.1%에 달하였다(『靑年日報』 92/10/20).

서 재정 개혁의 입안 과정에 참여하였다.[20] 인민해방군의 내부 정보에 따르면 군부는 새로운 당 지도자들에게 중앙정부의 재정 통제 강화를 통해 안정적으로 군사비 지출을 증가시켜 달라는 요구를 했다고 한다.[21] 장쩌민과 덩샤오핑이 이러한 군의 요구를 받아들여 제8차 5개년 개발계획 기간에서부터 향후 5~10년 사이에 군사비 지출을 적어도 10% 증가시킬 것을 약속하였고,[22] 이는 현실화되었다.

2) 주요 정치 지도자의 역할

주요 정치 지도자들은 1994년 재정 개혁의 도입과정에서 결정적인 역할을 수행하였다. 특히 장쩌민 당 총서기의 개입과 행정 실무 책임자로서 주룽지의 적극적 의지 및 스스로 자제하는 입장을 취했던 덩샤오핑의 역할은 교착상태에 빠진 상황을 해결하는 데 중요했다. 국무원 총리와 부총리로서 리펑과 주룽지는 분세제 도입을 확고히 지지하고 추진하였다.[23] 리펑과 주룽지는 비록 최고 지도자 자리를 놓고 경쟁할 수 있는 위치에 있었고, 지방 지도자들의 지지를 필요로 했음에도 불구하고 이들은 재정 개혁에 있어서는

---

20 1991년 재정 관련 프로젝트에 군부 인사가 참여한 경우에 대해서는 課題組(1997) 참조.
21 1993년경의 압력에 대한 언급은 여러 자료들에서 나타난다. 중국 총참모부 (전)부부장 쉬신(徐信)의 언급에 대해서는 *South China Morning Post*(93/03/02); 정치국원이자 군부 최고 지도자 중 하나인 리우화칭(劉華淸)의 인터뷰는 『解放軍報』(93/08/06); *Japan Times*(93/03/24); 인민해방군 총후근부 부장인 자오난치(趙南起)의 언급은 『文匯報』(93/03/28).
22 『明報』(92/05/08) 참조. 경제 발전과 안정을 담당하는 행정가로서 주룽지는 군에 더 많은 재원을 할당하는 것에 대해 장쩌민만큼 적극적이지는 않았다. 당시 군사비 증액에 부정적인 주룽지의 태도는 군의 이해관계와 충돌하였다. 이에 대해서는 『中央日報』(Taipei, 99/09/02).
23 리펑의 분세제에 대한 확고한 지지는 1992년 12월에 개최된 재정 공작회의에서도 드러났다. 그는 1993년 초 다시 재정 상황의 어려움에 대하여 심각히 문제를 제기하였다(*Japan Times* 93/03/21) 참조.

지방 세력에 유화적이거나 이들을 이용하려는 정치적 기회주의의 태도를 취하기보다는 중앙 관료로서 역할에 충실하였다.

이미 언급한 대로, 장쩌민 총서기는 취임 초기에 분세제를 적극적으로 지지하지 않았다.[24] 오히려 그는 첫 번째 공식 연설이었던 제13차 당 대회 5차 중앙위원회 회의에서 세수계약제를 이행하는 것이 더 중요하다고 강조하였다(吳傑 主編 1998, 2170-2173). 상하이의 전 시장(governor)으로서 세수계약제에 대한 개인적인 선호는 분명했다. 동시에 1989년 국가 분열의 위기에 직면해서 지방 지도자들의 지지를 얻기 위해서라도 분세제보다는 세수계약제를 선호하였다. 그러나 국가의 지도자로서 그는 중앙의 관료들을 고려하지 않을 수 없었고 결국 리펑이나 주룽지와 같이 분세제를 지지하는 방향으로 전환하였다.

1993년 초, 중국의 상황은 GDP 증가율과 세수 증가율 사이의 격차가 더욱 확대되고 있었고 인플레이션과 같은 거시 경제적 문제로 상당히 불안정했다. 세수계약제하에서 중앙정부는 장쩌민과 덩샤오핑이 보장한 것처럼 두 자리 수의 군사비 지출 증가율을 유지할 수 없었다. 1989년부터 1992년까지 세수 증가율은 군사비 지출 증가율보다 훨씬 낮은 수준에서 맴돌았고 이는 중앙의 재정 부담을 더욱 가중시켰다. 중앙정부의 세수 대비 군사 지출비는 1992년에 벌써 38.6%, 1993년에 44.5%를 웃돌았다(Kim 2002, 277). 이러한 격차를 줄이기 위해서는 분세제 도입과 같은 특단의 조치가 시급했던 것이다.

1993년 4월 장쩌민은 처음으로 분세제 도입에 지지를 표명하였다. 그는 직접 중앙의 경제/재정 소조회의(economy/finance small group meetings)를 세 번씩이나 주재하면서 국가세무총국의 국장이었던 진신(金鑫)의 재정 개혁에

---

[24] 상하이에서의 인터뷰(2000).

관한 보고를 듣고 자신의 의사도 표명하였다. 당시 분세제 도입을 위한 그의 역할은 결정적이었다. 주룽지 총리가 지방 지도자들의 거센 저항에 직면하여 주춤하게 되자, 장쩌민은 이 새로운 세제 개혁을 지원하기 위해 직접 연해 지역을 순방하며 주룽지를 지지해 주었다.25

예를 들면, 1993년 9월 후반 재정 개혁이 주요 안건으로 다뤄질 예정이었던 제14차 당 중앙위원회 3차 회의 직전에 장쩌민은 광저우로 가서 10명의 연해 지역 및 남부 지방 지도자들과 만나 경제 및 재정 개혁에 대한 설득 작업을 벌였다.26 11월에는 지방 및 각료급 지도자들을 만나 분세제에 대한 이론적 논의를 다루는 첫 회의를 직접 주재하여 동 이슈에 대한 본인의 관심과 의지를 대내외에 과시하였다(中共中央政策硏究室 1999, 960). 그의 행동은 중앙 지도부가 동 이슈에 대한 합의에 도달하여 결단을 내렸다는 것을 보여 주었고, 1993년의 제14차 당 중앙위원회 3차 회의 이후 새로운 재정 개혁을 반대하는 세력들도 분세제 도입이 이미 기정사실화(fait accompli)된 것이라고 간주하였다.

재정부 내의 전언에 따르면 당 총서기 장쩌민, 국무원 총리 리펑, 전인대 상무위원회 위원장 치아오스(喬石), 국무원 부총리 주룽지와 같은 새로운 지도자들이 1993년 및 1994년에 모든 지방, 특히 상하이, 광둥, 산둥 등 연해 지역을 광범위하게 방문하여 분세제의 도입과 집행을 위해 노력했다고 전했다(中共中央政策硏究室 1999, 949-988). 특히 주룽지는 1993년 8월부터 11월 초 사이에 16개 지방과 도시의 90여 개의 당과 정부 기관을 방문하였고 80여 차례의 회의에 참석했다고 한다(『中國時報』93/12/02).

---

25 장쩌민의 재정 개혁에 대한 태도 변화는 『聯合報』(93/08/12).
26 그 곳에는 광둥, 허난, 후베이, 후난, 광시, 하이난, 쓰촨, 구이저우, 시장성의 당서기 및 서장 들이 참석했다.

덩샤오핑이 1992년 남부 지방을 방문한 것이 당시 정책 우선순위를 보수적인 안정 위주의 흐름에서 신속한 경제 발전 중심으로 바꾸어 놓았다는 것은 잘 알려진 사실이다. 그 결과 세수 증가율과 GDP 증가율 사이의 격차가 더 벌어졌다. 주룽지와 그 밖에 다른 중앙 지도자들이 거시 경제적 통제력을 확보하기 위한 방도로 분세제 도입 캠페인을 강화하는 동안에, 덩샤오핑은 이러한 경제 재구조화를 위한 노력도 빠른 경제성장이라는 우선적인 과제에서 벗어나서는 안 된다고 주장하여 분세제의 도입에 비교적 부정적이란 인상을 주었고, 중앙 당국의 1993년 9월 경제 긴축 조치에 대해서도 두 번째 경고를 내렸다.27

덩샤오핑의 이러한 개입은 세수계약제를 지지하는 세력들을 활성화하는 정치적 공간을 제공하였다. 비록 덩샤오핑은 자신이 세수계약제에 대한 선호를 공식적으로 드러내지는 않았지만, 그의 연설 속에서 이러한 선호를 드러낸 것으로 받아들여졌다. 1993년 10월에 6개의 비정부 정책 연구 기관이 경제 분권화와 경제성장을 지지하기 위해 모임을 가졌고,28 또 분권적 경제체제를 지지하는 베이징대학의 리이닝(厲以寧), 샤오주오지(肯灼基), 중앙당학교의 왕쥐에(王珏), 중국인민대학의 웨이지에(魏杰), 국무원발전연구중심의 양페이신(楊培新) 등 많은 학자들이 적극적으로 세수계약제를 지지하는 입장을 밝혔다(『大公報』 93/09/13; *South China Morning Post* 93/10/09; 『大公報』

---

27 제8차 5개년 계획 기간 경제 발전 목표는 6%였다. 그러나 이는 1992년 8%로 재조정되었다. 당시 대부분의 경제학자들은 8~9% 정도의 성장률이 가장 적정한 것으로 여겼다. 하지만 덩샤오핑은 더 과감하고 빠른 경제성장률을 지지하는 것으로 보였다(*South China Morning Post* 93/10/26; Cong and Zhang 1999, 1002-1007).
28 그 그룹들은 왕다오한(汪道涵)의 동방연구소(東方研究所), 위광위엔(於光遠)의 중국시장경제논단(中國市場經濟論壇), 왕쥐에(王珏)의 중국시장경제연구소(中國市場經濟研究所), 동푸렁(董輔礽)의 중신국제연구소(中信國際研究所) 및 우징롄(吳敬璉)의 개혁(改革)을 포함한다(『大公報』 93/10/26).

제6장 | 중국 재정 표준화 정책과 중앙·지방의 정치·경제   147

Hong Kong, 93/10/26; *South China Morning Post* 93/10/26).

그러나 장쩌민과 주룽지는 분세제를 도입하고자 하는 초기 계획을 포기하지 않았다. 덩샤오핑 또한 베이징 지도자들 사이에서 재정 개혁에 대한 합의가 이뤄진 것으로 보이자, 재정 부문에서 더 이상 자신의 주장을 고수하지 않았다. 결국 재정 개혁은 1993년 11월에 개최된 제14차 당 중앙위원회 3차 총회에서 주요 안건으로 제안되었다. 이 총회에서 장쩌민은 '민주집중제'의 원칙을 강조하면서 지방 지도자들로 하여금 다수의 견해에 따라 분세제 개혁에 동의하도록 압력을 가했다(『中國時報』 94/01/19). 결국, 1993년 7월 22일에 열린 국무원 판공실 회의에서 본래 계획했던 원안대로 일정이 확정되어, 1994년 1월 1일부터 새로운 분세제가 전국적으로 집행되었다(劉佐 2000, 280).

3) 1994년 분세제의 집행

1994년 분세제의 전국적인 도입은 중국 재정 체제를 표준화하려는 중앙정부 및 재정 부문의 집요한 노력이 결실로 맺어진 것이었다. 동시에 중앙과 지방의 관계에 있어서도 중앙이 다시 재정 흐름의 통제권을 장악하게 되는 주요한 전환점이 되었다.[29] 이 세제 개혁의 핵심은 세원을 중앙세, 지방세, 공유세로 분류하여 중앙과 지방이 각각의 세원을 확보한다는 것이었다. 투명성과 규칙성을 확보하기 위해 세원을 분류하고 단순화하여 산업과 상업 부문에서 세수 항목이 30개에서 17개로 현저히 줄어들었다.

---

[29] 1994년 3월 10일 제8차 전국인민대표대회 2차 회의에서 행한 리펑의 정부 공작 보고 참조(中共中央文獻研究室 編 1996, 164-197). 아울러 『經濟日報』(93/10/22) 참조. 특히 제도화의 중요성을 강조한 부분은 項懷誠 編(2000) 참조.

또 제도적으로 분세제하에서 국가와 지방 세수 수취 기관들은 개별 행정 구역에 따라 징수를 하게 되었다. 즉, 지방세무국을 지방 국가세무국과 지방 세무국으로 분리하여 이전에는 지방정부의 행정적 관할이었던 중앙세와 공유세를, 중앙정부의 직접적인 통제 아래 놓이게 된 지방의 국가세무국이 관리하게 되었다. 예를 들어 안후이성에서는 국가와 지방세무국 분리 작업이 1993년 12월부터 시작하여 1994년 8월에 완성되었다. 안후이성 내 기존 2만 여 명의 세수 관련 종사자들 가운데 1만 2,000명은 다시 국가세무국에 배속되고, 나머지 8,000명은 지방세무국에 배치되어 국가세무국에 대한 위상이 상대적으로 높게 책정 되었다.30

이러한 조직적 변화는 성급 정부에 대한 중앙정부의 영향력을 강화하였고 중앙이 징수된 세금의 약 60%를 거둬갔다. 지방의 세수 기관은 지방세에 대한 권한만을 행사할 수 있었다. 새로운 조직 개혁은 실질적으로 이전의 징세 과정에서 발생했던 감찰 체계의 문제를 다소 해결해 주었다.31 중앙정부는 중앙이 직접 통제하는 지방 국가세무국이 설립되어 중앙세와 공유세를 징수하게 됨에 따라, 이상 포괄적인 지방 세무 감찰 조직을 필요로 하지 않게 되었다. 따라서 비록 세무 감찰 조직 자체는 1998년까지 남아있었지만, 중앙정부는 1993년에 이미 국무원의 세금, 금융, 가격 감찰 업무와 관련된 판공실을 폐지하였다.

그러나 분세제의 집행 과정을 볼 때, 중국 정치의 정책 결정 과정상 합의와 타협을 중시하는 조직적 특성과 제도적 역량의 부족으로 본래 계획했던 전국적이고 완전한 수준의 재정 표준화 목표에는 도달하지 못했다. 중국 정치의 정책 결정 과정은 특정 이슈와 관련하여 상이한 이해 집단들 간 이해관

---

30 안후이성에서의 인터뷰(2000).
31 상하이에서의 인터뷰(2000).

계의 대립이 존재하면, 일방의 정책이나 이해에 손을 들어주기보다는 정책 집행을 용이하게 하기 위해 상호 이익의 상황을 창출해내는 데 더 주력했다. 중앙 행정 당국과 재정 부문의 재정 표준화라는 목표는 덩샤오핑과 지방정부들이 강조했던 것처럼 경제 발전을 우선적으로 고려한다는 원칙과 양립하기 위해 절충적인 방향으로 조절되었다. 결과적으로 표준화의 정도와 세수에 대한 중앙의 통제는 계획된 것보다 높지 않았다. 원래 목표했던 중앙정부가 60%로 세수 통제력을 강화하는 문제는 향후 5년 이상의 기간을 두고 달성할 장기적인 목표로 재조정되었다. 물론 1994년 중앙정부는 55% 정도의 세수를 통제할 수 있었다. 이는 1993년 22%와 비교했을 때 엄청난 증가였다(『中國統計年鑑』1999, 275).

중앙정부는 성 정부가 최소한 1993년 당시 수준의 세수 규모를 유지할 수 있게 해줄 것을 보장함으로써 지방의 반대를 완화시켰다. 사실상 이후 3년간 중앙정부는 새로운 재정 개혁으로 인해 초래된 지방정부의 재원 부족분을 보상해주는 데 막대한 비용을 쏟아 부었고, 덕택에 실제 중앙정부의 지출 점유율은 세제 개혁에도 불구하고 하강하였다(『明報』93/11/29). 재무부 부장 류중리(劉仲藜)는 새로운 재정 개혁 조치가 개인이나 기업의 부담을 가중시키지는 않을 것이라는 것을 동시에 강조하였다. 상대적으로 높은 세율을 적용받았던 국가소유기업(SOEs)들에게 평균 세율 55%에서 33%로 세율을 하향할 것이라고 약속하여 분세제에 대한 지지를 이끌어 냈다. 그리고 분세제 개혁의 집행 과정에서의 문제점들을 완화하기 위해 개혁의 전환 기간을 3년으로 상정하였다.

1994년 분세제 개혁에서 세수의 중앙 통제 강화는 공공연한 목표였다. 그러나 이 개혁은 지방재정 분권화를 위한 하나의 분기점이라고 평가할 수 있을 정도로 지방재정의 차원에서도 독립적인 재정을 위한 제도적 장치를 마련해 주었다. 중앙정부는 지방에 할당된 세원을 제도적으로 규정하고 항목을 증가시킴으로써 좀 더 투명하고 독립적인 지방재정을 확립하는 길을 제공했다. 이에 따라 지방정부는 중앙정부의 임의적인 압력에서 일정 정도 벗어나 좀 더 안정적인 지방 세수를 확보할 수 있었다. 지방정부는 개별 지방에 할당된 세금을 그들의 목적에 부합하게 소비하고 1993년과 같은 지출 수준을 누릴 권리를 보장받았다. 이러한 차원에서 1994년 재정 개혁은 재정 부문의 분권화를 위한 주요한 전환점이 되었다고도 평가할 수 있다.

표준화되지 않은 재정 운영을 규제하기 위한 예산법이 1995년에 도입되어 각 정부 부처의 무분별한 지출(soft-spending)에 상당한 제약을 가했다.[32] 재정부는 예산법에 따라 구체적으로 세수와 지출의 모든 항목에 코드, 명칭, 설명을 첨가하여 분류했다. 이 예산법의 순조로운 집행을 위해, 예산과 회계 업무의 표준화 작업 내용을 내부 문건으로 돌려 교육을 강화하는 조치를 취하기도 하였다. 그러나 실제로 이는 엄격하게 적용되지 못했고, 정치적 타협의 산물로서 중앙과 성급 정부의 세금 나눠 갖기식 행위가 여전히 강하게 남아 있었으며 아직까지도 분세제의 집행은 현급 정부 수준에까지 미치지 못하고 있는 실정이다.

중요한 것은 재정 자립도 지표(〈표 3-1〉)가 나타내듯이 1994년 재정 개혁은 세수 부문에서 중앙정부와 성급 정부가 영합적 게임의 특징을 띤다는 것을 보여 주고 있으며 중앙정부의 성공으로 받아들여지고 있다. 각급 정부의 재정 자립도 지표는 1994년 재정 개혁 이후 중앙정부의 경우 0.73에서 1.66으로 지방정부의 경우 1.02에서 0.57로 완전히 바뀌었다는 것을 말해준다. 개혁 이후, 지방정부는 부족한 지출을 메우기 위해 중앙정부의 재정과 보조금에 의존하였다(王紹光·胡鞍鋼 1999, 165). 특히 중앙 지역과 내륙지역에서는

---

[32] 이 내용에 대해서는 財政部(1999b) 참조.

거의 모든 지방정부가 중앙정부에 재정적으로 의존하지 않을 수 없는 상황이 되어 중앙정부에 재정적으로 종속되었다. 중앙정부가 1994년 분세제 도입을 통해 주요 세금 자원을 통제하자, 지방정부는 새로운 세제하에서 손해 본 만큼에 대한 보상을 받기 위해 부가적인 세금 및 여타 세원의 징수를 늘리기 시작하여 제도 외적 예산의 규모를 대폭 확대하였고, 오늘날 농촌 지역에서의 정치적 불안의 주요 원인을 제공하고 있다.

1995~97년 사이의 통계에 의하면 중국 각급 정부의 징수 증가율은 놀라운 성공을 거두고 있는데, 중앙정부가 거둬들인 세수의 평균 성장률은 13.3%, 지방정부의 세수 증가율은 24.1%에 달했다(劉佐 2000, 100). 아울러 오늘날까지 세수 증가율은 GDP 성장률을 앞질러 중국의 각급 정부가 상당한 규모의 재정적 통제력을 보유하고 있는 것으로 보인다. 중앙정부의 실질적인 세수 규모에 대해서 여러 이견이 존재함에도 불구하고 이러한 수치는 중앙정부가 지난 세수계약제 때보다 더 많은 세수를 축적하는 데 성공하였고 지방정부의 재정 부문 역시 활성화시켜 1994년의 개혁이 성공적이었음을 보여 준다.[33]

5. 맺음말

세수계약제와 분세제를 도입하는 과정을 살펴보면 세 가지 특징을 찾아볼 수 있다. 첫 번째는, 중국의 정부 기관 간 관계가 자율적이고 협상에 기반

---

[33] 한 가지 주목할 만한 것은 광둥이 새로운 재정 체제에서도 놀랄 만큼 낮은 정도의 세수 부담을 허용 받았다는 것이다. 1995년 광둥의 중앙정부에 대한 상납률은 오직 14%에 불과하였다. 이에 반해, 상하이는 76%, 지방 평균은 46%였다. 그러나 1998년 다른 지역에서는 하강하는 추세와는 달리 광둥의 상납률은 25%로 증가하여 전국 평균 28.8%에 근접하게 되었다.

을 둔 것에서 규칙에 기반을 둔 것으로 바뀌고 있다는 점이다. 지방정부는 1994년 재정 개혁 이후 이전보다 재원에 대한 통제력을 상당히 잃었으나 중국 각급 정부는 여전히 각자의 세수 기반을 지닐 수 있었다. 재정 부문에서 표준화는 여러 이익집단들의 재정적 이해 측면만이 아닌 좀 더 광범위한 의미의 정치적 통제 문제와도 연관되어 있기 때문에 심각한 정치적 갈등을 유발시킨다. 특히 이미 지방정부에 부여한 권한과 권리를 회수하여 통제를 강화한다는 것은 대단히 어려운 일이었다. 이러한 측면에서 분세제 개혁은 재정 표준화를 위한 중국 중앙정부의 집요한 노력의 결실이었다. 분세제 개혁에도 불구하고 높은 수준의 세제 표준화를 달성하기 위해서는 여전히 많은 정치·제도적 과제들이 남아 있었지만, 규칙을 기반으로 한 제도 성립의 기본적인 틀은 완성되었다. 이 과정에서 적어도 중앙과 지방세무국의 분리, 세제 분할, 세무국의 확장, 시(구) 단위(township level)의 감독 체제 설립, 재정 활동과 인사관리 제도 사이의 관계 강화 등 목표가 달성되었다.

그 결과, 중앙정부는 경제 발전과 성장의 희생 없이 GDP 증가율보다 높은 수준으로 세수 증가율을 안정화 시킬 수 있었다. 지방정부에 대한 중앙의 세수 보유율(revenue share)은 1993년 22%에서 1994년 55% 이상으로 대폭적으로 향상되었다. 한 예로, 중앙정부는 제9차 5개년 개발계획 기간 동안 GDP 증가율은 8%, 세수 증가율은 10%의 목표치를 설정했으나, 1996~99년 사이에 실질 GDP 증가율은 7.7%였고 세수 증가율은 16%로 목표를 초과 달성하였다(『中國統計年鑑』 1997, 70-71; 沈立仁 編 1999, 794). 이는 1997년 이후 동아시아 경제 위기에도 불구하고 이 정도의 GDP 증가율과 세수 증가율을 기록한 것은 놀라운 성공이었다.

두 번째 특징은 중국 지도자들이 합의를 통한 의사 결정 방식을 강하게 고수하였다는 점이다. 중국의 지도부는 타협, 협상, 설득과 인내심을 바탕으로 합의에 도달하고자 하는 노력을 경주하였다. 지방의 이해와 밀접하게 연관된 사안에 대한 지방의 선호도 여부는 정책 결정과 이행의 과정에서 하나의 주요한 변수로 작용하였고 시간이 흐르면서 더욱 중요해졌다. 그러나 가장 주요한 정책 결정 요인은 중앙 지도부 차원에서 합의에 도달할 수 있었는가 여부였고, 이는 특히 재정 부문에서 주요 정책을 도입하는 데 있어서 결정적으로 작용하였다. 세수계약제의 경우 정책 결정과 집행이 비교적 용이하였는데, 이는 지방이 적극 지지하는 사안이었고, 중앙 차원에서도 당시 상황에 따라 도입에 대한 합의가 이루어져 쉽사리 집행되었다. 그러나 분세제의 도입은 지방의 지지를 얻지 못했을 뿐만 아니라 일부 연해 지역의 집단적인 저항에 직면했기 때문에 중앙과 지방 지도자, 관료들 사이의 다층적인 합의 과정을 필요로 했다. 중앙 지도부에서 분세제 도입에 대해 합의가 이루어지면서, 분세제의 원활한 집행을 위해 강도 높은 협상과 설득, 타협 및 협박 등의 수단을 통해 지방정부가 분세제를 받아들이지 않을 수 없게 하였다.

합의에 기초한 정치(consensus-building politics)는 세수계약제와 분세제의 도입과정에서 절대적 이득의 갈등을 야기할 수 있는 본래의 구도를 변화시켜 비영합적 게임을 가능하게 하였다. 이러한 타협의 결과로 1994년 재정 개혁은 단순한 중앙 집중화 조치에 그치지 않았다. 기존의 전통적인 시각과는 달리, 당시 재정 개혁은 지방정부의 세수 자원 확보를 위한 법적 근거를 제공해줌으로써 지방재정을 중앙의 행정 권력으로부터 자율성을 강화해 주는 주요한 진전을 이뤄냈다. 이에 따라 1994년 재정 개혁은 제도적인 측면에서 바라 볼 때, 단순한 권력의 위임을 넘어 분권화가 이뤄졌고 지방에서의 재정 정책 수립과 집행이 더 수월해졌다.

세 번째는 재정 표준화를 위한 중국 중앙정부의 노력이 확고했다는 점이다. 많은 중국 전문가들이 비공식적이고 유연(discretionary)한 중국의 경제 운영 방식을 비판하면서 이는 중국 개혁 자체의 문제점이자 중앙정부의 총체적이고 제도적인 무능력의 증거라고 보았다. 그러나 개혁 시기 중국 정부의 모든 총리(premiers)들은 그 정치적 성향과는 관계없이 세수 및 재정 체제의 제도화를 지속적으로 추진하여 왔고, 재정 부문의 조직 능력을 확장하려 하였다. 이러한 중국 역대 총리들의 재정 개혁 정책은 여타 정치적 지도자들이 정치적 목적과 이해를 증진시키기 위해 재정 체제를 조작하여 이득을 증대하려는 비생산적이고 착취적인 행위를 불가능하게 했다. 여러 차례의 경제적 어려움과 변동(vicissitudes of the economy)을 겪으면서, 일시적으로 좀 더 유연한 1988년 재정 체제로 잠시 후퇴한 적도 있지만, 이들 총리들은 재정 체제의 표준화 목표를 지속적으로 추구하여 왔다. 개혁 시기의 이러한 지도력은 여타 개발도상국이 가지지 못한 중국의 이점이라는 것이 증명되었다. 중앙정부와 지도자들은 관료 조직 차원에서 혹은 지방 차원의 저항과 같은 많은 어려운 여건 속에서도 재정 표준화 제도를 정착시킬 수 있다는 그들의 능력을 보여 주었다.

제7장
중국 개혁 시기 정부 간 관계 변화:
통제에서 타협과 계약으로

1. 도입말

본 연구는 1978년 이후 개혁 시기에 중국에서 변화하는 정부 간 관계[1]의 추세와 특징이 무엇인지를 살펴보고자 한다. 1978년 이후 개혁 시기 중국의 정부 간 관계는 경제적 분권과 정치적 집권의 일반화된 정향으로 설명된다. 하지만 이 글은 개혁 시기 중앙과 지방 관계 및 지방 상급 행정기관과 하급 행정기관 사이의 관계는 분권 혹은 집권이라는 단순화한 관계로 설명할 수 없는 좀 더 복합적인 관계를 지니고 있음을 지적한다.

과거 마오쩌둥 시기 및 개혁 초기 정부 간 관계는 중앙과 지방 (특히 성급 정부) 사이의 수직적인 관계를 위주로 설명할 수 있었다. 중국은 1978년 제11기 중국공산당 3차 중앙위원회 전체회의에서 개혁개방 정책을 표방한 이래 경제체제를 계획경제에서 시장경제로의 전환하는 대변환을 시도하여 왔다.

---

[1] 정부 간 관계란 중앙-지방 및 지방-지방 간 관계를 포괄하는 말이다. 여기서 지방정부란 일정 영역 내에, i) 법률에 의거해 인민대표대회를 지니고 있고, ii) 행정을 담당하는 행정 권력 기구가 구성되어 있고, iii) 국가 법률 기관이 존재하며, iv) 자체의 예산·결산 제도를 가진 재정 제도를 가져야 한다(郭才 1993, 23). 이런 의미에서 향촌(鄕村)에서 "촌"(村)이나 성진(城鎭) 중 "가도"(街道)는 지방정부에 포함되지 않는다.

중앙정부는 지방의 경제적 적극성을 고취시키기 위해 경제 부문에서의 분권화 정책을 추진하였다. 이 과정에서 점차 경제적으로 독립성을 강화한 지방정부와 중앙정부는 경제뿐만 아니라 정치적 영역에서도 충돌이 일상화되었으며 집권·분권화의 추세가 혼재된 상태로 나타났다. 이 통제의 위기에 대응하여 중앙정부는 다양한 방식을 통해 성급 정부에 대한 수직적 영향력 행사 관계를 유지하려 하고 있으며, 성급 정부 역시 유사하게 하급 지방정부에 다양한 행정적 통제를 행사하고 있다.

이 글은 중국의 정부 간 관계에서 상대적으로 큰 변화를 가져 왔거나 그러할 개연성이 큰 재원 이동과 행정적 위계질서의 변화에 분석의 초점을 맞추면서 정부 간 관계의 변화 추세 및 이러한 질적인 변화를 가능하게 한 요인들을 분석하고 이해하는 데 목적이 있다. 이러한 중국의 정부 간 관계는 더이상 수직적 명령과 일방적 지시 관계로 적절히 설명할 수 없으며, 점차 경제적 이해관계에 입각하여 협의와 타협을 통한 계약적이고 절충적인 관계로 이행하는 경향을 보여 준다.

2절에서는 우선, 개혁 시기 정부 간 관계가 중앙정부가 주도하는 수직적인 통제 방식의 규범에 어떠한 변화가 발생했는지를 검토한다. 그리고 '지방 행정구' 경제라는 현상의 등장과 이에 수반하는 문제점들을 설명하고 재정 부문에서의 예를 들어, 중앙정부와 성급 정부의 관계가 수직적인 관계에서 계약과 타협의 관계로 더 잘 설명될 수 있음을 보여 준다.

3절에서는 개혁 과정을 통하여 정부 간 관계가 어떠한 특징이나 추세를 보여 주고 있는지를 제도적 접근을 통하여 설명하려 한다. 우선 중앙정부가 행정적·정치적 권위를 바탕으로 추진한 '뚜이커우'(對口) 제도를 다룬다. 이는 중앙정부의 재원이 부족한 상황에서 기존의 일대일 협상을 통해 중앙정부가 성급 정부를 직접 통제하는 방식을 택하지 않고 성급 정부 간에 직접적인 협상을 격려한 획기적인 조치였으며 지역 격차 문제를 완화시키려는 시도였다. 다음은 정부 간 관계의 성격이 중앙정부의 주도와 수직적인 통제 관계에서 벗어나 점차 다각화되고 분권화되는 추세에 있으며 경제적 이해관계가 주요한 변화의 동인이라는 것을 설명한다. 그리고 다각화와 분권화의 추세 속에서 지방정부 간 협력과 합작 성공의 대표적인 사례로 알려진 양산항 건설 사례를 분석할 것이다. 이 양산항 건설과 관련한 정책 결정은 알려진 것과는 달리 좀 더 복합적인 정부 간 이해관계의 충돌이 전개되었음을 말해주며 새로운 정부 간 관계의 특징 및 한계를 잘 예시한다.

이 모든 논의에서 정부 간 관계 변화를 이해하기 위해서는 경제적 이해관계 뒤에 숨겨져 있는 정치적 이해관계를 이해할 필요가 있다. 그 중 중앙정부는 개혁에도 불구하고 여전히 인사 부문의 통제와 행정적 위계질서를 통하여 정책 우선순위, 이슈 선정(Agenda Setting)및 게임의 규칙을 제정(Rule Setting)하는 능력을 유지하여 왔다. 하지만 개혁 시기 중앙-지방 관계는 단순히 수직적으로 도식화할 수 있는 단순한 관계는 아니며 중앙-성급 정부 간 뿐만 아니라 각급 지방정부 간에도 다층적인 이해의 갈등과 협력 관계를 내포하고 있다. 지방정부는 중앙정부와 직접적인 충돌을 회피하면서 자신의 경제적 역량에 따라 자체의 이해를 추구하여 왔다.

글의 성격상 경제 수치와 관련한 자료 수집뿐만 아니라 광범위한 문서를 검토했다. 또한 문서화하지 못하거나 부족한 내용은 인터뷰를 통해 보충했다. 자료의 수집은 주로 홍콩의 중원(中文)대학 중국연구센터와 상하이에서 이루어졌다. 특히 중원대의 중국연구센터는 다양한 중국의 내부 문건 즉,『經濟研究參考資料』,『經濟研究參考』,『改革內參』,『內部參閱』등을 보유하고 있어 내부적으로 논의되는 이슈들에 대해 더 밀접하게 접근할 수 있었다. 인터뷰는 상하이에서 2004년 8월 15~19일 사이에 집중적으로 이루어졌다. 5명의 관련 부처 관리 및 학자들과 인터뷰를 했는데, 이름과 직위를 직접적으로 거명할 수는 없지만 정부 부처의 위원장급을 포함하고 있으며 이 연구에 필요한 주요한 식견과 정보를 제공하였다. 그 밖에 한 중국의 학자가 제공한 자료를 역추적해 인터넷에서 검색한 자료를 활용하였다.²

2. 개혁 시기 정부 간 관계의 조정

1) 협의와 타협의 규범 부활

마오쩌둥의 시대에서 새로이 개혁개방을 표방한 덩샤오핑의 시대로 들어서면서 나타나는 중국의 정부 간 관계의 주요한 특징은 수직적 통제/명령 관계가 점차 완화되었다는 점이다. 대신에 덩샤오핑을 위시한 당 지도부는 당의 '민주집중제' 전통 속에 역사적으로 구현되어 있는 타협과 합의의 전통을 부활시켰다.³ 이는 일부 당 지도자나 집단이 권력을 전횡하는 것을 막고 또 현실과 동떨어진 그릇된 정책을 채택하는 것을 최소화하는 제도였다. 이러한 변화의 이면에는 중국이 당시 처한 상황과 문제점에 대한 중국공산당 정치 지도부의 인식과 노력이 중요한 작용을 하였다.

우선, 민주집중제에 입각한 정책 결정은 덩샤오핑을 위시한 어느 지도자도 과거 마오쩌둥과 같은 권위와 카리스마를 지닐 수 없는 상황에서 나온 제도였다. 당시 개인 독재의 폐해와 정치적 투쟁으로 인한 대 혼란과 갈등을 경험한 중국인들에게 개인의 전횡을 막을 제도적 장치가 필요하다는 광범위한

---

2 이러한 중국 자료를 이용하는 데 따라 올 수 있는 문제점이나 잘못된 인용 및 해석은 전적으로 저자의 몫이다.
3 이에 대한 글은 김흥규(2004).

인식이 존재하였다. 개혁에 대한 경험과 청사진이 부족한 상황에서 개혁의 특성상 점차 전문화되고 분업화된 경험과 지식을 필요로 하였다. 기존의 정치 지도자가 새로운 정책을 효과적으로 다룰 능력이 부족한 상황에서 다양한 전문가와 동료들의 의견이 필요했고, 최소한 불확실한 정책의 집행에 대한 정치적 부담을 덜 수 있는 제도가 요구되었다. 또한 정책 집행의 측면에서 볼 때, 제도적 미비와 혼란으로 정책 집행이 의문시되는 상황에서 이해관계가 있는 정치 지도자들이나 유관 관료 기구 간 합의에 의해 정책이 채택되었을 때, 하위 기관에 정책을 집행하게 할 강력한 압력으로 작용하였다.

이러한 정책 결정 과정 관행의 특징은 협의와 타협을 중시하고, 주요 정치 지도자들이나 부처 간 합의에 입각하여 주요 정책을 결정한다는 점이다. 따라서 합의를 중시하는 관행에서 나타나는 정책의 성격은 절충적인 형태를 띠게 되었다. 이 과정에서 합의 형성을 위한 비공식적인 조정 과정이 공식적인 단계 못지않게 중요한데, 정책 입안 단계에서 집행까지 종종 절충을 위해 상당한 시간을 필요로 하였다.

새로운 정책 결정의 관행은 정부 간 관계에 투영되었는데 개혁 시기 중앙-성급 정부 간 관계는 1988년 세수계약책임제의 도입에서 극적으로 나타나듯이 명령에 의한 수직적 관계라기보다는 계약적 관계에 더 가까웠다. 비록 지역적 및 행정적 단위 간에 편차가 존재하기는 하지만 지방정부 간 관계도 이러한 계약적 유형을 답습하였다. 이러한 과정에서 경제적 분권화 조치에 따라 새로운 정치 행위자로 등장한 지방 세력, 특히 성급 단위의 지도자들은 사안에 따라 차이는 있지만 점차 중앙의 정책 결정 과정에도 상당한 영향력을 행사하였다. 중앙정부는 정책의 효과적인 집행을 위해 점차 경제적·재정적으로 독자성을 강화하고 있던 성급 정부와 협의 및 타협을 필요로 하였고 일방적인 형태의 정책 집행을 할 수 없는 상황에 이르렀다.

2) '지방 행정구' 경제의 출현

중앙정부에 권력이 집중되고, 계획이 시장을 압도하는 사회주의 체제의 구조적 문제점은 하급 단위에 인센티브를 제공하지 못하고 또 정확한 정보를 획득하는 데 드는 비용이 클 뿐만 아니라 그 정보도 신뢰성을 확보하기 힘들다는 점이었다. 따라서 개혁 지도부가 택한 주요한 개혁 전략 중 하나는 하급 단위에 인센티브를 주는 것이었다. 현지 실정을 보다 더 잘 이해하는 지방정부로 하여금 더 많은 권한을 가지고 현지에 맞는 정책(因地制宜)을 추진하게 하였다.

개혁개방 시기에 중앙정부는 경제 관리의 분권화 정책에 따라 성급 정부[4]에 정책의 구체적인 집행 권한을 상당 부분 위임하였다. 그리고 각급 행정단위의 재력이 자체의 경제 발달과 세수의 증가에 의해 결정되는 체제를 제도화시켰다. 성급 정부는 이러한 권한을 바탕으로 성급 이하의 정부와 관계를 체결하였고, 상당한 자체의 재력을 갖게 되었다.[5] 중앙정부는 1994년 분세제 개혁 이전까지 성급 정부와 일대일의 계약 방식을 통하여 재정적 책임 관계를 규정하였고, 성급 정부는 다시 그 하급 정부인 성시(城市)나 현급 정부와 일대일의 협상을 통해 재정 계약을 체결하였다. 그리고 이들 정부는 다시 하급 단위인 향진 정부와 계약을 체결하였다. 성급 정부는 중앙정부의 관여 없이 현급 정부와 독립적으로 일정한 계약을 체결할 수 있었다. 물론 이후 좀 더 구체적으로 거론하겠지만 이들 계약에서 상급 정부와의 계약 내용과 형식을 하급 정부와의 계약에서 반드시 그대로 반영한 것은 아니었다. 또

---

4 2004년 현재 성급 정부 수는 베이징, 상하이, 톈진, 충칭 등 4개 직할시를 포함하여 총 31개이다.
5 지방정부 중 성급 정부의 상대적 권한 집중에 대한 예로는 특수 구역 설정의 허가권이 국무원과 성 정부에 제한되어 있다는 기사를 다룬 "向開發區圈地運動開刀," 『經濟日報』 (01/12/15). 부빈 공작(扶貧工作)의 권력, 자금, 임무 및 책임이 다 성 정부에 집중되어 있다는 기사는 "中國農村扶貧開發綱要," 『人民日報』 (01/09/20).

한 분세제가 중앙-성급 정부 수준에서 시행된 이후에도 2000년대까지 하급 단위와의 계약은 과거 세수계약책임제에 입각하여 체결한 경우가 많았다.

중국의 각급 정부 재정은 기업의 행정적 소속 관계에 대한 의존도가 상당히 크다. 국영 및 집체기업에서 나오는 이윤과 각종 세금이 각급 행정단위의 주요 재원이었는데, 이들 기업들의 행정관리 권한을 어느 정부가 지니고 있느냐에 따라 각급 정부 재원의 규모가 결정되었다. 개혁 시기 중앙정부는 경제 영역에서의 분권화 정책에 따라 대다수의 기업들에 대한 관리 권한을 시급 도시에 부여하였고 이에 따라 시급 도시의 재정적 지위는 나날이 높아졌다.[6] 이는 향후 행정적으로 상위에 있는 성급 정부와 시급 정부 사이에 재정 분배를 둘러싼 갈등을 야기하는 주요 이슈가 되었다.

제3장의 〈표 3-1〉의 수치는 각급 행정단위에서 공식적인 세수와 세출 규모의 차이를 나타내고 있다. 이 〈표 3-1〉에 의하면 중·대형시인 지급 정부와 행정단위의 말단인 향급 정부가 비교적 풍부한 재원을 보유하고 있는 것으로 나타난다. 하지만 중국에서 이들 정부의 최종 재원은 상급 정부와의 협상 결과에 의하여 결정된다는 점을 고려할 때 실제 가용 자원의 내용을 반영하고 있지는 않다. 경제적 분권화 시기에 각급 정부 간 재원의 사용을 놓고 갈등과 긴장이 첨예하게 존재할 때, 성급 정부는 상급 정부의 이점을 활용하여 하급 지방정부에 대해 상대적으로 유리한 재원 조정력을 누렸다.

〈표 7-1〉은 1988년 체결된 중앙-성급 정부 간 세수계약의 내용을 보여주는데, 1987~88년 당시 매년 10% 이상의 경제성장률을 고려할 때 중앙정부에 대단히 불리한 계약이었다. 계약은 중앙정부와 개별 성급 정부 사이에 일대일의 협상 방식을 통하여 체결되어 다른 성급 정부가 그 협상 내용을 알

---

6 이에 대한 실증적 조사는 李揚·楊之剛·張敬東(1992, 16-36).

〈표 7-1〉 1988~92년 기간 중앙-성급 정부 간 세수계약의 내용

구분	정율 체증제		세수 보유율	정액 체증제		중앙 상납액 (억 위안)	중앙 보조액 (억 위안)
	기본 보유율	상납 증가율		기본액 (억 위안)	상납 증가율		
베이징	50.0	4.0					
톈진			46.5				
허베이	70.0	4.5					
랴오닝	58.3	3.5					
상하이						105.0	
장쑤	41.0	5.0					
저장	61.5	6.5					
푸젠(福建)							0.5
산둥						2.9	
광둥				14.1	9.0		
광시							6.1
산시(山西)			87.6				
네이멍구							18.4
지린							1.1
헤이룽장 (黑龍江)						3.0	
안후이			77.5				
장시(江西)							0.5
허난(河南)	80.0	5.0					
후베이							
후난(胡南)				8.0	7.0		
쓰촨							
구이저우							7.4
윈난							6.7
티베트							9.0
산시(陝西)							1.2
간쑤							1.3
칭하이							6.6
닝샤							5.3
신장(新疆)							15.3

주: 1. 각 수치는 반올림한 것임.
    2. 1989년부터 적용됨.
    3. 후베이성과 쓰촨성은 우한과 충칭시가 계획단열시로 지정되어 중앙의 직접적 통제를 받게 됨에 따라 보조를 받는 성으로 전환되었다. 우한시와 충칭시는 중앙에 상납하는 것 이외에도 각기 세수의 4.8%와 10.7%를 후베이성과 쓰촨성에 상납하였다.
    4. 단위가 아닌 계획단열시인 다롄, 칭다오, 우한에 적용되었던 세액 및 증가 세율 분할 방식은 이 표에서 배제되었다.
출처: 課題組(1994a, 38-39), Wong, Heady and Woo(1995, 92-93).

수 없게 하였다. 계약 방식은 크게 여섯 가지인데, 중앙-성급 정부 간의 계약은 계획단열시에 적용된 세액 및 증가 세율 분할 방식을 제외한 다섯 가지 방식으로 나눌 수 있다〈표 7-1〉참조).

중앙정부의 주 재정 상납 지역인 연해 지역 성들과 체결한 정률 체증제의 내용을 분석하여 볼 때 저장을 제외한 나머지 성들의 상납 증가율이 대체로 5% 이하로 책정되어 있어 매년 경제성장률에 훨씬 미치지 못하였다. 과거 다른 성에 비해 상대적으로 가중한 비율로 중앙 상납을 하던 상하이는 이번 계약부터 아예 고정 상납액 방식으로 계약되어 재정 증가분은 모두 지방에 귀속할 수 있게 되었다. 산둥성과 헤이룽장성 역시 이러한 고정 상납액 제도의 특혜를 받아 상납액 이상의 재원 증가분은 자체의 재원으로 확보하였다. 내용의 차이에도 불구하고 이 세수책임계약제는 지방의 경제성장과 기업의 발달이 곧 그 지역의 세수 수익과 크게 연동되어 성급 정부의 지방 이기주의를 강화시키는 주요인이 되었다. 그리고 이러한 계약 내용은 이미 예측한 대로 1990년대 초반 중앙정부의 급격한 재정 약화를 초래하였다.

〈표 7-2〉은 세수계약책임제 기간 동안 랴오닝성에서 성 정부와 성시급 정부 사이에 체결된 계약의 내용이다. 당시 징세의 권한은 성시나 현급 정부에 집중되어 있었지만 이들 지방정부의 자체 행정단위가 거두어들인 재원을 모두 쓸 수 있었던 것은 아니었다. 성시급 정부가 가용할 자원은 해당 성시에서 거두어들인 총 세액 중에서 중앙 및 성 정부의 고정 세입과 공동 세입에서 중앙 및 성 정부의 몫을 제외한 총액을 성시 재정수입이라 하면, 여기에 다시 성 정부와의 계약에 의해 상납하거나 보조 받을 세액을 가감한 액수가 성시가 실제 가용할 재정수입이 된다.

랴오닝성이 중앙정부와 체결한 58.3%의 세수 기본 보유율에 3.5%의 매년 세액 상납 성장률과 비교하여 볼 때, 랴오닝성이 해당 성 내의 성시들과의 계약 관계에서 일정 정도는 성 정부에 유리하게 조정하고 있다는 것을 알 수

〈표 7-2〉 랴오닝성 내 12개 도시 간 정률 체증(定率遞增) 재정 계약 (1988~92)

성시	수입(만 위엔)	지출(만 위엔)	상납/보조액(만 위엔)	기본 상납률(%)	체증 계약률(%)
안산(鞍山)	108,429	14,694	93,737	86.45	3.93
우순(撫順)	56,851	17,247	39,602	69.66	5.0
번시(本溪)	28,079	9,236	18,844	67.11	5.5
단둥(丹東)	24,643	12,376	12,267	49.78	4.5
진저우(錦州)	30,145.3	14,898.1	15,247	50.58	3.5
잉커우(營口)	34,625	9,260	25,366	73.26	4.5
푸신(阜新)	4,924	12,343	-7,414	보조	3.5
랴오양(遼陽)	21,203	10,001	11,202	52.83	4.5
톄링(鐵岭)	8,574	17,469	-9,075	보조	3.5
차오양(朝陽)	12,253	20,246.4	-7,993.4	보조	3.5
판진(盤錦)	10,979	5,104	5,874	53.5	2.55
진시(錦西)	19,920.7	8,039.4	11,881	59.64	3.5

주: 랴오닝성은 총 14개의 성시를 포함하고 있다. 그 중 심양(瀋陽)과 다롄(大連)은 당시 계획 단열시로 중앙정부와 직접 협상하여 재정 분배를 하기 때문에 이 표에서는 제외하였다.
출처: 李揚·楊之剛·張敬東(1992, 21).

있다. 한 예로 재정수입의 규모가 큰 안산(鞍山), 우순(撫順), 번시(本溪), 잉커우(營口), 진시(錦西) 등의 성시에는 상대적으로 과중한 기본 상납률을 부과하고 거의 모든 성시에 중앙정부의 계약보다 높은 체증률을 적용시키고 있다. 〈표 7-2〉에서 드러난 성시급 정부가 쓸 수 있는 가용할 자원은 〈표 3-1〉에 나타나는 일반 통계 수치에서 보이는 것보다 훨씬 제한된 것이었다.

1991년 당시 중국 농촌 지역을 주로 관할하는 행정단위인 현급 정부의 2/3는 재정 적자(1999년 현재는 약 35%)에 시달리고 있었다(蘇明 2002, 21). 특히 랴오닝성의 14개 성시 정부가 관할하고 있는 45개 현급 정부는 거의 모두 재정 적자에 시달리고 있었다. 이들에 대해 보조를 해야 하는 성급이나 성시

정부는 실제 가용 재원의 상황을 고려할 때 상대적으로 관대한 중앙정부와의 계약에도 불구하고 재정적 상황은 어려웠다. 특히 개혁과 더불어 크게 증가하고 있는 지출의 수준을 감안할 때 각급 정부는 재정적 어려움에 직면해 있었다고 할 수 있다. 설사 재정적으로 풍족한 성이나 성시 정부라 할지라도 각급 행정 기구 재원의 규모가 각각 관할하고 있는 기업의 생산 활동과 이윤의 증대와 직결되어 있었기 때문에 각급 정부는 적극적으로 해당 지역의 기업과 산업을 보호하기 위한 조치를 취하였다.

이러한 제도적 결함과 경제적 이해관계는 지방정부 간 협력의 가능성을 크게 저해하였다. 1980년대와 1990년대 경제 발전이 낮은 수준에서 2차 산업과 시장을 강화시키는 과정에서 전국적인 범위에서 지방 행정단위 차원의 경제 간 이익 충돌과 갈등이 심화되었다. 각급 행정단위는 시장의 작동을 보호하고 공정한 규칙을 만들어 준수하게 하는 중재자의 역할보다는 적극적으로 경제활동을 하면서 자체의 경제적 이익을 극대화하려는 하나의 이해자로서 직접적으로 행동하였다. 각종 합법·비합법적인 수단을 동원하여 자체 지방의 이익을 극대화하려는 과정에서 지방정부 간 경쟁과 갈등은 불가피하게 확대되었다(曾華國·李風雙 2000, 24-26).

좀 더 구체적으로 말하자면, 각종 원자재의 확보를 둘러싼 원료 대전, 수출 산품의 가격 저하 경쟁 및 다른 지역 생산품에 대한 직·간접적인 무역 장벽 구축, 다른 지역 출신 노동자의 차별 및 우수 기술자의 유출 방지, 가공업에 대한 과도한 투자열 및 중복 건설 등으로 국가적인 차원에서 경제 운용의 합리성을 저해하면서 지방의 이익을 추구하는 현상이 만연하였다. 이러한 현상은 경제적 이해가 행정단위를 중심으로 분절되어 있다는 측면에서 '행정구 경제'(行政區經濟) 또는 과거의 봉토 위주로 경제의 한계가 규정된 봉건시대를 연상하게 한다하여 '제후 경제'(諸侯經濟)라 불렸다.

최근 2003년 국무원 발전연구중심에서 조사하여 보고한 내부 문건에 따르면 현재 이러한 지방 보호주의는 완화되는 추세에 있다고 한다. 이는 1990년대 중반 이후 중앙정부의 지속적인 문제 제기와 지방정부 간 협의와 협력 체제의 구축 노력 및 국제무역기구(WTO) 가입에 따라 강화된 경쟁 환경과 '규모의 경제' 요구가 지역 간 협력의 필요성을 더 촉진시켰을지도 모른다.

하지만 현행 행정단위 내의 재력과 복지가 자체 경제활동의 성패에 크게 영향을 받고 또 행정 권력의 이기적 경제활동에 대한 규제를 가할 수 있는 제도적 장치가 미비한 상황에서 행정구역을 넘어서는 시장의 확대 요구와 정부 간 협력의 필요성은 지속적인 마찰음을 낼 수밖에 없으며, 이는 21세기 중국의 중앙정부와 각급 지역정부가 풀어야 할 과제로 남는다.

3) 장쩌민 시기 중앙과 성급 정부 간 재정 관계의 재조정과 제도화

제3장에서 보여 준 〈그림 3-1〉은 재정수입과 지출에 있어서 중앙-지방 관계를 수치로 보여 주었다. 이에 따르면 중앙의 상대적 재정수입 점유율은 개혁개방 초기에 불과 16%에 불과했지만 이후 꾸준히 그 점유율이 증가하여 1984년에 41%로 정점에 이르렀다. 이는 개혁개방 초기에 중앙의 재정수입 부문에서의 통제가 오히려 강화되었다는 것을 보여 준다. 하지만 도시 부문 개혁이 시작된 1984년 이후로는 중앙정부의 빠른 지역개발 정책을 위주로 한 정책 우선순위의 변화와 세수계약책임제의 영향으로 점차 중앙정부의 재정수입 비중이 상대적으로 줄어들어 1993년에 22% 수준까지 이르렀다. 이는 중앙정부의 재정 통제력 상실이라는 위기의식을 강화시켰고, 왕샤오광과 후안강의 『중국국가능력보고』(中國國家能力報告)에서 잘 드러나듯이 당시 유행하던 중국 분열론의 주요 전거가 되기도 하였다(王紹光·胡鞍鋼 1994). 이에 따라 중앙정부는 정책 우선순위를 바꾸어 1994년 분세제를 본래의 계획보다

앞서 도입하였고, 중앙과 지방 사이에 존재하는 분배의 규칙들을 급격히 변화시켰다.

　분세제 개혁은 개혁개방 시대 중앙정부의 역대 총리들이 지속적으로 도입을 추진해 온 사안이었다. 우선 세수를 중앙세, 지방세 및 공유세로 구분하여 중앙과 지방정부는 각기 정해진 세원에 따라 자체의 재정수입을 확보하는 정책이다. 기존의 세수계약책임제는 중앙과 성급 정부 간에 일대일 방식의 협상을 통해 각 정부의 재정수입을 결정하였기 때문에 상대적으로 협상과 타협의 여지가 많았고, 지방 경제의 발전을 통해 경제성장을 이룩하려는 정책이 주가 되는 상황에서 지방정부, 특히 경제적으로 빠르게 발전하는 연해 지역의 정부가 선호하는 정책이었다. 하지만 이 세수계약책임제가 모든 지방정부에 유리한 것은 아니었다. 앞의 〈표 7-1〉에서 보여 주듯이 내륙지역의 성들에 대한 중앙의 재정 보조는 제한적이어서 과거에 비해 중앙의 재정 지원 증가율이 지극히 제한되거나 고정되었고, 당시 급속히 증가하는 경제성장과 재원의 필요성을 감안할 때 상대적으로 불리한 위치에 있었다. 따라서 이들 내륙지역의 성들은 분세제 도입과정에서 연해 지역 성들에 비해 상대적으로 적은 저항을 하였고, 분세제 체제에서 중앙의 재정 지원이 늘어날 것이라는 희망 아래 점차 중앙정부의 재정 정책 변화를 지지하였다.[7]

　세수의 관리에 있어서도 기존의 체제는 지방정부가 징수를 담당하였고 중앙에 이미 정해진 계약에 따라 상납하는 형식을 취하였다. 하지만 분세제의 도입으로 중앙정부는 중앙세와 공유세를 직접 운용하는 지방 국가세무국을 통해 징수하고 관리했기 때문에 대부분의 재원 관리를 중앙정부가 직접 담당하게 하였다. 지방 국가세무국의 인원은 기존의 지방세무국에서 분리한

---

[7] 이에 대한 자세한 내용은 Kim(2002, Ch. 5) 참조.

것으로, 대략 60 : 40의 비율로 지방세무국으로부터 분할하였다. 이러한 상황은 기존의 세무국과 인간적인 유대가 여전히 존재하였고 또 인력이 자체 지방에서 충원되었다는 측면에서 여전히 지방주의의 영향을 받고 있었다는 것을 말해준다. 하지만 제도적으로 이미 세원이 분리되어 있었고, 또 승진과 급여가 중앙정부의 통제를 받기 때문에 과거에 비해 재정 부문에서 중앙의 지방 통제는 크게 강화되었다고 할 수 있다.

1994년 분세제 도입 이후 중앙정부의 수입 비중은 56%로 급격히 증대되었고 2000년대 이후 안정적으로 55% 수준의 재정수입을 확보하고 있을 뿐만 아니라 중앙의 비중이 증대하는 추세에 있다.[8] 이는 중앙정부가 본래 60%의 수준까지 확대하기로 한 계획에는 못 미치지만 이러한 추세는 중앙정부가 재정수입 배분의 주도권을 확보하고 있다는 것을 보여 준다. 분세제 도입 이후 대부분의 성급 정부는 중앙의 재정 보조를 받지 않으면 안 되는 상황으로 전락하였다. 특히 분세제 시행 직후 연해의 6개 성급 지방정부 즉, 산둥, 상하이, 장쑤, 저장, 광둥, 하이난성은 중앙정부가 분세제에 의해 할당된 세액 이외에도 기존의 세수계약책임제 아래 체결된 계약을 적용하여 실제 규정보다 더 많은 세액을 상납 받아 지방에 이중의 부담을 주고 있다고 불평하였다(季曉南·余芝芳 1995, 14-16). 다른 한편으로 중서부의 8개 성의 성도인 시안(西安), 청두(成都), 정저우(鄭州), 타이위안(太原), 란저우(蘭州), 인촨(銀川), 시닝(西寧), 우루무치(烏魯木齊) 시장들은 재정적 어려움을 주장하면서 매년 10%의 보조 증액과 현행 25%의 부가가치세(增値稅) 반환율을 50%로 높여 달라고 요구하기도 하였다.[9] 하지만 이들의 요구가 받아들여졌다는 증거나 정황은 없다.

---

[8] 중앙은 본래 60%의 수준까지 확대하기로 계획했다(베이징에서 후안강과의 인터뷰, 1999).
[9] 이에 대해서는 "傳中西部八省會市長上書江澤民," 『聯合報』(97/01/26).

재정 지출 부문에 있어서 중앙-성급 정부 간 관계는 수입 부문의 추세와는 다르게 나타난다. 개혁개방 이후 일시적으로 중앙의 비중이 상승한 이후 지속적인 분권화의 경향이 나타나고 있다. 재정 부문의 재집권화라 불리는 1994년 분세제 개혁이 도입된 이후에도 중앙정부의 재정 지출 비중은 상당히 낮은 상태에 머물러 있다. 이는 1984년 이래 중앙 정부가 지역 경제 발전과 사회 안정을 위해 지방정부가 많은 재원을 쓸 수 있도록 허용한 결과이자 이러한 기회를 적극 활용한 지방의 노력에 기인한다. 많은 지방 관리와 학자들은 중앙과 계약한 납세액의 규모를 채우는 한, 중앙정부는 지방재정에 관한 간섭을 극도로 자제했다는 것을 증언하고 있다. 또한 중앙정부는 정책 집행에 있어서 일방적인 강요보다는 일정 정도의 타협을 선호하였는데, 이는 분세제의 도입과정에서 재원 배분에 대한 통제를 강화하는 대신 지방이 향유해 온 기존의 재정 운용 규모를 보장해 주었던 데서도 알 수 있다.[10]

주목할 만한 사실은 1980년대 중기 이후 중앙정부의 재원 비중이 점차 부족해지는 시기에 중앙정부는 일반적으로 알려진 것보다는 더 적극적으로 예산 외 자금을 활용하였다는 것이다. 중앙정부의 예산 외 자금 운용 규모가 통계에 나타나는 1982년의 시점에서 보자면 중앙의 예산 외 수입과 지출 비중은 각기 33.7%와 30.9%를 기록하였다. 하지만 1985년부터 이들 비중은 40%를 넘었고, 또 예산 외 자금의 수치에서 국유기업의 항목을 제외하기 이전인 1992년의 통계를 보면 중앙의 예산 외 자금 수입은 44.3%, 지출은 43.6%에 달하였다.[11] 이는 당시 중앙의 예산 수입과 지출 비중이 28.1%와 31.3%에 불과했다는 것을 감안할 때, 중앙정부는 부족한 재원을 예산 외 자금에서 보충하여 예산 내의 자금을 중심으로 분석하는 일반 재정 통계의 추

---

10 이에 대한 더 자세한 논의는 Kim(2002, Ch. 6) 참조.
11 예산 외 자금 규모에 대해서는 財政部(2003, 373).

세와는 달리, 대략적으로 수입과 지출 부문에서 기존의 재정 관리 비중을 유지한 것으로 보인다.

지방정부 차원에서 예산 외 수입의 사용 규모를 보면 1986~98년의 기간 동안 각 지역의 성급 정부들은 예산 수입의 70% 이상 규모의 예산 외 자금 수입을 거두어들이고 있다. 하지만 지출 부문에 있어서 연해 지역의 예산 외 자금의 비중은 다른 지역에 비해 더욱 규모가 크다(Kim 2002, 338). 이는 구체적인 규모가 공식적으로 잘 드러나지는 않지만 연해 지역 성들이 전용할 수 있는 자금의 규모가 다른 지역 성급 정부들에 비해 상대적으로 컸다는 것을 의미하였다. 특히 필자의 1999년 상하이 인터뷰에서 상하이의 한 재정 전문가는 광둥이 그 규모를 밝힐 수 없을 정도로 폭넓게 이 자금을 운용할 거라고 증언하고 있으며, 그 규모는 더 제한적이겠지만 상하이 역시 상당한 규모의 예산 외 자금을 운용하는 상황일 것이라고 추정할 수 있다. 하지만 1994년 분세제의 도입과 더불어 중앙정부는 이들 연해 지역에 예산 내 지출의 지속적이고 자율적인 운용을 보장하는 대신 예산 외 지출 자금에 대해서는 규제를 가하였다. 따라서 지역의 예산 외 지출 부문에 커다란 타격을 가져 왔는데, 이는 재정 체제의 제도화라는 중앙정부의 정책 목표와 관련하여 커다란 진전을 의미하였으며, 지역적 편차 역시 크게 줄어들었다.

다양한 정황 증거들과 예산 외 자금의 수치는 중앙정부 및 성급 정부들이 실제 공식 통계 수치에 의해 나타나는 것보다 훨씬 많은 재원들을 통제하고 있다는 것을 보여 준다. 이미 앞서 지적하였듯이 시기와 항목에 따라서 집권과 분권의 흐름이 일관되게 나타나지 않기 때문에, 일률적으로 중앙-성급 정부의 관계를 규정하기도 어렵지만 1990년대 중반 일반적으로 유행했던 재정의 위기에 따른 중앙정부의 약화나 중국 분열론은 받아들이기 어렵다. 특히, 1980년대 중반부터 1990년대 초반까지 지방 경제의 활성화와 경제 발전이 중앙정부의 정책 우선순위였고, 중앙 재정의 확대가 중앙 정책의 최우선순위가 아니었다고 한다면 단순한 재정 수치 비교를 통해 중앙-지방 관계를 논의하는 것은 한계가 있다.

중앙정부의 재정 자립도나 운용 규모는 1990년대 초반을 제외하고는 개혁개방 기간 동안 크게 악화되지 않았다. 특히 장쩌민 시기에 중앙정부는 제도 개혁을 통해 재정수입의 흐름을 극적으로 바꾸어 중앙정부의 통제력을 크게 강화시킬 수 있는 능력을 보여 주었다. 하지만 이에 못지않게 주목할 만한 부분은 분세제의 개혁이 중앙의 일방적인 주도로 결정된 것이 아니라 성급 정부와 타협을 통하여 이루어졌다는 점이다. 즉, 중앙정부는 협의 과정에서 성급 정부가 기존에 누렸던 수입 수준을 보장해 주었고, 또 수입 부문과는 달리 중앙정부의 지출 부문 비중을 크게 증대하지 않았다.[12] 더욱 제도화된 분세제의 개혁을 통해 성급 정부들은 자체의 재원을 법적으로 보장 받을 수 있었으며,[13] 이미 주요 연해 지역의 성급 정부 및 일부 지방정부의 재정 자립 강화 현상이 나타나고 있어 향후 중앙-지방정부 관계의 전개에 주요한 변수가 될 것이다.

---

[12] 원래 분세제 계획에 의하면 중앙정부는 40% 수준까지 지출의 비중을 확대하기로 했었다(베이징에서 후안강과의 인터뷰, 1999).
[13] 재정부의 조사에 의하면 지역적 편차가 크게 존재하겠지만 성급 이하의 정부 간 재정 관계는 여전히 과거의 통수통지 관계나 임의성이 강한 계약 관계가 주를 이루고 있다고 하며 특히 향진 재정은 상급 정부의 제약을 강하게 받고 있다("國外小城鎭發展經驗與借鑒,"『經濟日報』 01/09/17).

3. 정부 간 관계의 특성: 분권화와 다각화 추세

1) 분권화의 사례 : '뚜이커우' 지원 제도

중국은 이념적으로 사회주의를 표방하는 나라이다. 사회주의의 궁극적인 목표는 공동 부유에 있다고 할 것이다. 하지만 현재 초보적인 공업화의 단계를 넘어 공업화가 가속화되는 시기에서 경제 효율과 사회 공평 사이의 괴리가 첨예하게 나타나고 빈부와 지역 간의 격차가 확대되는 것은 당연한 현상일지 모른다. 하지만 사회주의를 표방하고 지역 간의 다양성 차이로 인한 분산성이 내재되어 있는 나라에서 이러한 격차의 확대는 잠재적으로 폭발적인 사회 및 정치 불안의 요인을 안겨준다.

개혁 시기에 이러한 지역 간 빈부의 격차를 완화하기 위하여 중앙정부는 빈궁한 지역에 대한 다양한 재정 지원 제도를 활용하였다. 지방정부에 대한 중앙정부의 재정 전이(財政轉移)는 일반성 보조(세수 반환), 소수민족 정책이나 산업 정책에 따라 취약한 지구에 추가로 보조하는 특수 보조, 자연재해와 같은 돌발 상황에 따른 임시적인 특수 보조 및 중앙 정책에 따라 용도가 특정화되어 별도 관리되는 전용보조(專項項目補助)가 있다. 하지만 중앙정부의 재원 확보가 점차 어려워지는 상황에서 비교적 부유한 성급 정부로 하여금 스스로의 자금과 기술을 무상 원조의 형태로 빈궁한 지역을 돕게 하는 '뚜이커우'(對口) 제도(혹은 結對子制度)는 새로운 지방정부 간의 수평적 제도 장치였다. 1994년 분세제가 도입되기 이전까지 중앙과 성급 정부의 재정 관계는 주로 일대일의 계약에 의한 직접적인 통제 방식이 주요한 운용 방식이었다는 것을 감안할 때 이 제도는 중앙정부가 지방정부 간의 수평적 교류를 적극 권장했다는 데 큰 의의가 있다.

1979년 7월 중공 중앙 52호 문건은 발달된 성과 도시들이 변경 지역과

〈표 7-3〉 지방정부 간 '뚜이커우' 결합 상황

1979		1996	
지원 주체	지원 대상	지원 주체	지원 대상
베이징	네이멍구	베이징	네이멍구
톈진	간쑤	톈진	간쑤
상하이	윈난, 닝샤, 신장 티베트	상하이	윈난
허베이	구이저우	저장	쓰촨
장쑤	광시, 신장	장쑤	산시(陝西)
산둥	칭하이	산둥	신장
전국	티벳	랴오닝	칭하이
광둥	구이저우	광둥	광시
선양, 우한	칭하이	다롄, 칭다오 선전, 닝보	구이저우
		푸젠	닝샤

주 : 1984년 9월 국가경제위원회, 국가계획위원회, 국가민족위원회 및 국가물자국이 공동으로 개최한 "전국경제기술협작화대구지원회의"(全國經濟技術協作和對口支援會議)에서 결정된 사항이다.
출처 : 1979년 자료는 王一鳴 編(1999, 46); 1996년 자료는 정재호(1999, 302); "中西部發展戰略開始實施," 『人民日報』(00/09/21).

소수민족 지역을 연계하여 도와주도록 하는 '뚜이커우' 지원 제도를 수립하였다. 〈표 7-3〉은 각 성들 간의 '뚜이커우' 관계를 보여 준다. 구체적으로 이 협력 상대를 어떠한 기준 및 방식으로 정했는지에 대한 자료는 미비한 실정이지만 정황적 증거 및 정재호의 인터뷰에 따르면 해당 지역의 선호를 받아 국무원이 수직적으로 최종 조정 작업을 한 것으로 여겨진다.[14]

---

[14] 정재호에 따르면 산둥과 칭하이가 연계를 맺은 것은 당시 칭하이성 당서기 량부팅(梁步庭)이 산둥 출신이었으며, 자기 성과의 연계를 가지려 했기 때문에 협력 대상으로 선정되었다고 알려진다(정재호 1999, 302). 수직적 조정 작업은 본인의 인터뷰에서도 확인되고 있다(상하이에서의 인터뷰, 1999).

'뚜이커우' 지원 제도의 문제는 우선, 연해 지역이 빈곤 지역을 도울 실제적인 인센티브가 적은 상황에서 중앙정부의 권위와 이데올로기적 정당성을 바탕으로 정부 간 수평적 연계 관계를 형성시켰다는 점이다. 두 번째 문제는 구체적인 협력의 범위나 방식에 대해 제도화되지 않은 상태에서 양 당사자 간의 협의와 협력 의지에 맡겼다는 것을 지적할 수 있다. 이처럼 동기가 부족한 상황에서 협력의 정도를 개별 지방정부의 의지에 맡긴다는 것은 이들 협력 관계의 한계를 잘 보여 준다. 실제 구체적인 협력의 정황을 설명하는 통계는 존재하지 않지만 개별 지방정부는 당연히 중앙정부의 정책 의지를 거스르지 않는 선에서 가시적으로 협력 관계를 구축하려 했을 것이다. 비록 '뚜이커우' 지원 제도가 지역 간 격차를 줄이는 데 일정한 효과를 발휘했다는 주장도 존재하지만(王一鳴 編 1999, 46), 1980년대 개혁 과정에서 지방정부에 대한 중앙의 감시와 규제가 약화되고, 또 실제 중앙정부가 지방의 위반 사항에 제제를 가할 의지도 크지 않았다는 것을 감안할 때,[15] 이 '뚜이커우' 협력 관계가 큰 실효를 거두지 못했다는 것은 어찌 보면 당연한 귀결일 수 있다.[16] 이는 개혁 시기 지역 간의 격차가 점차 확대되고 있고, 또 1996년 중앙정부가 이 제도를 재정비하여 부유한 지방정부를 대상으로 협력 상대에 대한 지원을 강화하도록 압력을 넣은 것에서도 엿볼 수 있다.

1996년 5월 국무원 빈곤 지역 발전영도소조(扶貧開發領導小組)의 제안에 따라 '뚜이커우' 지원 제도를 재정비하고 그간 거의 명목적으로만 존재하던 협력 관계를 보다 강화하도록 해당 지방정부에 지시했다. 이는 9·5 계획 시

---

[15] 재정 분야에서 중앙정부의 성 정부의 규제 위반에 대한 제재 의지에 대해서는 김흥규 (2004).
[16] 중앙정부는 지방의 호응이 미약한 상황에서 1987년부터 중앙의 각 부처들로 하여금 각각 1개 빈곤지역과 쌍방 연계하여 지원을 하도록 지시하였다. 그 결과 2000년 말까지 105억 위안의 자금 투자가 이루어졌다. 이에 대해서는 "老少邊窮 地區的 變遷," 『經濟日報』(03/12/30).

기(1996~2000) 및 2010년까지의 주요 정책 목표를 수립하는 과정에서 지역 간 격차의 문제가 정치적 안정을 저해할 수 있는 심각한 문제로 제기되었고 이의 실제적 해소 방안이 마련되도록 촉구되었기 때문이다(王一鳴 編 1999, 15-22). 이러한 중앙정부의 압력은 초기에 일정 정도 효력을 발휘했던 것으로 보인다. 예를 들면 1996년 12월 장쑤성 당서기 천환여우(陳煥友)와 성장 정스린(鄭斯林) 일행은 성 내 10개 도시와 14개 성급 부문의 대표자들을 이끌고 '뚜이커우'인 산시(陝西)성을 방문하여 지원과 경제협력을 논의 하였다. 그 결과 두 성 정부 간 "빈곤협력 및 경제협력"(扶貧合作和經濟合作) 협정이 조인되었고 2000년까지 그 효력을 지속하기로 합의하였다.[17] 광둥 역시 1996년 이래 매년 말에 광시와 지원, 협력 및 투자에 관한 협정을 체결하여 지원하였다.[18] 1999년까지 두 성 간의 투자액은 5,863억 위안에 달했고(그 중 광둥이 4,132억 위안), 2000년 초에는 "2000~2002년 두 도시 간 빈곤협력계획 대강"(兩光扶貧協作計劃綱要)이 체결되었다.[19]

하지만 전반적으로 이러한 '뚜이커우' 지원 제도가 원활히 작동하고 있지 못하다는 것을 2002년 12월 국무원 빈곤 지역 발전영도소조의 통지를 통해 간접적이나마 엿볼 수 있다. 이 통지는 각 성 정부에 '뚜이커우'에 대한 부빈 활동을 적극적인 추진하라고 촉구하면서 이의 정황을 매년 국무원 빈곤 지역 발전영도소조 사무실에 보고하도록 요구하고 있다.[20] 다른 한편으로는 2001년에는 국무원 재정부가 직접 각 '뚜이커우' 수혜 지역의 빈곤 퇴치 자금의 사용처에 대한 감찰 활동을 대대적으로 강화하였다.[21]

---

17 이에 대해서는 "江蘇陝西結對扶貧,"『人民日報』(96/12/09).
18 이에 대해서는 "實事求是 正視困難,"『人民日報』(00/03/21).
19 이에 대해서는 "全力提高兩光結對扶扶水平,"『人民日報』(00/06/13).
20 이에 대해서는 "向西部對口幇扶省區市送溫暖,"『人民日報』(02/12/20).
21 이에 대해서는 "三起嚴重挪用扶貧資金行爲被通報,"『人民日報』(01/08/09).

'뚜이커우' 지원 제도가 직면하고 있는 집행의 어려움은 단지 감찰의 강화나 중앙정부의 촉구로 해소될 수 있는 문제라기보다는 좀 더 구조적이고 제도적인 측면에서 비롯된다. 분세제 개혁 이후 성급 정부들의 재권은 법률로 규정되어 중앙정부의 자의적인 재정 간섭으로부터 보다 독립성을 확보하게 되었다. 또한 이데올로기적인 정당성이 새로운 경제성장과 성취를 바탕으로 한 정당성에 의해 대체되고 있는 상황에서, 경제적으로 발달한 지방정부가 도의적인 입장과 중앙정부의 수직적인 명령에 의해서 경제적으로 어려운 지역을 지속적으로 돕는다는 것은 어려운 일이다. 따라서 근본적으로 존재하는 협력과 지원을 위한 동기(誘因) 구조의 문제점을 해결하지 않는 한 수직적이고 행정적인 명령에 의해 수립된 지방정부 간 수평적 지원 제도는 정책 집행의 한계를 안고 있다. 일부에서는 대안으로 독일처럼 법으로 규정된 '뚜이커우' 지원 제도를 제시하고 있지만 이 또한 구조적 동기의 문제에 직면한다.[22]

2) 다각적 협의 제도의 확대 사례

시장경제체제의 심화와 경제 발전의 수요의 따라 국내 정부 간 협력과 협의의 필요성이 더 커지는 것은 주지의 사실이다. 과거 계획경제 시기에는 중앙정부의 계획과 안배에 따라 경제를 운용했기 때문에 상대적으로 지방정부의 역할이 적었다. 하지만 경제적으로 분권화된 시장경제체제는 지방 간 더욱 복잡한 이해관계를 형성하게 하고 경제적 상호 의존과 교환의 규모도 대폭 늘어나게 하였다. 이 과정은 아울러 중앙-지방 관계뿐만 아니라 지방 간에도 다층적으로 알력과 경쟁을 대폭 증가시켰다.

---

22 이 주장은 王一鳴 編(1999, 46).

이러한 이해관계의 알력은 경제적 합리성에 의해 경제행위가 자연스럽게 조정되는 것을 저해하였다. 지방 보호주의와 중복 투자의 문제, 단기적 실적 위주의 경제 전략 수립 문제 및 '규모의 경제론'이 지적하는 바와 같은 비효율적인 경제 운용은 그 결과의 단면들이다. 이러한 문제점들을 해소하고 경제적 목적을 달성하기 위하여 법적·정치적·제도적 장치를 수립하기 위한 정부 간 협의와 협력 및 합의의 필요성이 크게 증대하였다. 이런 의미에서 상대적으로 경제가 활성화되고 발달한 연해 지역에서 정부 간 협의와 합의를 촉진시키기 위한 제도 수립 시도가 더 활발히 진행되고 있는 것은 이상한 일이 아니다. 이 장에서는 창장(長江)삼각주를 중심으로 그간 진행된 정부 간 협의와 협력을 증진시키기 위한 제도의 수립 노력을 살펴보고, 이것이 장차 중국의 정부 간 관계에 의미하는 바를 검토하고자 한다.

(1) 중앙 주도의 지방성 협의 채널

　　개혁 시기 초기에 행정구역 단위를 넘어서 기초 설비나 수자원 관리 및 산업 발전을 위해 초지방정부적 합작과 협의의 제도가 수립되었다. 하지만 이러한 정부 간 합작이나 협의의 체제는 지방정부에 의해 제기되기보다는 중앙정부에 의해 주도되었다는 점에서 타율성과 위계성을 그 특징으로 하고 있으며, 국무원이나 유관 부처의 비준을 필요로 하였다.

　　중앙 주도의 지방성 협의 채널의 한 예는 상하이 경제 구역과 관련한 문제를 다루기 위해 1982년 12월 국무원이 비준하고 1983년 국무원 산하에 설립된 국무원 상하이경제계획사무실(上海經制規劃辦公室)이다.[23] 그 후 6년간

---

[23] 이외에도 둥베이(東北) 경제구, 산시(山西) 경제구 및 쓰촨 경제구를 신설하였고, 쓰촨을 제외

이 기구는 상하이를 중심으로 하여 쑤저우(蘇州), 우시(無錫), 창저우(常州), 난통(南通), 항저우(杭州), 지아싱(嘉興), 후저우(湖州), 닝보(寧波), 사오싱(紹興) 등 장쑤성 및 저장성의 10개 시를 결합하여 그 지역 내 산업구조나 기초설비, 환경보호 및 산업 발전에 필요한 계획과 규제를 담당하였다. 이 기구를 통하여 지역적인 금융 조직을 설립하기도 하였고, 동해 유전 천연가스 탐사 계획을 적극 추진하고 또한 상하이-항저우, 상하이-닝보 고속도로 건설 계획을 수립하여 결국 1990년대 중반에 건설하였다.

당시 도시 부문에 개혁이 진행되는 상황에서 상하이 주변의 정부들은 자신의 경제 발전을 위한 기회를 삼으려 이 기구에 경쟁적으로 가입을 추진하였다. 따라서 1984년 말에는 상하이, 장쑤, 저장, 안후이 및 장시성까지 포괄하는 기구로 확대되었고 1986년 8월에는 푸젠성이 가입하고 산둥성도 입회인을 파견하였다.

하지만 이 기구는 중앙정부가 1980년대 창장삼각주 지역에 대해 상대적으로 낮은 정책 우선순위와 지원으로 성원들의 이해에 부응하지 못하고 1989년 말 중앙정부가 정치적 위기 속에서 보수적인 경제 정돈 정책을 펴는 과정에서 폐지되었다. 이 기구는 당시 드물게 존재한 지방 행정구역 단위를 넘어서 지방정부 간 협의를 위한 체제였다는 점에서 의의가 있었지만, 회원들의 이해관계에 따라 자발적으로 구성된 것이 아니라 중앙정부에 의해 정책적으로 주도되었다는 점에서 자생력이 존재하지 않았기 때문에 중앙정부의 결정으로 쉽게 폐지되었던 것이다.

한 나머지는 1989년 모두 폐지되었다.

(2) 비동급(非同級) 지방행정 단위

1990년대 푸둥(浦東) 개발계획으로 상하이 지역이 중앙정부의 지원을 획득하게 되고, 또 1992년 덩샤오핑이 남순강화 당시 상하이 개발계획에 힘을 실어주게 되자 1992년 상하이가 주동이 되어 창장삼각주 지역 경제협력위원회 주임 연석회의(長江三角洲地區經協委主 任連席會議)를 개최하여 창장삼각주 권역 내의 정부 간 협의 채널을 개설하였다. 그 후 1997년부터는 창장삼각주 성시경제협력회(長江三角洲省市經濟協調會)로 이름을 명명하고 제도화를 시도하고 있다. 이 모임은 처음에는 2년마다 개최되었는데, 그 후 3차례의 모임을 더 가진 후 매년마다 개최하는 모임으로 격상하여 정례화하였고, 각 행정단위의 부시장급 및 경협위 주임들이 출석하였다. 이 협의 기구를 통하여 창장삼각주 권역 내 관광 시장 및 상품의 연합 개발 문제 등을 다루었고, 점차 과학·기술 합작 문제나 합작 통신 회사의 건립 문제 등까지 다루게 되었다. 이 협조회는 창장삼각주 권역 내 기능적 관료 부처들 간에도 의사소통을 격려하여 특히 공상업, 노동, 관광 영역에서의 시장화와 통일적인 규범을 제정한다는 공동 인식을 가지는 데 합의하였다.

이 협조회는 정부 간 대화 및 경제적 협의와 합작의 증진이라는 기본 방향을 지니고 있지만 여전히 협의 조절 기구이라는 한계를 지녔다. 따라서 각 정부 간 이익이 충돌할 때, 구체적인 안건에 대한 합의의 도달이 힘들고 설사 합의에 도달 한다고 할지라도 각 행정단위 내에서 집행을 담보하지 못한다는 문제점을 안고 있다.

(3) 동급 지방행정 단위 간 고위급 채널

1년에 1차례씩 모임을 갖기로 합의한 "장쑤, 저장, 상하이 성장·시장 좌담회"가 형성된 것은 2002년이다. 이는 시장경제의 발전과 WTO 체제에서 예상되는 외부로부터의 도전에 대응하기 위해 필요한 지역 간 협의의 채널을 만들기 위한 지방정부들의 노력에 의해 수립되었다. 점차 각 성시의 최고 위층 간에 상호 방문과 협상의 빈도가 크게 늘어나고 있다는 사실은 기존의 중앙-지방 관계뿐만 아니라 지방-지방의 관계에서 볼 때 새로운 변화를 보여준다(北京國際城市發展硏究院戰略硏究部城市一體化課題組 2003, 15). 의제는 주로 구역 내 기초 설비, 환경보호 및 지역개발계획 등이다. 이는 기존의 지역 내 성시경제협력회(省市經濟協調會) 제도의 성과를 바탕으로 더 진전된 고위급 형태의 협의 채널이지만 아직 기구라고 하기에는 미흡한 실정이며 단순 협의 기구이기 때문에 구속성을 지니는 것은 아니다.

실제 이들 창장 연안의 3개의 성급 정부 간 협의와 합의 기구의 제도화가 미흡하고 오히려 '행정구 경제'의 특징을 잘 드러내고 있다. 2003년 상하이가 정식으로 채택한 "투자환경 개선을 위한 의견"(進一步改善投資環境的若干意見)은 속칭 '173 계획'이라 하는데, 지아딩(嘉定), 칭푸(靑浦), 쑹장(松江) 지역을 경제특구로 육성하여 장쑤의 쿤산(昆山) 지역과 외자 유치 경쟁에 나서게 하였다. 이러한 정책은 장쑤성의 쑤저우와 쿤산뿐만 아니라 저장성의 닝보와 지아싱 지역과의 경쟁을 촉진시켰다. 장쑤성은 "연강개발전략"(沿江開發戰略)을 제시하여 이에 대응하였고, 저장성도 "항저우만 지아싱 경제개발구의 투자환경개선을 위한 의견"(關於杭州灣嘉興經濟開發區改善投資環境的實施意見)을 제안하여 이들 지역에 상하이의 173 계획에 나타나는 정도의 특혜 정책을 실시할 것을 강조하고 있다.

중국의 공간적 구성에서 볼 때 창장삼각주 권역은 정부 간 협의와 협조의 채널을 구성하기 위해 비교적 활발한 움직임을 보이고 있는 지역이다. 하지만 이들 간의 협의 및 협조 기구와 관련한 실태를 검토하면서 다음과 같은 잠정적 결론에 도달하였다. 첫째, 최근 21세기에 들어서 지방 간의 이익 경쟁이 지방정부 간 협조 체계를 구성하는 데 여전히 주요한 장애가 되고 있으면서, 다른 한편으로는 경제 발전과 시장의 수요에 따라 지방 간 협의, 협조 및 합작의 필요성에 대한 인식도 증가하고 있다. 이는 이 지역에서 점차 정기적인 모임의 특성을 가지고 추진해가는 고위급 간, 다차원의 정부 간 및 실무진 간의 협의 기구가 활성화되고 있다는 데서도 잘 드러난다.

둘째, 중앙정부의 주도보다는 이제 지방정부 자체의 동기에 의해 정부 간 협의 채널이 확대되고 있지만 그 구속성의 수준은 매우 낮은 단계에 머물러 있다. 따라서 상호 이익이 충돌하는 부분에 있어 합의가 어려워 계획은 종종 연기되거나 실효성을 거두기 어렵다는 한계를 지니고 있다. 그 구체적인 예로 양산항 건설을 위한 논의는 상하이, 장쑤, 저장성의 이해 충돌로 그 결정이 5년이나 지체되었다.

셋째, 협의나 합의를 위해 어떠한 제도적 법적 절차나 규범이 마련되어 있지 않아 문제의 해결을 더욱 어렵게 하고 있다는 점이다. 이는 현재 중앙정부가 지방정부 간 관계에 개입하는 것을 최대한 자제하는 상황에서 이들 간 관계를 규율하는 법이나 절차의 미비한 점은 지방 간 협의나 합작을 하는 데 있어 커다란 제도적 결함으로 남는다. 결국 정부 간 관계는 1980년대와 마찬가지로 이해 당사자 간 치열한 협상(討價換價)의 영역으로 남아 있다.

4. 분권화와 지방정부 간 협력과 한계 : 상하이 양산항 건설

1) 정책의 태동

중국의 개방화가 진척되고 국제무역이 비약적으로 증진되고 국제무역의 90% 이상이 해상으로 이루어지는 현실에서 이를 수용할 국제적인 항구의 필요성이 대두되었다. 특히 푸둥 개발을 중심으로 하여 국제 금융과 무역의 중심이 되고자 하는 상하이시는 대형 선박이 입항할 수 있는 수심이 깊은 항구(深水港)의 필요성을 절실히 느끼게 되었다. 1993년 당시 40여 만 컨테이너를 수용했던 상하이의 기존 항구들은 점차 점증할 무역량을 감당하기에는 항만 능력의 한계를 지니고 있었을 뿐만 아니라 창장에서 밀려오는 토사 때문에 대형 선박이 들어 올 수 없는 입지적 문제를 지니고 있었다.[24]

창장삼각주 지역의 국제무역을 담당할 한 항구로 저장성의 셩스(嵊泗)현에 속한 양산도(洋山島)가 그 대상으로 처음 주목 받은 것은 1994년 한 전문가의 조사 보고였다(『人民日報』 04/10/04). 양산도는 상하이로부터 약 30Km 떨어져 있고 저장성 내륙보다는 상하이에 더 가까운 작은 섬들로 이루어져 있다. 1994년 이후 셩스현은 상하이시에 항구 유치를 위해 적극적으로 로비를 하였던 것으로 전해진다.[25] 상하이시가 이 양산항 건설에 더욱 주목하기 시작한 시점은 1996년부터이다. 상하이는 당시 150여 명의 전문가를 불러 모아 항구 입지 선정과 관련한 연구와 토론을 진행시킨 끝에 상하이는 빨리 국제적인 항구를 건설해야 하고, 양산이 심해 깊은 항구로서 최적지라는 데 의견을 모았다. 문제는 이 섬이 행정구역상 저장성에 소속되어있기 때문에 저장성과 상하이 사이의 합의와 협조 없이는 대항구의 건설이 불가능하다는 점이었다.

하지만 대항구의 건설이 지방 경제에 미치는 영향이 막대했기 때문에 상하이와 인접한 장쑤성과 저장성도 각자의 이해관계에 따라 각각 타이창(太倉)과 베이룬(北侖)을 대항만 건설의 적격지로 추진하고 있었다. 이처럼 다른 대안을 놓고 경쟁하는 지방정부의 이해관계는 장각삼각주 국제무역을 담당

---

24 2002년 통계로 862만 컨테이너로 늘어났다("跨省互動建東方大港," 『人民日報』 04/10/04).
25 이에 대해서는 『人民日報』 (04/10/04); 상하이에서의 인터뷰(04/08/18).

할 국제무역항의 선정을 둘러싸고 적지 않은 마찰과 갈등을 일으켰고 많은 시간의 절충과 이해 조정 과정을 요구하였다. 일련의 협상과 갈등 과정을 거쳐 2003년 봄 상하이 시장 한쩡(韓正)은 저장성과 상하이시가 양산항 건설에 협력하고 적극적으로 추진할 것을 선언하였고 대표적인 성급 단위 간의 협력 성공 사례로 널리 보도되었다. 하지만 그 일련의 과정을 보면 이 정책 결정은 각 성급 단위에 기초한 이해관계의 갈등이 중앙정부의 이해와는 관계없이 정책 결정을 지체시키거나 좌초시킬 수도 있고, 최종의 정책 결정은 지방정부 간 그리고 중앙정부와 지방정부의 협상(討價換價) 결과에 따른 것이란 점을 보여 주었다.

2) 정책 결정 과정

창장삼각주 지역의 무역을 담당할 대항구의 건설은 그 재원의 조달과 경제에 미치는 영향력이 지방 행정단위를 넘어서기 때문에 비단 지역 정부들의 관심사일 뿐만 아니라 중앙정부의 주요한 관심사였다. 이러한 사안은 중앙정부 교통부의 인가와 아울러 최고위층의 최종 승인을 필요로 하였고, 이를 전제로 지방정부 당사자 간의 이해 절충을 필요로 하였다. 이 과정은 논의가 본격화되기 시작한 1996년부터 양산항 건설이 결정된 2003년까지 약 7년여의 시간을 소모하였다.

양산항의 건설과 관련하여 이해관계를 지닌 조직은 상하이, 장쑤, 저장성 등의 지방 행정기구, 교통부 및 이해의 최종 조정자로서 국무원과 국가발전계획위원회 등 중앙 기구 그리고 군부 집단을 들 수 있다. 국무원과 국가계획위원회(1998년부터 국가발전계획위원회)는 지방의 이해가 첨예하게 부딪치는 사안에 대해 직접적으로 개입하여 지시하기보다는 지방 간의 이견 조정을 전제로 하고 최종 결정권은 보유하는 원칙을 취하였다. 이는 대항구 건설을 위해 중앙의 재정이 충분하지 못한 상황에서 지방의 투자가 필수불가결한 재정 상황을 반영하였고, 또 실제 집행이 지방정부들에 의해 이루어진다는 점에서 집행의 효과성을 담보하기 위해 그러한 입장을 취했을 수 있다.26

교통부는 양산항 건설과 관련한 주무 부처로 한 때 입지 선정 작업에서 장쑤성의 타이창을 지원하였던 것으로 알려지고 있다.27 당시 교통부 부장이던 황쩐둥(黃鎭東)28은 장쑤성 출신으로 명나라 시대 아프리카에 원정한 정허(鄭和) 장군이 출항한 항구로 유명한 장쑤성의 타이창을 대항구 입지로 선정하기 위하여 적극 후원하였다. 하지만 상하이 및 저장성이 적극 반대하였고 장쑤성 타이창안은 중앙 고위층의 지지를 얻는 데 실패하였다.

장쑤성의 입장에서는 본성 출신이 교통부 부장으로 있는 점은 주요한 중앙 자원이었으나, 대항구를 건설하는 지리적 조건으로 수심이 깊은 항구를 필요로 하는데 토사가 쌓이는 창장의 하류에 위치한 타이창은 수심을 확보하기가 쉽지 않고, 또한 항구 유지의 비용이 너무 크다는 치명적인 약점이 제기되어 결국 입지 선정 과정에서 열세에 처하게 되었다. 더구나 교통부 부장 황쩐둥이 2002년 교체됨으로써 추진력이 대폭 약화되었다. 그러나 장쑤성은 기존의 대항구 건설과는 별도로 자신의 국제 교역을 위한 항구로 여전히 타이창항을 독자적으로 확장 건설하기로 결정하였다.

상하이시는 지역 정부 간 항구 건설을 둘러싸고 경쟁이 치열하고 합의가 어려운 상황에서 한때 양산항 건설을 포기하고 푸둥 외곽 지역의 항만의 확

---

26 본인의 연구에 의하면 개혁 시기 중국의 정책 결정에서 이해 당사자 간 합의의 형성을 우선시하는 규범들이 널리 존재하였음을 알 수 있다. 이에 대해 더 자세히는 김흥규(2004, 421-445).
27 상하이에서의 인터뷰(04/08/18).
28 1991년부터 교통부 부장직을 역임한 후 2002년부터 충칭시 당서기직을 맡고 있다.

충을 통하여 점증하는 물량을 해소하려 하였다. 이는 지역 간 합의의 제도나 어떤 기제가 없는 상황에서 극적인 타협을 이뤄낼 방법을 찾기가 그만큼 어려웠다는 것을 방증하고 있다. 상하이는 이 과정에서 180만 컨테이너 물량의 처리 능력을 갖추었지만 여전히 늘어나는 물량을 처리하기에는 크게 부족한 규모였다.29

이 과정에서 남경 군구와 해군은 상하이 항구 건설의 입지 선정 과정에서 군사 안보상의 이유로 깊은 우려를 표명하였다.30 이들은 자신들의 주요 기지가 있는 상하이 앞바다인 양산도에 거대한 일반 상업 항구가 생긴다는 것을 달가워하지 않았다. 특히 양산에서 상하이까지 연결하는 30Km에 달하는 다리는 전시 상황에서 미군이나 대만군의 공격에 극히 취약할 수밖에 없고, 이 지역의 경제에 깊은 타격을 안겨줄 수 있다는 점에서 깊은 우려를 표명하였다. 하지만 이러한 안보 논리는 경제 발전과 지역 발전이라는 명분에 결국 양보를 하지 않을 수 없었다.

저장성이 적극적으로 선호한 지역은 닝보시 앞에 위치한 베이룬항이었다. 이는 심해항을 지향하는 원칙에 맞아 떨어지는 자연적인 입지를 지니고 있었다. 특히 저장성의 입장에서는 상대적으로 낙후한 그 배후지를 개발할 좋은 기회라 여기고 있었다. 하지만 상하이의 입장에서는 교통 등의 제반 기반 시설이 취약하여 상하이까지 물자를 이송하는 데 드는 시간과 비용도 만만치 않았다. 더구나 근본적으로 상하이의 지방 보호주의적 사고는 이 지역의 중심 무역항이 저장성에 위치하는 데 대한 부정적인 시각을 유지했다.31

---

29 이에 대해서는 "上海建深水馬頭啓動," 『中國時報』(02/04/02).
30 상하이에서의 인터뷰(04/08/18).
31 이러한 상하이의 지방 보호주의 성향은 훙치아오(虹橋) 공항과 장쑤성 쿤산(昆山)시를 연결하는 일부 간선도로 건설에 대한 상하이의 비협조에서도 잘 드러난다. 장쑤성은 심지어 이 도로의 건설 비용까지 부담하겠다고 제시하였으나 상하이시는 여전히 건설에 착수하지 않고 있다(상하이

상하이의 입구 해상에 위치한 양산도는 심해항을 건설할 수 있는 자연적인 조건을 가지고 있고 지리적으로 인접해 있어 상하이가 선호한 지역이었다. 하지만 행정적으로는 저장성에 소속되어 있어 상하이와 저장성이 절충해야만 가능한 일이었다. 원래 계획에 의하면 상하이는 자체 경비로 이 양산항을 건설하는 대신 양산항의 소유권까지 저장성으로부터 사들이기를 원했지만 저장성은 당연히 이에 반대하였고 소유권과 운영권의 절충을 놓고 협의를 하였다. 국무원은 국가발전계획위원회를 통해 2002년 초 상하이가 경영권을 지니고 저장이 여전히 소유권을 보유하는 절충안을 비준하였다.[32] 실무적인 차원에서의 최종 합의는 2003년 3월 저장성 서기 시진핑(習近平)과 성장 루주산(呂祖善)이 상하이를 방문하여 상하이 시장 한정과 최종 절충을 함으로써 이루어졌다. 상하이는 자체의 자금으로 2005년까지 양산항을 건설하고, 상하이와 양산항을 잇는 30Km에 달하는 다리를 건설하여 상하이의 주 무역항으로 사용하기로 하였다.[33] 한편 각종 통관 수입의 주요 부문은 저장성이 보유하고 또 저장성이 닝보를 연결하는 베이룬항을 건설하는 데 상하이가 협조하기로 담판을 하였다.

3) 평가

양산항 건설은 중앙정부와 지방정부의 관계뿐만 아니라 지방정부 간 관계의 한 주요한 단면을 보여 준 사안이었다. 중앙정부는 지방정부의 이해가

에서의 인터뷰 04/08/09~15).
32 이에 대해서는 "上海投入130億 建深水港," 『聯合報』(02/04/19).
33 상하이에서의 인터뷰(04/08/19).

걸린 사안에 대해 일방주의적인 개입이나 상명하달식의 정책 결정을 시도하지 않았다. 설사 중앙정부의 유관 부처가 어떤 한 가지 대안에 대해 선호도를 가지고 있었다 할지라도, 지방정부 간 이해가 첨예하게 충돌할 경우에 이 정책이 집행되지는 않았다. 우선 지방정부 간의 이해 충돌은 상호 간의 협상과 설득에 입각하여 사전 조정을 필요로 하였고, 얼마간의 시간이 필요한지가 명확히 한정되지 않았다. 따라서 이해 당사자 간 합의가 이루어지지 않을 때 정책 결정은 연기가 되었고 지루하고도 지속적인 절충과 합의의 과정을 필요로 하였다. 그 결과 거의 7년여의 시간이 소모되었던 것이다.

이처럼 각 행위 주체들의 이해가 다른 상황에서 정책 결정의 전제가 되는 것은 지방정부 간 이해의 조정이었다. 이는 물론 재원을 누가 조달할 것인지, 누가 얼마만큼의 권리를 가질 것인지에 대해 합의가 되어야 하고 또 나름의 합리성에 입각한 정책 결정의 정당성을 지녀야만 중앙의 비준을 획득할 수 있었다. 대심해항 입지의 선정 과정에서 장쑤성은 주무 당국인 교통부의 지원에도 불구하고 자연 입지의 문제점과 상하이의 견제로 목적을 달성할 수 없었다.

비록 이 양산항 건설 결정이 지방정부 간 성공적인 협력의 한 예를 보여 주는 사안이라는 것이 공식적인 평가이지만 그 과정을 보면 지방정부 간 협력이 간단치 않음을 잘 알 수 있다. 장쑤성 및 저장성은 이 지역의 국제무역을 담당할 심해항으로 양산항이 결정된 상황에서도 각자의 대항구 건설을 추진하고 있다. 이 지역은 다양한 형태의 정부 간 합의와 협력 제도가 형성되고 있지만 여전히 자원과 시장의 분할을 둘러싼 갈등들이 첨예하게 부딪치는 지역으로 남아 있다. 이 창장삼각주 지역에서 3개의 성급 행정 기구와 주위의 15개 도시 간 경쟁, 예속 및 협력 관계는 행정구역의 분할처럼 나뉘어 작동하지 않고 있으며, 경제적 이해관계에 따라 대단히 복잡한 성격을 띤 합종연횡과 악성 경쟁의 양상을 보여 주고 있다.[34]

중앙정부의 역할은 정책의 최종 승인권을 지녔고, 또 서로 절충이 어려움을 겪는 경우 절충을 하도록 유도하지만 그 절충의 구체적인 내용은 여전히 중앙정부보다는 지방정부 간의 관계에 의해 주도되었다.

5. 맺음말

중국의 정부 간 관계의 변화에 대한 이해는 중국의 정치·경제적 장래에 대한 중·장기적 전망을 가능케 한다. 과거 마오쩌둥 시기 중국의 경제체제는 다른 사회주의 국가들에 비해 상대적으로 분권화되어 있었으나 정치적으로는 여전히 중앙집권적인 체제를 유지하였다. 따라서 1980년대 개혁의 초기까지도 주요한 정책의 입안 과정에서 중앙 당/정부의 역할은 절대적이었으며 지방정부나 기타 전문 단체의 역할은 대단히 미미한 실정이었다.

하지만 1980년대 중반 이후 점차 도시 부분의 개혁이 본격화되고 지방의 경제 발전을 촉진시키기 위해 경제적 분권화를 적극 강화하였고, 이 과정에서 성급 정부, 특히 연해 지역의 성급 정부들의 재력과 영향력은 점차 증대되었다. 성급 정부는 경제행위의 주체로 전면에 나섰으며 중앙정부의 이익에 반하여 자신의 지역적 이익을 추구하는 경향이 증대하면서 중앙정부와 종종 갈등을 불러 일으켰다. 중앙정부는 부성급 도시들의 수를 확대함으로써 지역적인 경제 중심을 건설할 뿐만 아니라 성급 정부의 힘을 약화시키거나 견

---

34 『經濟日報』는 이를 조조경제(條條經濟)와 괴괴경제(塊塊經濟)의 복합적인 형성과 혼란으로 묘사하고 있다. 이에 대해서는 "三大都市經濟圈競爭力分析," 『經濟日報』(02/08/26).

제하려 하였다.

　이들 성급 정부들은 점차 정책 결정 과정에서 성 정부의 이해와 관련된 주요 사안에 대해서는 중앙의 정책을 변경시킬 정도로 주요한 행위자가 되었다. 한 예로, 1990년대 초 분세제를 도입하려는 중앙정부의 시도를 연해지역의 성들이 노골적으로 반발하여 저항함으로써 좌절시켰다. 이후 1994년 분세제의 도입은 비록 세수입 부문에서 중앙의 통제력을 대폭 제고시켰지만 동시에 성급 정부는 지방 세원을 법적으로 보장받음으로써 자체의 재원을 안정적으로 확보할 제도적 장치를 갖추게 되었다.

　1990년대 말 이후 중앙정부는 지속적인 경제성장과 사회 안정을 위해 성급 정부의 도움을 필요로 하면서도, 점차 경제적 독자성을 강화시켜 나가는 이들을 어떻게 견제하고 통제할 수 있을까 하는 딜레마에 빠져 있다. 이미 양산항 항만 건설과 같은 정책 결정 과정에서 보듯이 연해의 일부 성들은 중앙정부의 도움 없이도 독자적으로 대규모 개발계획을 추진할 재원을 확보하고 있어 통제가 쉽지 않은 상황이다.

　중앙정부는 확대되는 지역 간 격차를 해소하기 위하여 1996년 이래 발달된 연해의 성시들로 하여금 낙후된 내륙지역의 성들을 지원하는 '뚜이커우' 지원 정책을 독려하기 시작했다. 하지만 이러한 정책의 집행 결과는 유인책이 없이 단지 중앙의 권위와 이데올로기적 당위성만으로 더 이상 성 정부의 행위를 통제할 수 없다는 것을 역설적으로 보여 주고 있다. 경제적 유인책과 합리성이 중국의 정부 간 관계를 설명하는 가장 주요한 변수로 부상하고 있는 것이다.

　정부 간 관계에서 드러나는 또 하나의 추세는 중앙정부가 점차 지방정부 간 협력을 강조하기 시작했다는 것이다. 창장삼각주 지역의 경우에서 보듯이 과거의 일대일 방식에 의한 직접적 통제에서 벗어나 지역 정부 간 다양한 경로의 협의와 협조 관계를 구축하도록 격려하고 있다. 최근 이러한 중앙정부의 격려와 자체의 경제적 유인 동기에 의해 다양한 정부 간 협의, 합작 및 합의 기구를 설립하려고 시도하고 있다. 하지만 현재 이들 기구들은 협의나 합의에 도달하기 위한 절차나 법적 구속력 등 제도적 장치는 마련되어 있지 않다. 따라서 합의에 도달하기 힘들고 또 설사 합의에 도달하였다 할지라도 집행은 보장할 수가 없는 실정이다. 양산항 건설과 관련한 정책 결정 과정에서 보듯이 이해가 상충하는 이슈의 합의는 많은 시간을 요구하며 또한 합의 후에도 여전히 자체의 항구 건설을 추진하는 지역주의 양상을 더 강하게 보여 주었다.

중국의 중앙-지방 관계는 경제개혁 과정에서 정치적 집권과 경제적 분권의 긴장 관계가 가져오는 긴장과 갈등의 요소를 반영하고 있다. 하지만 이 과정에서 형성된 경제적 이해관계와 영향력에 따라 지방 간의 관계가 재분화되고 있으며 개혁 과정에서 지방을 대표하는 영향력을 행사하던 성급 행정단위의 영향력과 지도력을 위협하고 있다. 중앙정부는 이러한 경제적 이해에 기반한 변화 요구에 편승하여 행정구역을 재편함으로써 점차 독자적인 능력을 강화하고 있는 성급 정부를 약화시켜 지방정부에 대한 중앙의 통제 능력을 강화하려는 노력을 기울이고 있다. 이러한 변화는 성급 정부의 저항에 직면하여 상당한 시간을 요구할 지도 모르겠지만, 경제적 능력을 갖춘 성시와 성급 정부 사이의 갈등은 강화되고 중앙정부-성급 정부-중·대형 지급 정부 간 새로운 집권-분권화의 재조정이 필요한 상태이다.

장차 정부 간 관계는 경제적 합리성에 입각한 정당성을 어느 이해 당사자가 확보할 것인가 하는 문제와 경제적 유인 동기에 따라 자연스럽게 형성되는 지방정부 간 합종연횡의 접점에서 결정될 것이다. 권위의 배분이라는 측면에서는 중앙정부는 성급 행정단위에 대한 통제력을 더 강화하려 할 것이고, 재정적인 측면에서도 재원의 배분 과정에 대한 중앙의 통제를 강화하고 유지하려 할 가능성이 크다. 하지만 기층 단위에서는 점차 행정권, 인사권 및 재원 사용권에 있어서 자치를 확대할 전망이다. 이 과정에서 중앙정부의 과도한 재집권화 충동을 제약하는 주요한 요인 중 하나는 정치적 정당성의 근거를 제공하여 주고 있는 경제적 합리성일 것이며 현재 각급 정부 단위의 정치·사회적 안정은 경제적 성취를 기반으로 하고 있기 때문이다.

참고문헌

김영진. 1998. "중국의 조세관리 개혁과 지방정부." 『중소연구』 통권 77호.
김재관. 2002. "중국 공산당의 현대식 국유기업에 대한 새로운 지배전략 연구." 『국가전략』 제8권 2호.
김재철. 2002. 『중국의 정치개혁』. 한울.
김준엽. 1976. 『중국최근세사』. 일조각.
김흥규. 2003. "등소평시기 중앙-지방 관계: 재정과 인사부문을 중심으로." 하계 국제정치학회 학술대회 발표논문.
_____. 2004. "중국의 정책 결정과 '민주집중제': 1980년대 '합의의 정치' 형성 과 제도화." 『국제정치논총』 제 44집 1호.
_____. 2004. "鄧小平시대 중앙-지방 관계 : 재정 부문에서의 정책의도, 감찰, 보상 및 인사의 동학." 『한국정치학회보』 제38집 2호.
박상섭. 2002. 『근대국가와 전쟁: 근대국가의 군사적 기초, 1500~1900』. 나남출판.
안병준. 1987. 『중공정치외교론』. 박영사.
왕, 제임스. 금희연 옮김. 2000. 『현대 중국 정치론』. 그린.
전성흥. 1993. "중국의 지방주의와 국가통합." 『중소연구』 통권 57호.
정재호. 1999. 『중국의 중앙-지방 관계론』. 나남.
_____ 편. 2000. 『중국정치연구론』. 나남.
정해용. 2000. "시장화 과정에서의 중국 지방정부 개혁과 중앙의 역할: 주강 삼각주 지역을 중심으로." 『중소연구』 통권 86호.
정환우. 2000. "중국에서 기업가적 지방정부의 대두와 경제성장." 『중소연구』 통권 85호.
조영남. 2000. 『중국정치개혁과 전국인대』. 나남.
최 명. 2003. 『삼국지속의 삼국지1』. 인간사랑.
"중국 채권시장의 현황 및 향후전망." 『해외경제 포커스』 6호(2002년 9월 8~14일).

江蘇財政局. 1984. "江蘇省 財政收入35年 翻四番." 『財政』 No.9.
李曉南·余芝芳. 1995. "山東, 上海, 江蘇, 浙江, 廣東和海南六省市關於中央與地方 事權 劃分的反映和建議." 『經濟研究參考』 No.73.
賈 康 編. 2000. 『稅費改革研究文集』. 經濟科學出版社.
賈 康·白景明. 1998. "中國政府收入來源及完善對策硏究." 『經濟硏究』 No.6.
國防大學課題組. 1993. 『鄧小平思想硏究』. 國防大學出版社.

課題組. 1994a. "1980年以來我國政府間財政關係的沿邊." 『經濟研究參考』No.1.
_____. 1994b. "各方對分稅制改革的一些看法." 『經濟研究參考』No.1.
_____. 1997. 『中國市場經濟下 財政必要規模的研究』中國財政經濟出版社.
郭 才. "發揮中央與地方兩個積極性." 1993. 『經濟研究參考』No.196.
郭建中. 1996. 『中國大陸稅收制度:: 1950-94』. 吳南出版社.
_____. 1997. "中國大陸中央與地方的關係." 『臺灣政治學會年次學術大會論集』. 臺灣政治學會.
國家總稅務局 編. 1997. 『中國稅務統計: 1950-1994』. 中國稅務出版社.
宮 力. 2002. "中國的高層決策與中美關係解氷." 姜長斌, Robert Ross 編. 『從對峙走向緩和』. 世界知識出版社.
鄧小平. 1983. 『鄧小平文選』1975-1982. 人民出版社.
樓繼偉. 1986. "吸取南斯拉夫經驗, 避免强化地方分權." 『經濟社會體制比較』No.1.
劉金田·沈學明 編. 1992. 『歷屆 中共中央委員人名辭典』. 中共黨史出版社.
劉 佐. 1998. 『中國稅制50年』. 中國經濟出版社.
_____. 2003. 『中國稅制槪覽』. 經濟科學出版社.
方曉丘·賈康. 1988. "深化財政改革的構想." 『經濟研究參考資料』No.179.
俸异群·陳黛斐 1988. "關於我國稅制改革的基本構思." 『經濟研究參考資料』No. 182.
北京國際城市發展研究院戰略研究部城市一體化課題組. 2003. "長三角 領先發展 對我 國城市一体化的意義." 『領導決策信息』第39期.
謝春濤 主編. 1998. 『改變中國』. 上海人民出版社.
上海財經大學公共政策研究中心(SPFRC). 1999. 『1999 中國財政發展報告』. 上海財經大學出版社.
徐斯儉·蔡嘉裕. 1998. "中共大陸分稅制下的中央地方關係." 臺灣政治學會 第5次學術大會.
蘇 明. 2002. "我國縣鄉財政問題的分析與政策建議." 『內部參閱』No.39.
沈立仁 編. 1999. 『中國經濟重大決策始末』. 江蘇人民出版社.
沈寶祥. 1997. 『眞理標準問題討論始末』. 中國青年出版社.
沈學明 外 編. 1999. 『中共 第15屆中央委員會 中央記錄監察委員會委員名錄』. 中央文獻出版社.
沈學明·鄭建英 主編. 2001. 『中共第1屆至15屆中央委員』. 中央文獻出版社.
楊戚賢. 1986. "關於我國經濟體制改革目標模式研究." 『中國經濟體制改革』No.5.
楊洁勉. 2000. 『後冷戰時期的中美關係: 外交政策比較研究』. 上海人民出版社.
葉振鵬·梁尙敏. 1999. 『中國財政改革20年回顧』. 中國財政經濟出版社.
吳 傑 主編. 1998. 『回眸世紀潮: 中國共產黨'一大'到'十五大'珍典記實』. 國家行政學院出版社.
吳 傑. 1998. 『中央政府机構改革 上/下』. 中央行政學院出版社.
吳敬璉. 1988. "中國經濟體制改革面臨的局勢與選擇." 『管理世界』No.4.

吳國光 編. 1994.『國家 市場 與 社會』. 牛津大學出版社.
王紹光·胡鞍鋼. 1994.『中國國家能力報告』. Oxford University Press.
_____. 1999.『中國發展前景』. 浙江人民出版社.
王一鳴 編. 1999.『中國區域經濟政策研究』. 中國計劃出版社.
姚開建·陳勇勤 編. 2002.『改變中國: 中國的十個"五年計劃"』. 中國經濟出版社.
龍平平·劉金田 主編. 1998.『二十年重大決策備忘錄』. 福建教育出版社.
尤元文. 2003.『現代領導決策方法與藝術』. 中共中央黨校出版社.
魏禮群. 1984. 韓志國. "近年來關於我國計劃體制改革問題討論綜述."『經濟研究參考資料』No.4.
劉秀玲. 1998. 『中國大陸轉向期 中央地方政府與地方企業之財稅互動關係 (1979-1994)』. 國立臺灣大 政治系碩士學位論文.
劉 佐. 2000.『中國稅收五十年. 1949-1999』. 中國稅務出版社.
陸宏友. 1998. "非稅財政收入研究."『經濟研究』No.6.
陸大道·薛風旋. 1997.『1997 中國區域發展報告』. 尚武印書館.
李 揚·楊之剛·張敬東. 1992. "中國城市財政的回顧和展望."『經濟研究參考』No.141.
李英明. 1996.『中國研究方法論』. 陽知文化社.
張 軍. 1999. "財政稅收體制改革." 沈立仁 編.『中國經濟重大決策始幕』. 江蘇人民出版社.
張 偉. 1999.『中國稅收與GDP的分配』. 人民出版社.
張歷歷. 2007.『外交決策』. 世界知識出版社.
章百家. 2002. "跨過鴨綠江." 章百家, 牛軍 主編.『冷戰與中國』. 世界知識出版社.
張衛平 編. 1995.『新編黨務工作全書』. 中國言實出版社.
章曉明. 2006.『中國高層新智囊』. 光明日報出版社.
財政部. 1992.『中國財政年鑑 1992』. 中國財政雜誌社.
_____. 1999a.『地方財政決算文件資料』. 中國財政經濟出版社.
_____. 1999b.『1998年 政府豫算與收支科目』. 中國財政經濟出版社.
_____. 2003.『中國財政年鑑 2003』. 中國財政雜誌社.
全國人大常委會辦公廳研究室 編. 1992.『人民代表大會文獻選編』. 中國民主法制出版社.
錢其琛. 2003.『外交十記』. 世界知識出版社.
田怡農. 1984. "財政體制的改革同計劃經濟的關係."『經濟研究』No.5.
田弘茂·朱雲漢 編. 2000.『江澤民的歷史考卷』. 新新聞.
鄭永年. 1994. "分權戰略與聯邦制的演進." 吳國光 編.『國家 市場 與 社會』. 牛津大學出版社.
第21屆 統計信息.交流會秘書處. 2004.『統計資料滙編 2004』. 中國統計出版社.
趙仁偉. 1987. "經濟體制改革戰略討論."『經濟研究』No.4.
趙紫陽. 1987. "沿着與中國特殊的社會主義道路前進."『紅旗』No.21.

從樹海·張 恒 主編. 1999.『新中國經濟發展史 1949-1998』. 上海財經大學出版社.
朱 犁. 1987. "論我國財力分配的重大變革."『管理世界』No.9.
朱佳木. 1998.『我所知道的十一屆三全會』. 中央文獻出版社.
朱光磊. 1997.『當代中國政府過程』. 天津人民出版社.
中共人名錄編輯委員會. 1999.『中共人名錄』. 政治大學國際關係中心.
中共中央文獻研究室 編. 1996.『14大以來』. 人民出版社.
中共中央政策研究室. 1999.『改革開放20年重大中央決策述要』. 經濟出版社.
中國中央組織部. 2004.『中國共產黨歷屆中央委員大辭典, 1921-2003』. 中共黨史出版社.
曾浩然·唐明峰. 1988. "論分級財政."『經濟研究參考資料』No.24.
曾華國·李風雙. 2000. "地方保護難有贏家."『改革內參』No.20.
陳錦華. 1996.『第8個5年計劃期中國經濟和社會發展報告』. 中國物價出版社.
陳雪薇 主編. 1998.『十一屆三全會以來 重大事件和決策調查』. 中共中央黨教出版社.
陳雪薇·陳述 主編. 2003.『十一屆三全會以來 重大事件和決策調查』. 中共中央黨教出版社.
編輯部. 1993.『中國人名字典』. Nichigai Associate.
編輯委員會. 1989.『中國人名大辭典』. 上海辭典出版社
＿＿＿. 1991.『Contemporary Who's Who of China』. 上海人民出版社.
何振一. 1983. "關於改進利改稅具體方法的建議."『經濟管理』No.8.
＿＿＿. 1984. "關於改革中央與地方財政體制的建議."『經濟研究參考資料』No.30.
＿＿＿. 1998. "轉還機制才能實現財政的進行."『財貿經濟』No.2.
項懷誠. 1989. "財政體制改革的回顧及對今後綜合設想."『管理世界』No.1.
＿＿＿ 編. 2000.『中國財政五十年』. 中國財經出版社.
胡喬木. 2000. "中國領導層怎樣決策." 王林 外篇.『共和國經濟大決策』. 經濟出版社.
湖南省財政局. 1986. "實行新財政體制."『財政』No.1.
興 華. 1984. "1980年代開始的財政體制重大改革."『財政』No.1.

An, Qihong. 1985. "Some Comments Deriving from the Turing About of a Big Ship." *Hongqi* (Red Flag, Beijing) No. 20. excerpt from U.S. Consulate-General, Hong Kong, Foreign Broadcast Information Service (FBIS). November 15.
Aslund, Anders. 1989. "Soviet and Chinese Reforms," *The World Today* (November).
Aten, Robert H. 1986. "Gross State Product: A Measure of Fiscal Capacity." Reeves H. Clide ed. *Measuring Fiscal Capacity*. Oelgeschlager, Gunn & Hain.
Bachman, David. 1998. "Structure and Process in the Making of Chinese Foreign Policy." Samuel S. Kim ed. *China and the World*. Westview Press.
Bahl, Roy. 1971. "A Regression Approach in Tax Effort and Tax Ratio Analysis," *International Monetary Fund Staff Paper XVIII* No.3(November).

_____. 1972. "Representative tax System Approach to Measuring Tax Effort in Developing Countries." *International Monetary Fund Staff Paper XIX* No.1.

Bahl, Roy, James Alm and Mattew N. Murray. 1991. "Tax Base Erosion in Developing Countries." *Economic Development and Cultural Change* 39 (July).

Barnett, Doak. 1985. *The Making of Foreign Policy in China*. Westview Press.

Barro, Stephen M. 1986. "State Fiscal Capacity Measures." Reeves H. Clide ed. *Measuring Fiscal Capacity*. Oelgeschlager, Gunn & Hain.

Baum, Richard. 1994. *Burying Mao: Chinese Politics in the Age of Deng Xiaoping*. Princeton University Press.

Beijing University, Project Research Team. 1990. "An Outline of the Reform of the Chinese Economic System, 1988-1995." *Chinese Economic Studies* Vol.24, No.1.

Bird, Richard and Chen Duanjie. 1998. "Intergovernmental Fiscal Relations in China in International Perspective." Donald J. S. Brean ed. *Taxation in Modern China*. Routledge.

Bird, Richard. 1993. "Threading the Fiscal Labyrinth: Some Issues in Fiscal Decentralization." *National Tax Journal* Vol. XLVI, No.2.

Bo, Zhiyue. 1998. "Provincial Power and Provincial Economic Resources in the PRC." *Issues and Studies* 34, No.4.

_____. 2002. *Chinese Provincial Leaders: Economic Performance an Political Mobility since 1949*. M.E. Sharpe.

Chang, Gorden. 2001. *The Coming Collapse of China*. Random House.

Chelliah Raja. 1970. "Trends in Taxation in Developing Countries." *National Tax Journal XXIII*, No.3(September).

Chelliah Raja, H.T. Beas. and M.R. Kelly. 1975. "Tax Ratios and Tax Effort in Developing Countries, 1969-74." IMF Staff Papers No.XXII.

Chelliah Raja and Sinha Narain. 1982. *Measurement of Tax Effort of State Governments*. Somaiya Publications Pvt. Ltd.

Chen, Yizi. 1995. "The Decision Process behind the 1986-1989 Political Reforms." Caroll Lee Hamrin and Suisheng Zhao eds. *Decision-Making in Deng's China*. M.E. Sharpe. Inc.

Cho, Youngnam. 2001. "From Rubber Stamps to Iron Stamps: The Emergence of Chinese Local People's Congresses as Supervisory Powerhouse." *The China Quarterly* No.171(September).

Chung, Jaeho. 1995. "Studies of Central-Provincial Relations in the People's Republic of China: A Mid-Term Appraisal." *The China Querterly*.

Cohen, Carol, Robert Lucke and John Shannon. 1986. "The ACIR Representative Tax System Method for Estimating the Fiscal Capacity of the Fifty State-Local

Systems." Reeves, H. Clyde. ed. *Measuring Fiscal Capacity*. Oelgeschlager, Gunn & Hain.

Cong Shuhai and Zhang Heng eds. 1999. *Xin Zhongguo Jingji Fazhan shi 1949-1998* (History of New China's Economic Development, 1949-1998). Caijingdaxue Chubanshe.

Copland D. B. 1924. "Some Problems of Taxation in Australia." *Economic Journal* (September).

Donnithorne, Audrey. 1972. "Chinas Cellular Economy: Some Economic Trends since the Cultural Revolution." *The China Quarterly* No.52.

_____. 1976. "Comment." *The China Quarterly* No.66(June).

_____. 1983. "New Light on Central-Provincial Relations." *Australian Journal of Chinese Affairs* No.10(July).

Dwivedi, D. N. 1985. "In Measurement of Tax Effort of Indian State Governments." *Arthavijnana* Vol.24, No.23.

Editorial Board. 1994. *Who's who in China: Current leaders*. Foreign Language Press.

Fewsmith, Joseph. 1994. *Dilemmas of Reform in China*. M.E. Sharpe.

Fitzgerald, Carl. and Zbigniew Brzezinski. 1963. *Totalitarian Dictatorship and Autocracy*. Praeger.

Forster, Keith. 2002. "Central-Provincial Relations and the Fourth Generation Leadership: The Political Dimension." John Wong and Zheng Yongnian eds. *China's Post-Jiang Leadership Succession*. World Scientific.

Frank, J. Henry. 1959. "Measuring State Tax Burdens." *National Tax Journal XII* (June).

Garver, John. 1993. *Foreign Relations of the People's Republic of China*. Prentice Hall Inc.

Gerschenkron, Alexander. 1961. *Economic Backwardness in Historical Perspective*. Harvard University Press.

Gold, Steven D. 1986. "Measuring Fiscal Effort and Fiscal Capacity: Sorting Out Some of the Controversies." Reeves, H. Clyde ed. *Measuring Fiscal Capacity*. Oelgeschlager, Gunn & Hain.

Goodman, David. 1986. *Center and Province in the Peoples Republic of China*. Cambridge University Press.

Gu, Jialin. 1997. *Congjigougaige Daoxingzhengtizhigaigede Shijian yu Sikao* [A Practice and Reflection of the Reforms from Institutions to Administration System]. Zhongguo Fazhan Chubanshe.

Halpern, Nina P. 1993. "Studies of Chinese Politics." David Shambaugh ed. *American Studies of Contemporary China*. M.E. Sharpe.

Hamrin, Carol Lee and Suisheng Zhao eds. 1995. *Decision-Making in Deng's China*. M.E. Sharpe.

Hamrin, Carol Lee. 1997. "Elite Politics and the Development of China's Foreign Relations." Thomas Robinson and David Shambaugh eds. *Chinese Foreign Policy*. Clarendon Press.

Hao, Yufan and Lin Su. 2005. *China's Foreign Policy Making*. ASHGATE.

Harding, Harry. 1984. "The Study of Chinese Politics: Toward a Third Generation of Scholarship." *World Politics* No. 36.

_____. 1987. *China's Second Revolution*. The Brookings Institution.

_____. 1993. "The Evolution of American Scholarship on Contemporary China." David, Shambaugh ed. *American Studies of Contemporary China*. M.E. Sharpe.

Huang, Yasheng. 1995. "Administrative Monitoring in China: Institutions and Processes." *The China Quarterly*, No. 143.

_____. 1996a. "Central-Local Relations in China during the Reform Era: The Economic and Institutional Dimensions." *World Development* Vol.24, No.4.

_____. 1996b. *Inflation and Investment Controls in China*. Cambridge University Press.

_____. 1996c. "The Statistical Agency in Chinas Bureaucratic System: A Comparison with the Former Soviet Union." *Communist and post-Communist Studies* Vol. 29, No.1(March).

Johnston, Ian Alaster. 1998. "International Structure and Chinese Foreign Policy." Samuel S. Kim ed. *China and the World*. Westview Press.

Kim, Heungkyu. 2002. *The Political Capacity of Beijing Still Matters: Political Leadership and Institutionalization of Fiscal Systems during the Period of Economic Decentralization in China, 1979-1997*. Ph. D thesis at the University of Michigan.

Kristof, Nicholas and Sheryl WuDunn. 1994. *China Wakes: The Struggle for the Soul of a Rising Powe*. Times Books.

Lai, Hongyi Harry. 2001. "Legislative Activism and Effectiveness of Provincial Delegates at the 1988 NPC." *Issues and Studies* Vol.37, No.1.

Lampton, David. 1987. "Chinese Politics: The Bargaining Treadmill." *Issues and Studies* Vol.23, No.3.

_____. 1992. "Policy Implementation in Post-Mao China." Lieberthal, Kenneth and David Lampton eds. *Bureaucracy, Politics, and Decision Making in Post-Mao China*. University of California Press.

_____ ed. 2001. *The Making of Chinese Foreign and Security Policy in the Era of Reform*. Stanford University Press.

Li, Chelan. 1998. "Central-Provincial Relations: Beyond Compliance Analysis." *China Review 1998*. Chinese University of Hong Kong Press.

Liao, Xuanli. 2006. *Chinese Foreign Policy Think Tanks and China's Policy Toward Japan*. The Chinese University Press.

Lieberthal, Kenneth and David Lampton eds. 1992. *Bureaucracy, Politics, and Decision Making in Post-Mao China*. University of California Press.

Lieberthal, Kenneth and Michel Oksenberg. 1988. *Policy Making in China: Leaders, Structures, and Processes*. Princeton University Press.

Lieberthal, Kenneth. 2004. *Governing China*. W.W. Norton & Company.

Lotz, Joergen R. and Elliot R. Morss. 1970. "Theory of Tax Level Determinants for Developing Countries." *Economic Development and Cultural Change* Vol. 18(April).

Lu, Ning. 1997. *The Dynamics of Foreign-Policy Decisionmaking in China*. Westview Press.

_____. 2001. "The Central Leadership, Supraministry Coordinating Bodies, State Council Ministries, and Party Departments." David Lampton ed. *The Making of Chinese Foreign and Security Policy*. Stanford University Press.

Ma, Jun. 1997. "Central Government Credibility and Local Tax Efforts: A Game Theoretic Model." *International Relations and Economic Management in China*. New York: St. Martin Press.

MacFarquer, Roderick. 1998. "Reports form the Field: Provincial People's Congresses." *The China Quarterly* No.155(September).

Manion, Melanie. 1985. "The Cadre Management System, Post-Mao: The Appointment, Promotion, Transfer and Removal of Party and State Leaders." *China Quarterly* No.102.

Meisner, Maurice. 1986. *Mao's China and After*. The Free Press.

Millmow, Alex. 2000. "Revisiting Giblin: Australia's First Proto-Keynesian Economist?" *History of Economics Review* Vol 31.

MOF, Department of Finance. 1992. *Zhongguo Caizheng Tongji 1950-1991. [Chinas Fiscal Statistics 1950-1991]*. China Financial and Economic Publishing House.

Morse, Ronald A. 1995. "Broken China." *International Economy*(Jan/Feb).

Nathan, Andrew and Bruce Gilley. 2002. *China's New Rulers*. New York Review Books.

Nathan, Andrew and Perry Link eds. 2002. *The Tiananmen Papers*. Public Affairs.

Naughton, Barry. 1992. "Implications of the State Monopoly over Industry and its Relaxation." *Modern China* Vol.18.

Nee, Victor. 1989. "A Theory of Market Transition: From Redistribution to Markets in State Socialism." *American Sociological Review* Vol.54.

North, Douglass C. 1990. *Istitutions, Institutional Change and Economic Performance*.

Cambridge University Press.

O'Brien, Kevin. 1994 June. "Agents and Remonstrators: Role Accumulation by Chinese People's Congress Deputies." *The China Quarterly* No.138.

Oi, Jean. 1992. "Fiscal Reforms and the Economic Foundations of Local State Corporatism in China." *World Politics* Vol.45.

Oksenberg, Michel and James Tong. 1991. "The Evolution of Central-Provincial Fiscal Relations in China, 1971-1984: the Formal System." *The China Quarterly* No.125.

Organski, J.F.K. and J. Kugler. 1980. *The War Ledger*. University of Chicago Press.

Park, Albert. Scott Rozelle, Christine Wong, and Changqing Ren. 1996. "Distributional Consequences of Reforming Local Public Finance." *The China Quarterly* No.147.

Parvathy, K. A. 1992. *Economic Policy and Tax Effort of State Governments*. Criterion Books.

Rao, M. Govinda and R.J. Chelliah. 1991. *Survey of Research on Fiscal Federalism in India*. National Institute of Public Finance and Policy.

Reddy, K. N. 1975. "Inter-State Tax Effort." *Economic and Political Weekly* No. 13(December).

Robinson, Thomas and David Shambaugh eds. 1997. *Chinese Foreign Policy*. Clarendon Press.

Sachs, Jeffrey and Wing T. Woo. 1994. "Reform in China and Russia." *Economic Policy*(April).

Sastri, K.V.S. 1996. *Federal-State Fiscal Relations in India*. Oxford University Press.

Schueller, Margot. 1997. "Liaoning." David S.G. Goodman ed. *China Provinces in Reform*. Routledge.

SCRE, Comprehensive Planning Office. 1990. "Reform: Options during a Key Period." *Chinese Economic Studies* Vol.24, No.1.

Segal, Gerald. 1994. "China Changes Shape: Regionalism and Foreign Policy." *Adelphy Paper* 287. IISS.

Shambaugh, David. 1996. "China's Military in Transition: Politics, Professionalism, Procurement and Power Projection." *The China Quarterly* No.146.

Shin, Kilman. 1969. "International Difference in Tax Ratio." *The Review of Economics and Statistics* Vol.11.

Shirk, Susan. 1993. *The Political Logic of Economic Reform in China*. University of California Press.

Shue, Vivienne. 1988. *The Reach of the State: Sketches of the Chinese Body Politics*. Stanford University Press.

Swaine, Michael D. 1998. *The Role of the Chinese Military in National Security*

Policymaking. RAND.

Tanner, Murray Scot. 1999. *The Politics of Lawmaking in China: Institutions, Processes, and Democratic Prospects.* Oxford University Press.

Tanzi V. 1991. "Tax Reform and the Move to a Market Economy." *The Role of Tax Reform in Central and Eastern European Economies.* OECD.

Teiwes, Frederick. 1990. *Politics at Mao's Court: Gao Gang and Party Factionalism in the Early 1950s.* M.E. Sharpe.

Teiwes, Frederick. 2002. "Normal Politics with Chinese Characteristics." Jonathan Unger ed. *The Nature of Chinese Politics.* M.E.Sharpe.

Thimmaiah, G. 1975. *Revenue Potential and Revenue Efforts of Southern States.* Oxford India Book House.

Tong, James. 1989. "Fiscal Reform, Elite Turnover and Central-Provincial Relations in Post-Mao China." *The Australian Journal of Chinese Affairs* No.22.

Unger, Jonathan ed. 2002. *The Nature of Chinese Politics.* M.E. Sharpe.

Walder, Andrew. 1986. *Communist Neo-Traditionalism: Work and Authority in Chinese Industry.* Berkely: University of California Press.

Wang, Jianwei and Lin Zhimin. 1992. "Chinese Percepteions in the Post-Cold War Era." *Asian Survey* 32.

Wang, Shaoguang. and Angang Hu. 1995. "Wang Shaoguang Proposal I & II." *Chinese Economic Studies* Vol.28, No.3-4.

Wayman Frank, J. David Singer and Gary Goertz. 1983. "Capabilities, Allocations, and Success in Militarized Disputes and Wars, 1816-1976." *International Studies Quarterly* No.27.

White, Gorden. 1993. *Riding the Tiger.* Stanford University.

Whiting, Susan Hayes. 1995. *The Micro-Foundations of Institutional Change in Reform China: Property Rights and Revenue Extraction in the Rural Industrial Sector.* A Dissertation for the Degree of Ph.D in the University of Michigan.

Wong, Christine. 1987. "Between Plan and Market: The Role of the Local Sector in Post-Mao China." *Journal of Comparative Economics* Vol.11.

_____. 1992. "Fiscal Reform and Local Industrialization." *Modern China*(April).

Wong, Christine, Christopher Heady and Wing T. Woo eds. 1995. *Fiscal Management and Economic Reform in the People's Republic of China.* Oxford University Press.

Wu, Guoguang. 1995. "Documentary Politics." Carol Lee Hamrin and Suisheng Zhao eds. *Decision-Making in Deng's China.* M.E.Sharpe.

Yang, Dali. 1994. "Reform and the Restructuring of Central-Local Relations." David Goodman and Gerald Segal eds. *China Deconstructs.* Routledge.

Yang, George. 1995. "Mechanism of Foreign Policy-making and Implementation in the Ministry of Foreign Affairs." Carol Lee Hamrin and Suisheng Zhao eds. *Decision-making in Deng's China*. M. E. Sharpe.

You, Ji. 2002. "The Supreme Leader and the Military." Jonathan Unger ed. *The Nature of Chinese Politics*. M. E. Sharpe.

Yu, Bin. 1994. "The Study of Chinese Foreign Policy." *World Politics* Vol.46, No.2.

Zhang, Leyin. 1999. "Chinese Central-Provincial Fiscal Relations, Budgetary Decline and the Impact of the 1994 Fiscal Reform: an Evaluation." *China Quarterly* No. 157.

Zhao, Suisheng. 1995. "The Structure of Authority and Decision-Making." Carol Lee Hamrin and Suisheng Zhao eds. *Decision-Making in Deng's China*. M.E. Sharpe.